Paula Sandford

Heilung für die Gefühle der Frau

Ein Buch für Frauen und die Männer, die sie lieben

Verlag Gottfried Bernard
Solingen

Titel der Originalausgabe: Healing Womens Emotions
by Paula Sandford

Übersetzung: Werner Geischberger, Uschi Geischberger, Brigitte Belau
Satz: CONVERTEX, Aachen
Grafik: image design, A. Fietz, Landsberg
Druck: Druckhaus Gummersbach

Alle Bibelzitate stammen aus der Elberfelder Bibel,
es sei denn, sie sind anderweitig gekennzeichnet.

ISBN 3-925968-65-2

Inhalt

Widmung

In Liebe widme ich dieses Buch meinem Ehemann John.

Vorwort

Ich habe versucht, über Themen zu schreiben, zu denen mir die meisten Fragen gestellt werden. Ich behaupte nicht, auf alles eine Antwort zu haben, aber ich versichere Ihnen, daß sich die Antworten, die ich habe, im Laufe vieler Jahre im täglichen Leben und in vielen Prüfungen bewährt haben. Wer sie sich zueigen macht, dem werden sie eine Hilfe sein.

Ich gehe nicht auf den Bereich des sexuellen Mißbrauchs ein – auch wenn eine Frau dadurch den schlimmsten emotionalen Schaden überhaupt erleiden kann –, weil ich in meinem Buch *Opfer des Sexualmißbrauchs* (Verlag Gottfried Bernard) diesem überaus wichtigen Thema bereits sieben Kapitel gewidmet habe. Viele Betroffene teilten mir mit, es wäre für sie heilsamer gewesen als jedes andere Buch, das sie zu diesem Themenkreis schon gelesen hätten, und zahlreiche Seelsorger haben dieses Buch gelobt und empfehlen es ihren Ratsuchenden.

Ich bete, daß *Heilung für die Gefühle der Frau* allen Frauen zum Segen werde und ihnen Einsicht und Erkenntnis schenke. Mögen diese Erkenntnisse in ihrem Leben wie Werkzeuge sein, die sie in die Lage versetzen, mit ihren Emotionen gewinnbringend und konstruktiv umzugehen.

Ich hoffe auch, daß die Männer, die dieses Buch lesen, Aufschluß über die Frauen bekommen, mit denen sie leben und zusammenarbeiten. Und ich bete inständig dafür, daß sie dadurch das Rüstzeug bekommen, um diese geheimnisvollen Gaben, die Gott ihnen geschenkt hat, besser respektieren, genießen, fördern und schützen zu können – die Gaben einer Frau, die von ihrer Größe und Beschaffenheit her nur sehr selten in die Schubladen der Männer passen.

Paula Sandford

1

Ich bin glücklich, so wie ich bin

Ich genieße es, eine Frau zu sein.

Auch wenn ich manchmal frustriert oder zornig bin, wenn mit zweierlei Maß gemessen wird oder man mich ignoriert, wenn ich mich mit Vorurteilen darüber herumschlagen muß, welchen Platz Frauen in unserer Gesellschaft einnehmen sollten und welchen Stellenwert sie haben, war ich doch nie wirklich eifersüchtig auf Männer und habe nie ernsthaft davon geträumt, jemand anderer zu sein oder eine neue Identität zu haben. Die Tatsache, daß ein Mann (bloß weil er ein Mann ist) einen Vorteil genießt, wenn es darum geht, einen guten Job, Anerkennung oder Lohn zu bekommen, erschien mir nie so attraktiv, daß ich mit ihm tauschen würde, wenn ich könnte.

Auch würde ich meine Erfahrungen als Tochter, Schwester, Ehefrau, Mutter, Großmutter und Urgroßmutter nie missen wollen. Ich gebe zwar zu, daß ich mich selbst manchmal nicht *mag*, aber ich bin an dem Punkt angelangt, daß ich *ich selbst sein* mag. Und, was noch wichtiger ist, ich habe gelernt, mich zu *lieben*, so wie Gott selbst es tut.

Im Laufe eines Lebens haben wir es mit den unterschiedlichsten Versuchungen, Kämpfen, Enttäuschungen, Verletzungen, Siegen und Segnungen zu tun. Durch meine Reaktionen darauf lernte ich, was starke Gefühle sind und was es heißt, mit Emotionen zu kämpfen. Wie die meisten anderen Menschen suhlte auch ich mich in Stimmungen, kochte vor Selbstgerechtigkeit und Zorn und hielt in meinem Inneren dem einen oder anderen eine gehörige Standpauke. Ich kämpfte gegen Selbstverdammnis, weil ich es nicht schaffte, dem zu entsprechen, was ich selbst von mir erwartete. Einige meiner Gefühle wurden von meiner ungebärdigen Zunge gewandt in Worte gekleidet und andere ließen in mir beinahe eine Sicherung durchbrennen.

Im Laufe der Jahre konnte ich durch die Gnade und die liebevolle Zucht des Herrn lernen, mit diesem inneren Feuer gewinnbringend umzugehen. Ich habe eins erkannt und schätzen gelernt: Die uns Frauen eigene Empfindsamkeit versetzt mich in die Lage, mich zu Tode betrübt oder wie der Spielball meiner emotionalen Wellen zu fühlen; andererseits schenkt sie mir aber *auch* die Fähigkeit, mich mit jeder Faser meines Seins wie ein Vogel in die Lüfte zu erheben und zu singen, andere Menschen so real in meinem Herzen zu tragen, wie ich ein Baby in meinem Leib tragen würde und Wehen zu erleiden, bis Christus in ihnen Gestalt gewonnen hat (vgl. Gal. 4,19).

Der Unterschied liegt darin, wie ich mit meinen Gefühlen *umgehen* kann, und das ist das Thema dieses Buches.

Die Schranken, die unsere Kultur den Frauen setzt, werden immer öfter niedergerissen werden, weil das eine Auswirkung der Sünde der Menschheit ist, aber auch zum Erlösungsplan Gottes gehört. Einige dieser Veränderungen werden nur dann geschehen, wenn Frauen an die Öffentlichkeit treten und sich für Chancengleichheit und Gerechtigkeit aussprechen. Doch die Fähigkeit des einzelnen, ungehindert ein Leben in Fülle zu erleben und zu genießen, sei es bevor, während oder nachdem *äußere* Bindungen und Barrieren niedergerissen wurden, hängt vom Zustand seines Herzens ab. Wenn wir dem Herrn gestatten, uns in der Tiefe unseres Herzens zu dienen, erleben wir *innere* Heilung und werden frei; dann steht uns der Weg offen, in allem das Maximale zu erreichen, sei es zu Hause, in der Gemeinde, in unserer Stadt oder in der Welt.

Wir werden wissen, wer wir sind und welchen Wert wir haben, ungeachtet unserer Lebensumstände oder der Einstellungen und Taten der Menschen, mit denen wir Kontakt haben und die sich noch nicht verändert haben. Wir werden die Freiheit haben, gemäß der Berufung und Weisung des Herrn in schwierigen Situationen und kräftezehrenden Beziehungen Entscheidungen zu treffen. Wir werden keine Knechte der Gesetzlichkeit sein und nicht dem Zwang unterliegen, Erfolg zu haben, anderen zu gefallen, zu irgend jemandem zu gehören oder im Leben eines anderen Heiland und Erlöser zu spielen.

Ich bin ein Geschenk Gottes und ich bin, wer ich bin. Manchmal läuft mir ein Schauer über den Rücken, wenn mir jemand wohlgesonnen ist und meint, mich hervorheben und ehren zu müssen, indem er aus mir ein „Neutrum“ macht. Mir liegt nichts daran, wenn es heißt: „*Vorsitz*: Paula Sandford“; aber ich fühle mich geehrt, wenn ich ganz bewußt als „Frau *Vorsitzende*“

angesprochen werde, und ich werde versuchen, in einem solchen Amt ich selbst zu sein, mit Würde, Autorität, gesundem Menschenverstand, Geschick und Sensibilität gegenüber anderen, mit Eigenschaften, die durch die Besonderheiten meines Geschlechts gefördert und nicht beeinträchtigt werden.

Ich sehe mit Kummer, wie einige voll Energie und Zorn dafür kämpfen, dieselben Privilegien und dieselbe Anerkennung wie die Männer zu bekommen und dabei unbewußt ihre eigenen fraulichen Qualitäten zunichte machen und den entscheidenden Teil ihres Geburtsrechts verwirken. Andererseits sehe ich mit noch größerem Kummer, wie Frauen sich selbst für so minderwertig halten, daß sie in der falschen Annahme, sie würden sich unterordnen, ihre Ehre preisgeben und sich wie ein Fußabstreifer vor den Männern ausbreiten, damit jene ihre Füße an ihnen abtreten können.

Erst vor kurzem bekam ich von einem befreundeten christlichen Psychiater einen sehr interessanten und aufschlußreichen Artikel aus einer seiner Fachzeitschriften. Wenn man folgender Aussage daraus Beachtung schenkt, würde das eine oder andere chauvinistische Weltbild zu kippen drohen:

> „Die Vorstellung, der Mann sei der Frau überlegen, läßt sich weder damit begründen, daß seine Anatomie sein Schicksal bestimme, noch ist es eine psychologische Binsenweisheit. Forschungsergebnisse zeigen vielmehr, daß das Gegenteil der Fall ist: Frauen sind nicht nur vom Biologischen, sondern auch vom Psychischen her den Männern überlegen."
>
> (aus: *Psychiatric Annals 15* vom 12.12.1985 „Der Mythos von der Überlegenheit der Männer und seine bio-psychosoziologischen Auswirkungen auf die psychische Entwicklung eines Mannes" von Dr. Paul F. Giannandrea, S.722)

Es war ein Genuß, diese Zeilen zu lesen, und die Fakten, die zur Erhärtung dieser Aussage aufgeführt wurden, waren überaus aufschlußreich. Dennoch brauchte ich diese Bestätigung nicht, um mich selbst in einem positiven Licht zu sehen.

Auch wenn die Einstellung, mit der andere Menschen mir als Frau gegenübertreten, es schwieriger macht, meinen Dienst auszuüben oder meiner Identität und meiner Berufung Ausdruck zu verleihen, weiß ich stets, wer ich bin, und betrachte den Widerstand gegen mich als gute Gelegenheit, Vergebung zu üben. Wenn mein Mann und ich in der Öffentlichkeit lehren, habe ich bei der Eröffnungsveranstaltung oft viel mehr Schwierigkeiten als er. Ich spüre sehr deutlich, wie ich auf eine Mauer stoße: „Was könnte eine Frau mir schon Neues erzählen?" Es dauert zwar meist nur bis zur Mitte des Vortrags, bis diese Barrieren niedergerissen werden, doch vor dem Durchbruch kostet es mich einige Energie, mich über diese Blockade hinwegzusetzen.

Pastoren und andere Leute gaben mir gegenüber schon öfter voll Einsicht und Demut zu, sie hätten dieses hinderliche Vorurteil in eine Veranstaltung hineingebracht, und baten mich um Vergebung. Ich könnte nun versucht sein, durch ein solches Eingeständnis bestimmten Gefühlen in mir Raum zu geben: „Das ist nicht fair! Warum spielt es eine Rolle, ob ich eine Frau oder ein Mann bin? Wir beide wurden eingeladen, doch John kann sich ungehindert auf die Lehre konzentrieren, weil er nicht gegen einen derart lächerlichen Widerstand ankämpfen muß!" Andererseits kann eine solche Gelegenheit auch eine Hilfe sein: Ich kann mich dafür entscheiden, dankbar zu sein, weil ich wieder einen Sieg errungen habe.

Wenn ich mir nicht im Grunde sicher darüber wäre, wer ich bin, gleichgültig, was andere von mir halten, wäre diese Entscheidung sehr schwierig, besonders dann, wenn sich niemand bei mir entschuldigen würde. Doch soweit ich diese Sicherheit habe, kann ich andere akzeptieren und trotz ihres Standpunktes mit ihnen Gemeinschaft haben, ohne in ihnen eine Bedrohung für mein Selbstwertgefühl zu sehen und ohne den Zwang zu verspüren, mich ständig verteidigen zu müssen.

Doch gelegentlich treffe ich Menschen, die Bücher, die mein Mann und ich gemeinsam geschrieben haben, immer wieder als „Johns Bücher" bezeichnen. In diesem Fall kann es gut sein, daß ich sie daran erinnere, daß *wir* die Bücher *gemeinsam* geschrieben haben.

Solche Leute reagieren dann fast immer mit der Frage: „Wie schafft ihr so etwas nur?“ Dann habe ich die Gelegenheit, ihnen etwas zu erzählen, das diese Generation immer und immer wieder hören muß: Ehepaare *können* erfolgreich zusammenarbeiten, auch wenn es dabei um heikle Themen geht. Das wurde offensichtlich, als wir schon viele hundert Male jeweils den anderen baten, seine hilfreiche Kritik und Korrektur an dem anzubringen, was wir geschrieben hatten, und als wir Gott das anvertrauten, was bei unseren gemeinsamen Lehren aus dem Mund des anderen kommt.

In der Zeit, da ich dieses Buch schreibe, sind mein Mann und ich einundvierzig Jahre verheiratet. Er sagt immer, die Ehe sei täglich ein vierundzwanzigstündiger Unterricht in Vergebung. Heute können wir gemeinsam darüber lachen. In den ersten Jahren unserer Ehe war die Erfahrung des gegenseitigen Kennenlernens oft eine Mischung aus Schmerz und Verzückung. Heute, sechs Kinder, fünfzehn Enkel und zwei Urenkel später, kann ich nur bezeugen, wie praxisnah und wahr die Worte aus Römer 5,1-5 sind:

> Da wir nun gerechtfertigt worden sind aus Glauben, so haben wir Frieden mit Gott durch unseren Herrn Jesus Christus, durch den wir mittels des Glaubens auch Zugang erhalten haben zu dieser Gnade, in der wir stehen, und rühmen uns in der Hoffnung der Herrlichkeit Gottes. Nicht allein aber das, sondern wir rühmen uns auch in den Trübsalen, da wir wissen, daß die Trübsal Ausharren bewirkt, das Ausharren aber Bewährung, die Bewährung aber Hoffnung; *die Hoffnung aber läßt nicht zuschanden werden, denn die Liebe Gottes ist ausgegossen in unsere Herzen* durch den Heiligen Geist, der uns gegeben worden ist.

Gleichgültig, ob Sie verheiratet oder ledig sind – wie ergreifen Sie Hoffnung, Frieden, Liebe und Glück inmitten einer Generation, die zusehends in Sünde versinkt? Für jene, deren Leben ein fortwährender Kampf ist, weil sie mit einem Alkoholiker zusammenleben müssen oder andauernd mißhandelt werden, hören sich die Worte „Wir rühmen uns auch in den Trübsalen“ doch nur aberwitzig masochistisch an. Jenen, die verzweifelt versuchen, sich einem geliebten Menschen zu schenken und ihn zu lieben, aber doch immer nur abgelehnt werden, erscheinen die Worte „Die Hoffnung läßt nicht zuschanden werden“ doch nur wie ein leeres Versprechen.

Wir werden zu Boden gerissen und erachten alles für sinnlos, wenn sich das Gefühl der Ablehnung in uns immer wieder erhärtet. Den Sinn in diesen Dingen zu finden und zu lernen, in einer gesunden Art und Weise mit unseren Gefühlen umzugehen, bevor wir bei anderen Menschen irgendeine Veränderung zum Guten oder eine Erleichterung unserer Lebensumstände erkennen können – darum geht es in diesem Buch. Darüberhinaus geht es um Heilung, was weit mehr bedeutet, als sich lediglich ein wenig besser zu fühlen.

2

Gleichberechtigung der Frau in der Bibel

Verwirrung, Bedrohung und Verletzung, emotionaler Kampf, Angriff und Verteidigung – das sind schon viel zu lange Bestandteile der Diskussion um die Frage, wie die richtige und annehmbare Rollenverteilung zwischen Mann und Frau aussieht. In unserer heutigen Zeit, in der Gott in seiner Gemeinde wirkt, um „alle Dinge wiederherzustellen“ (vgl. Mt. 17,11; Mk. 9,12), brauchen wir vor allem ein festes, biblisches Standbein, das uns Halt gibt, und mit dem wir vorwärtsgehen können, um das Leben und die guten Werke zu ergreifen, die Gott zuvor bereitet hat, damit wir in ihnen wandeln (vgl. Eph. 2,10). Das ist besonders wichtig, wenn wir an unseren primären Beziehungen arbeiten. Gehen wir also zurück zum Anfang:

Der vollkommene Plan Gottes

> Und Gott, der Herr, sprach: Es ist nicht gut, daß der Mensch allein sei; ich will ihm eine Hilfe* machen, die ihm entspricht. (1.Mos. 2,18)

Es ist wichtig, in diesem Zusammenhang darauf hinzuweisen, daß das Wort „helpmeet“ „an Kraft dem Manne gleichwertig“ bedeutet. An Kraft *gleichwertig* zu sein heißt nicht, daß Mann und Frau *dieselbe* Kraft haben. Da nun in einigen Bibelübersetzungen das Wort „Hilfe“ oder „Gehilfin“ erscheint, müssen wir verstehen, daß diese weibliche „Hilfe“, die Gott dem Mann aus seiner Rippe (aus dem Bereich um sein Herz) erschafft, ihm *helfen* und gleichzeitig auch *begegnen* soll. Sie ist

---

* In der englischen King James Version steht hier das Wort „helpmeet“, eine Kombination aus den Worten „helfen“ und „begegnen“ (Anm. d. Übers.)

kein zufälliges, wenngleich hilfreiches Anhängsel, und ganz sicher nicht weniger gut oder wert als der Mann.

Es war nicht gut für den Menschen, allein zu sein. Es wäre geradezu lächerlich zu meinen, Gott habe den Mann geschaffen und nachher wäre ihm aufgefallen, er hätte etwas vergessen, weshalb eine kleine „Nachkorrektur“ notwendig geworden wäre. Die Frau ist alles andere als eine kleine „Nachbesserung“. Gott wußte *von Anfang an*, daß es nicht gut ist, wenn der Mensch allein wäre. Also schuf er die Frau, und es war von Anfang an seine Absicht, daß sich Mann und Frau gegenseitig ergänzen, segnen, erbauen und tragen sollten. So wie ihre Zweisamkeit seinem Plan nach aussehen sollte, würden sie die besten Chancen und alles Erforderliche haben, um in allen Bereichen Reife zu erlangen, damit er mit seinen heranwachsenden Kindern Gemeinschaft haben könnte.

> Da sagte der Mensch: Diese endlich ist Gebein von meinem Gebein und Fleisch von meinem Fleisch; diese soll Männin heißen, denn vom Mann ist sie genommen. Darum wird ein Mann seinen Vater und seine Mutter verlassen und seiner Frau anhangen, und sie werden zu einem Fleisch werden. (1.Mos. 2,23-24)

Es war von Anfang an Gottes Absicht, daß Mann und Frau zwei unterschiedliche, individuelle Personen sein sollten, die die Freiheit haben, ihre eigenen Entscheidungen zu treffen, und dennoch wurden sie geschaffen, um miteinander in allen Bereichen eins zu werden.

> Als Mann und Frau schuf er *sie*, und er segnete *sie* und gab *ihnen* den Namen Mensch, an dem Tag, als *sie* geschaffen wurden. (1.Mos. 5,2)

Jede Person, männlich *oder* weiblich, wurde nach dem Bild Gottes geschaffen, und zwar männlich *und* weiblich, also mit männlichen und weiblichen Eigenschaften. Ich habe kein Problem damit, Gott „Vater“ zu nennen und mit ihm eine Kind-Vater-Beziehung zu haben. Die Erfahrungen, die ich in meiner Kindheit mit meinem irdischen Vater machte, schenkten mir eine positive Grundhaltung gegenüber Männern, so daß ich mich in ihrer Gegenwart wohl fühlen kann. „Vater“ bedeutet für mich Stärke, Kraft, Schutz, Logik und Autorität im höchsten Maß. Ich durfte auch erleben, daß mein Vater mir gegenüber sehr sanft und zärtlich war.

Aufgrund dieses guten Fundaments in mir, tue ich mich auch leicht zu erkennen, daß all diese Qualitäten in Perfektion im Herzen meines himmlischen Vaters vorhanden sind. Wie wir unseren leiblichen Vater erlebt haben und welches Urteil wir uns über ihn gebildet haben, färbt immer auch in gewissem Maß auf unser Bild von Gott ab, der ja *die* Autoritätsperson schlechthin ist. Wäre ich von meinem Vater vernachlässigt oder mißhandelt worden und hätte ich mich vergeblich danach gesehnt, daß er endlich einmal der ist, den ich brauchte, oder hätte ich gelernt, in meiner Mutter *die einzige* zu sehen, die mich verstehen und trösten könnte, dann gehörte ich heute vielleicht auch zu denen, die sich dafür aussprechen, Gott in der Bibel mit neutralen und nicht mit männlichen Pronomina zu belegen.

Der Mann wurde so geschaffen, daß er seine Erfahrungen in erster Linie mit der männlichen Seite in ihm macht, die auch seine Handlungen bestimmt, und sich nach einer Begegnung mit der Frau sehnt. Wenn die beiden ein Fleisch werden, wird sie dem Teil von ihm Ausdruck verleihen, dem er nicht Ausdruck verleihen kann. Die Frau wurde so geschaffen, daß sie vor einem ganz spezifisch weiblichen Hintergrund die Welt erfährt und handelt, auch wenn sie männliche Eigenschaften in sich hat. Ihr Ehemann soll so mit ihr eins werden, daß dieser männliche Teil in ihr Erfüllung und eine Ausdrucksmöglichkeit findet, die ihr selbst nicht zur Verfügung steht.

Meine Eltern waren zweifellos unvollkommen, aber sie demonstrierten eine Ausgeglichenheit und ein Gleichgewicht, das nicht die Regel ist: ein sanfter, starker, *männlicher* Vater *vereint* mit einer zarten, starken, *weiblichen* Mutter. Er war das Haupt der Familie, die jedoch auch die starken Akzente der Mutter aufwies. Er war Vertreter; wenn er auf Reisen war, leitete sie die Familie mit großem Geschick in den unterschiedlichsten Streßsituationen; wenn er dann nach Hause kam, war seine Anwesenheit Balsam für ihre Seele, und ihre emotionalen Wellen ebneten sich.

Ich nannte ihn „Vater“, sah ihn jedoch niemals getrennt von meiner Mutter. Sie bildeten eine Einheit. „Als Mann und Frau schuf (Gott) *sie*, und ... gab ihnen den Namen Mensch.“ „Mensch“ vereint Mann und Frau. Wenn in der Bibel von „ihm“ die Rede ist, weiß ich, daß damit auch ich gemeint bin. Und wenn ich Gott „Vater“ nenne, ist dieses Wort für mich stets gleichbedeutend mit Sanftheit und Zartheit.

Wer ein negatives oder zerbrochenes Vaterbild hat, kann Heilung empfangen

Wer von seinem Vater (oder anderen Autoritätspersonen) verletzt worden ist und nun feststellen muß, daß seine Beziehung zu Gott Vater blockiert ist, kann den ersten Schritt in Richtung Freiheit gehen, indem er sich dafür entscheidet, seinem irdischen Vater zu vergeben. Diese Vergebung ist keine Entschuldigung dafür, daß er Fehler gemacht, seine Autorität nicht richtig ausgeübt oder seinem Kind keine Liebe und Zuwendung geschenkt hat. Dafür wird er vor Gott Rechenschaft ablegen müssen.

Andererseits hat es nur sehr wenig mit der eigentlichen Schuld des „Täters“ zu tun, wenn man ihm vergibt. Der vermeintliche „Täter“ ist vielleicht unschuldig oder hat sich viel mehr zuschulden kommen lassen, als das verletzte Opfer überhaupt weiß. Wenn ich mich dafür entscheide, ihm zu vergeben, sage ich damit: „Ich bin zornig. Ich habe Groll und Bitterkeit gegenüber meinem Vater (oder wem auch immer) im Herzen. Ich erkenne an, daß dies in mir wie Gift wirkt. Es wird das Leben in mir und in anderen Menschen hindern und zerstören. Es färbt auf meine Wahrnehmung ab und kann jede Beziehung, die ich aufbauen möchte, verpesten. Ich möchte all das loswerden, damit ich anderen zum Segen werden kann und die Freiheit bekomme, Gott zu vertrauen.“

Wenn man sich im Gebet entschieden hat zu vergeben, macht der Herr aus dieser Entscheidung eine reale Erfahrung. Unter Umständen ist es erforderlich, dieser Entscheidung immer wieder Ausdruck zu verleihen. Schließlich hat sich wahrscheinlich durch zahlreiche Entscheidungen, die man als Reaktion auf den Schmerz vieler Jahre getroffen hat, Groll und Haß im Herzen aufgebaut. Vielleicht haben wir sogar Angst davor, diesen Groll loszulassen, weil er uns stets die einzige Möglichkeit zur Verteidigung zu sein schien. Wir befürchten, ohne diesen Groll von den potentiellen Tätern in die Knie gezwungen und erneut verletzt zu werden.

Wenn man schon oft versucht hat, dem anderen aus eigener Kraft heraus zu vergeben und nun unter Gebet erkennt, daß es ein aussichtsloses Unterfangen ist, dies allein zu bewerkstelligen, kann es gut sein, daß einem diese Erkenntnis wie ein Wunder vorkommt und man Befreiung erfährt, weil das Herz reif ist. Im Laufe dieses Entscheidungsprozesses wird der Herr uns so lange kämpfen lassen, wie es nötig ist, um unserem Herzen verschiedene Lektionen unauslöschlich einzuprägen (so z. B. über die Notwendigkeit, feste Entschlüsse zu fassen). Doch am Ende wird er sich als treu erweisen und mit uns dieses Ziel erreichen, denn es ist ja sein Wille, uns zu heilen und zu befreien.

Nachdem dieses Gift der mangelnden Vergebung endlich aus unseren Herzen verschwunden ist, sind wir in der Lage, von Gott Vater das Maximum an Trost, Heilung und Zuspruch zu empfangen. Unsere Augen werden sehen, unsere Ohren werden hören. Seine Freundlichkeit, die sich in unserer Heilung widerspiegelt, öffnet uns dann die Tür zum Segen der Buße über unsere eigenen sündhaften Reaktionen. Wenn wir die Liebe und Güte Gottes einmal erkannt haben, werden wir uns auch nicht mehr scheuen, uns unsere eigene Sünde einzugestehen und Verantwortung für sie zu übernehmen. Darüber hinaus wird die Tatsache, daß Beziehungen etwas mit Verletzbarkeit zu tun haben, keine Bedrohung mehr für uns darstellen. Auf der Grundlage der Vergebung und der Buße wird Gott etwas Neues, Herrliches und Schönes aufbauen.

Mann und Frau ergänzen sich

In gewisser Hinsicht ist mein Ehemann dieser andere Teil von mir, ohne den ich nicht *vollständig* bin. Ich wiederum bin dieser Teil von ihm. „Ein Fleisch sein“ heißt weit mehr, als sich körperlich zu vereinigen. Es ist eine körperliche, geistige und geistliche Begegnung und Vereinigung zweier Menschen.

$^1/_2 + ^1/_2$ = *ein Ganzes* – das ist *nicht* Gottes Plan für unsere Einheit!

Die Formel für unsere Einheit lautet vielmehr: 1 + 1 = ein größeres, umfassenderes und reicheres Ganzes, als es jeder einzelne für sich je hätte erreichen können, und gleicht somit eher der mathematisch unmöglichen Formel: 1 x 1 = 100.

Jene, die sich derlei Konzepte leichter anhand von grafischen Darstellungen vorstellen können, möchte ich auf folgendes Diagramm verweisen, das Gottes Plan für die Beziehung zwischen Mann und Frau veranschaulicht:

Nicht so .... sondern so

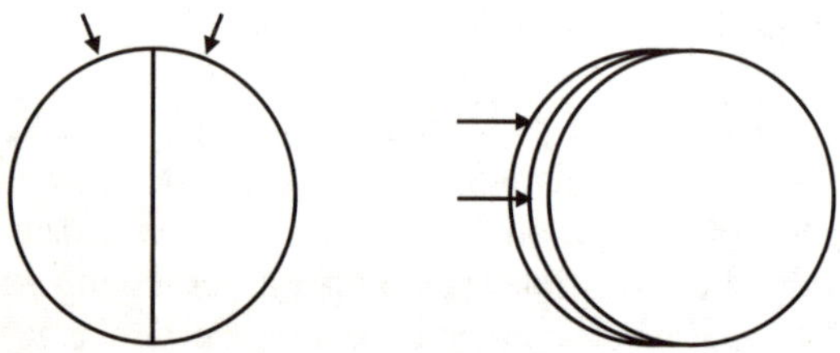

Ob man eine vollständige Persönlichkeit ist oder nicht, hängt vom Herrn ab.

Auch wenn wir in der Ehe ein Fleisch werden und einander auf diese Weise ergänzen sollen, ist es dennoch sehr wichtig zu verstehen, daß ein Mann oder eine Frau, die nie heiraten, trotzdem auch eine vollständige Persönlichkeit werden können. Ob man eine *vollständige* Persönlichkeit ist oder nicht, hängt davon ab, wie stark die persönliche Beziehung zum Herrn Jesus Christus ist. Er ist unsere Gerechtigkeit und schenkt uns Ausgewogenheit; er gibt uns unsere Identität und befähigt uns, Einheit zu erleben.

> Denn ihr alle, die ihr auf Christus getauft worden seid, ihr habt Christus angezogen. Da ist nicht Jude noch Grieche, da ist nicht Sklave noch Freier, da ist nicht Mann und Frau; denn ihr alle seid einer in Christus Jesus. (Gal. 3,27-28)

Im Idealfall kommt dieses vollständige Einssein dann zur gesegneten Vollendung, wenn alles, was wir sind, in diese von Gott geschaffene „Ein-Fleisch“-Ehebeziehung investiert wird.

Doch da die Sünde schon sehr früh die Bühne des Weltgeschehens betreten hat, umfaßt der Beitrag eines jeden Einzelnen zu dieser Einheit leider erheblich weniger als seine eigene, vollständig ausgeprägte Persönlichkeit.

Dennoch ist Gottes Plan nicht zum Scheitern verurteilt. Er ist durchaus in der Lage, sich im Rahmen seines Erlösungsplans unsere tiefsten Verletzungen und unsere rauhe Schale zunutze zu machen – wenn wir ihm dies gestatten. Es wird uns zum Segen, daß einer den anderen schleift, bis der Herr in uns seinen Plan durchgeführt hat und schließlich ein aus zwei Komponenten bestehender Edelstein zu funkeln beginnt.

Als der Kampf begann ...

Der uralte „Kampf der Geschlechter“ begann, als Mann *und* Frau sündigten und Gott diesbezüglich anlogen.

Frau	**Mann**
1. Sprach mit der Schlange.	1. Bot Eva keinen Schutz.
2. Hatte keine Unterscheidungsfähigkeit, glaubte der Schlange und aß, vom Wunsch beseelt, wie Gott zu sein, von der verbotenen Frucht. (Er (Gott) hätte sie zur Reife geführt und sie alles gelehrt, jedoch gemäß seiner Weisheit und nach seinem Zeitplan. Doch sie nahm ihr Leben selbst in die Hand.)	2. Konnte Eva nicht eindeutig vermitteln, von welchem Baum sie essen durfte und von welchem nicht. (Eva war ja noch nicht geschaffen, als Gott diese Gebote gegeben hatte.)
3. Verführte ihren Mann, gemeinsam mit ihr von der Frucht zu essen.	3. Entschied sich dafür, seiner Frau und nicht den Geboten Gottes Gehör zu schenken. (Das ist Götzendienst.)

Wenn *beide*, wie Gott sie geheißen hatte, vom Baum des Lebens in der Mitte des Gartens (der dem Herrn Jesus entspricht) gegessen hätten, wären sie für die Sünde nicht so empfänglich gewesen und wären nicht gestrauchelt.

Die Ablehnung der Gnade und der Liebe Gottes

Keiner von beiden übernahm die Verantwortung für ihren/seinen eigenen Fehltritt, obgleich Gott ihnen beiden reichlich Gelegenheit dazu gab. Das dritte Kapitel des ersten Buches Mose berichtet vom folgenschwersten Fall einer gegenseitigen Schuldzuweisung, den die Geschichte je gesehen hat:

> Und sie hörten die Stimme Gottes, des Herrn, der im Garten wandelte bei der Kühle des Tages. Da versteckten sich der Mensch und seine Frau vor dem Angesicht Gottes, des Herrn, mitten zwischen den Bäumen des Gartens. Und Gott, der Herr, rief den Menschen und sprach zu ihm: *Wo bist du?* Da sagte er: Ich hörte deine Stimme im Garten, *und ich fürchtete mich, weil ich nackt bin, und ich versteckte mich.* (1.Mos. 3,8-10)

Der Herr wußte ganz genau, wo Adam war und weshalb er sich versteckte. Seine Frage sollte Adam die Chance geben, seine Sünde zu bekennen, doch er log Gott an. Das schuldige Paar hatte immer schon gewußt, daß es nackt war (vgl. 1.Mos. 2,25). Jetzt schämten sie sich und hatten Angst, weil sie gesündigt hatten. Satan hatte sie verunreinigt, und sie sahen nun alles mit seinen Augen. Deshalb konnten sie auch Gottes Wesen nicht mehr vertrauen.

> Und er sprach: *Wer hat dir erzählt, daß du nackt bist? Hast du etwa von dem Baum gegessen, von dem ich dir geboten habe, du solltest nicht davon essen?* Da sagte der Mensch: Die *Frau*, die *du* mir zur Seite gegeben hast, *sie* gab mir von dem Baum, und ich aß. Und Gott, der Herr, sprach zur Frau: *Was hast du da getan!* Und die Frau sagte: Die *Schlange* hat mich getäuscht, da aß ich. (1.Mos. 3,11-13)

Die Auswirkungen der Sünde

Aufgrund der Sünde, über die keiner von beiden Buße tat, verloren sie ihre Beziehung zu Gott und die Lebensqualität, mit der Gott sie ursprünglich gesegnet hatte. Eva hatte immer schon Verlangen nach ihrem Mann gehabt; jetzt würde dieses Verlangen übermäßig werden. Weil ihr Vertrauen auf Gott erschüttert war und sie eine unheilige Angst vor ihm hatte, würde sie von nun an bei ihrem Mann suchen und von ihm fordern, was nur Gott allein geben kann. Es würde noch viel schmerzhafter werden, Kinder zur Welt zu bringen (vgl. 1.Mos. 2,16). Sie konnte nicht länger in Gott ruhen – Streß macht Schmerz ungleich schlimmer.

Adam hatte immer über seine Frau regiert, doch aufgrund der Sünde würde jetzt seine Herrschaft in Besitzdenken, Unterdrückung und Kontrolle übergehen. Auch heute gibt es noch viele religiöse Männer, die aufgrund von Angst, Verwirrung und kindheitlichen Verletzungen die Bibel pervertieren und sie sich nach Gutdünken hinbiegen, um die Unterjochung und Bevormundung ihrer Frauen entschuldigen und somit fortsetzen zu können. Der Punkt, an dem viele Bewegungen in die Irrlehre und Sektiererei abgleiten, ist von Gesetzlichkeit und der Unterdrückung der Frau gekennzeichnet.

Immer wenn Ehemänner versuchen, ihre Frauen zu zwingen, so zu werden, wie sie es wollen und keine Gemeinschaft mehr mit ihnen haben, ihnen keine Liebe mehr schenken und sie nicht mehr fördern, damit sie ungehindert so werden können, wie Gott sie haben möchte, gehen Ehen in die Brüche. Die Ehemänner sind enttäuscht und desillusioniert angesichts dessen, was ihre Vorgehensweise bewirkt hat, denn ihre Frauen sind nicht mehr die angemessenen Pendants und die Gehilfinnen, die Gott ihnen gegeben hatte; überdies fehlt ihnen die Unterscheidungsfähigkeit, um zu erkennen, was schiefgelaufen ist. Viele Frauen, die ihren Männern gerne gefallen wollen, sich jedoch nicht sicher sind, wer sie selbst sind und welchen Wert sie haben, lassen es zu, daß ihre Männer sie so behandeln, ja sie fordern sie sogar dazu auf.

Mühsal und Schweiß würden notwendigerweise die Merkmale der Beziehung von Mann und Frau zur Erde sein. „Die Schöpfung ist der Nichtigkeit unterworfen worden“ (Röm. 8,20). Aufgrund der Sünde des Menschen (d. h. des Mannes und der Frau; vgl. 1.Mos. 5,2) mußte Gott „einen Gang zurückschalten“, sonst hätten die beiden die Schöpfung und sich selbst vernichtet.

Die frohe Botschaft

Jetzt die frohe Botschaft! Gott will uns nicht in dem Schlamassel sitzen lassen! In Jesus Christus hat er bereits angefangen, uns erneut in den herrlichen Stand zurückzuversetzen, den wir am Anfang hatten! Hören Sie doch nur:

> *Denn ich denke, daß die Leiden der jetzigen Zeit nicht ins Gewicht fallen gegenüber der zukünftigen Herrlichkeit, die an uns geoffenbart werden soll.* Denn das sehnsüchtige Harren der Schöpfung wartet auf die Offenbarung der Söhne Gottes. Denn die Schöpfung ist der Nichtigkeit unterworfen worden – nicht freiwillig, sondern durch den, der sie unterworfen hat –, auf Hoffnung hin, *daß auch selbst die Schöpfung von der Knechtschaft der Vergänglichkeit frei gemacht werden wird zur Freiheit der Herrlichkeit der Kinder Gottes.* Denn wir wissen, daß die ganze Schöpfung zusammen seufzt und zusammen in Geburtswehen liegt bis jetzt. Nicht allein aber sie, sondern auch wir selbst, die wir die Erstlingsgabe des Geistes haben, auch wir selbst seufzen in uns selbst und erwarten die Sohnschaft: die Erlösung unseres Leibes. *Denn auf Hoffnung hin sind wir errettet worden.* Eine Hoffnung aber, die gesehen wird, ist keine Hoffnung. Denn wer hofft, was er sieht? Wenn wir aber das hoffen, was wir nicht sehen, *so warten wir mit Ausharren.* Ebenso aber nimmt auch der Geist sich unserer Schwachheit an; denn wir wissen nicht, was wir bitten sollen, wie es sich gebührt, aber *der Geist selbst verwendet sich für uns in unaussprechlichen Seufzern.* Der aber die Herzen erforscht, weiß, was der Sinn des Geistes ist, *denn er verwendet sich für Heilige Gott gemäß. Wir wissen aber, daß denen, die Gott lieben, alle Dinge zum Guten mitwirken, denen, die nach seinem Vorsatz berufen sind.* (Röm. 8,18-28)

Wie Gott im Alten Testament die Frauen sah und wozu er sie bestimmt hatte (Sprüche 31,10ff)

Sie wird wertgeschätzt und ist dazu berufen, das Maximum ihrer Rolle auszuschöpfen.

In Sprüche 31 lesen wir, eine gute Frau sei weit kostbarer als Edelsteine. Das Herz ihres Mannes vertraut ihr, sie mehrt seinen Besitz. Alle Tage ihres Lebens erweist sie ihm Gutes.

Sie ist fleißig, fühlt sich wohl, hat einen gesunden Körper, hat Selbstvertrauen, dient anderen und ist gut gekleidet.

Sie bestätigt ihren Ehemann, wodurch er einen guten Ruf genießt.

Sie steht im Geschäftsleben, fürchtet sich nicht, hat Organisationstalent, ist konsequent, zeigt Würde und ist zu jedermann freundlich.

Sie ist keine Erweiterung der Persönlichkeit ihres Mannes.

Ihr Mann und ihre Kinder belohnen und segnen sie. Die Heilige Schrift sagt:

> Es treten ihre Söhne auf und preisen sie glücklich, ihr Mann tritt auf und rühmt sie ... Gebt ihr von der Frucht ihrer Hände, und in den Toren sollen ihre Werke sie rühmen! (Spr 31,28.31)

Die Zeitschrift *YAVO Digest* veröffentlichte vor kurzem einen Artikel von Rachel D. Levine, die derzeit an ihrer Doktorarbeit über die Rolle der Frau im Judentum während der ersten Jahrhunderte schreibt. Sie sagt, die Passage aus Sprüche 31 sei jahrhundertelang als Idealbild hochgehalten worden, dem die jüdischen Frauen nacheifern sollten.

> Welche Tätigkeit hatte die Frau, und wofür war sie verantwortlich? Im Haus hatte sie die absolute Autorität, um sicherzustellen, daß alle häuslichen Pflichten erledigt wurden; neben ihrer eigenen Arbeit überwachte sie auch die Tätigkeiten der Bediensteten. Sie kümmerte sich darum, daß für alle Mitglieder des Haushalts genügend Nahrung und Kleidung vorhanden war. Wenn nötig, ließ sie sich die Dinge, die in ihrer Gegend nicht erhältlich waren, aus der weiteren Umgebung liefern. Neben der Fürsorge für jene, die unter ihrer Obhut standen, war sie auch für die „Heimindustrie" bei ihr zu Hause verantwortlich, verhandelte mit den Kaufleuten ihrer Gegend und

verkaufte ihnen die in Heimarbeit produzierten Waren. Sie war im Immobiliengeschäft tätig und überwachte die Landarbeiter. Durch ein Sparprogramm gewährleistete sie das Überleben der Familie in Zeiten der Not; noch dazu war es in erster Linie ihre Aufgabe, die Kinder zu unterrichten.

Neben ihren Tätigkeiten in Haushalt und Handel engagierte sie sich bei gemeinnützigen Aktivitäten in ihrer Stadt. Auch vernachlässigte sie ihre religiösen Pflichten nicht und war bekannt für ihre Frömmigkeit und Hingabe an den Herrn. Dies hatte zur Folge, daß ihr Mann sich völlig unbelastet auf seine Unternehmungen konzentrieren konnte, ohne sich um das Wohlergehen seiner Familie Sorgen machen zu müssen; er konnte sich sicher sein, daß alles tadellos erledigt wurde, ohne daß er dies ständig kontrollieren mußte.

(Rachel Levine, „The Biblical Woman" aus YAVO Digest, Bd. 3, Nr. 6, S. 12. Mit freundlicher Genehmigung, urheberrechtlich geschützt.)

Das steht doch im krassen Gegensatz zum Verhalten einiger Männer in unserer Zeit, die fälschlicherweise davon ausgehen, die Bibel gebe ihnen den Auftrag und/oder die Erlaubnis, ihren Frauen vorzuschreiben, was sie anziehen, kochen, denken und sagen, wohin sie gehen, was sie tun und wie sie es tun sollen!

Wenn ein Partner den anderen so beherrscht, merzt er den anderen Bestandteil aus seinem eigenen Fleisch aus. Mein Mann John erzählt den Leuten immer, er würde die Hälfte seiner Weisheit verlieren, sollte ich jemals meinen Mund halten, und fügt mit einem liebevollen Grinsen schnell hinzu: „Meiner Meinung nach besteht jedoch nicht die Möglichkeit, daß das irgendwann einmal geschehen wird!"

Im Alten wie im Neuen Testament ist die Frau dazu berufen, ihr Bestes zu geben und zu leuchten

Niemand aber, der eine Leuchte angezündet hat, stellt sie ins Versteck, noch unter den Scheffel, sondern auf das

> Lampengestell, damit die Hereinkommenden den Schein sehen. (Lk. 11,33)

> Eine tüchtige Frau ist die *Krone* ihres Mannes. (Spr. 12,4)

Die kulturellen Gepflogenheiten zur Zeit der Bibel betrachteten das Haupt als den ehrenvollsten, die Füße hingegen als den niedrigsten und unehrenhaftesten Teil des Körpers. Hätte die Bibel uns aufgefordert, die Frau respektlos zu behandeln oder abzukanzeln, oder irgend jemandem gestattet, auf ihr herumzutrampeln, hätte sie sie vermutlich als „alten Schuh" bezeichnet und nicht als „Krone"!

Die Bibel gibt das ideale Bild einer Frau vor, und ein Großteil des Gesetzes ist dafür da, die Frau vor schlechter Behandlung zu schützen. Doch weil das Wesen des Menschen zutiefst sündhaft ist, wurden im Verlauf der Geschichte die Frauen in vielen Kulturen unterdrückt. Und nach wie vor werden überall dort Frauen unterjocht und gebrandmarkt, wo Jesus Christus noch nicht Herr in den Herzen der Männer ist.

In Christus soll Gottes ursprünglicher Plan für die Beziehung zwischen Mann und Frau wiederhergestellt werden

Jesus kam, um den Blinden ihr Augenlicht wiederzugeben, den Niedergeschlagenen eine Botschaft der Hoffnung zu bringen, die Wunden derer, die zerbrochenen Herzens sind, zu verbinden, die Gefangenen freizulassen und die Fesseln der Unterdrückten zu lösen (vgl. Jes. 61,1-3 und Lk. 4,18). Jesus hatte freundschaftlichen Umgang mit Frauen, ließ sich von ihnen dienen, verteidigte, ehrte und respektierte sie. Darin ist er allen, die nach ihm kommen, ein Vorbild.

Viele, denen aufgrund ihrer Unkenntnis der Kultur zur Zeit der Bibel erhebliche Irrtümer unterlaufen sind, haben Paulus unfairerweise in einem sehr schlechten Licht dargestellt. Doch in Wirklichkeit folgte er den Fußstapfen Jesu als einer der größten Frauenrechtler aller Zeiten. Er achtete peinlich genau darauf, voll Dankbarkeit die Verdienste der Frauen anzuerkennen, die einen wesentlichen Beitrag zur Arbeit im Leib Christi leisteten: Priska, Klaudia, Phöbe, Maria, Tryphäna, Tryphosa, die Mutter des Rufus, Julia, die Schwester des Nereus, Appia und andere. Er schreibt in Philipper 4,3: „Ja, ich bitte auch dich, mein rechter Gefährte, stehe (diesen Frauen) bei, die in dem Evangelium zusammen mit mir gekämpft haben ..."

Betrachten wir uns nun einige der oft zitierten und häufig mißverstandenen Aussagen aus den Briefen des Paulus etwas näher.

Paulus lehrte gegenseitige Unterordnung, verbunden mit aufopferungsvoller Liebe und Hochachtung

> Ordnet euch einander unter in der Furcht Christi, die Frauen den eigenen Männern **als** dem Herrn! Denn der Mann ist das Haupt der Frau, **wie** auch der Christus das Haupt der Gemeinde ist, er als des Leibes Heiland. **Wie** nun die Gemeinde sich dem Christus unterordnet, so auch die Frauen den Männern in allem. (Eph. 5,21-24)

Beachten Sie zunächst, daß die gegenseitige Unterordnung im Zusammenhang mit der Ehe erwähnt wird. Noch nie zuvor hatte jemand gesagt, ein Mann solle sich einer Frau unterordnen, doch hier spricht Paulus eindeutig davon, daß sich Mann und Frau *einander* unterordnen sollen! Beachten Sie genau die Reihenfolge: Zuerst sagt er, Mann und Frau sollen sich einander unterordnen, und dann erst geht er weiter und beschreibt die Position des Mannes als Haupt der Frau.

Aus diesem Grund haben der Herr und Paulus sicher *nicht* an eine Mann-Frau-Beziehung gedacht, wie sie im folgenden Bild dargestellt wird!

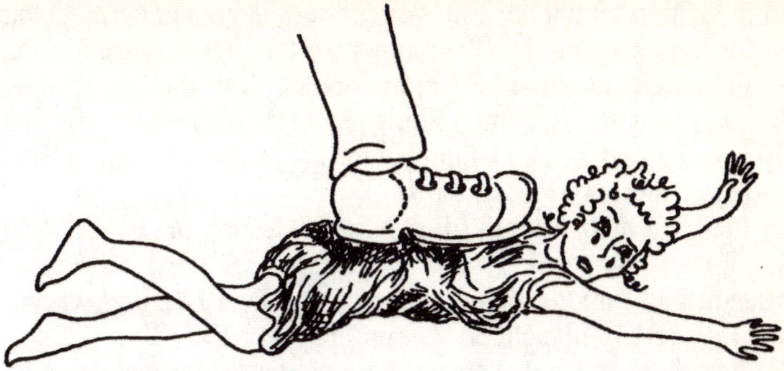

Beachten Sie auch das Wort „als“ bzw. „wie“, das ich im obigen wie auch im folgenden Bibeltext hervorgehoben habe. Paulus stellt hier klar und eindeutig dar, wie die Funktion des Hauptes und die Unterordnung aussehen sollen: *Wie* ist Christus Haupt über die Gemeinde? Indem er sein Leben um ihretwillen hingibt, damit sie leben kann, und indem er sie einlädt, dieses Geschenk anzunehmen. Er nimmt ihr nie ihren freien Willen; er zwingt ihr nichts auf; er verurteilt sie nicht; er lehnt sie nicht ab. Er liebt sie bedingungslos; er gibt ihr Kraft, damit sie fest stehen kann; er beschützt sie.

Wie ordnet sich die Gemeinde Jesus unter? Indem sie sich freiwillig und uneingeschränkt hingibt; indem sie sich verpflichtet, bedingungslos zu lieben und mit Einfühlsamkeit, Treue, Ehrerbietung und Hochachtung zu dienen.

> Ihr Männer, liebt eure Frauen, **wie** auch der Christus die Gemeinde geliebt und **sich selbst für sie hingegeben hat**, um sie zu heiligen ... So sind auch die Männer schuldig, ihre Frauen zu lieben **wie** ihre eigenen Leiber. Wer seine Frau liebt, liebt sich selbst. Denn niemand hat jemals sein eigenes Fleisch gehaßt, sondern *er nährt und pflegt es*, wie auch der Christus die Gemeinde. Denn wir sind Glieder seines Leibes. (Eph. 5,25-26;28-30)

Hier werden wir klar und deutlich aufgefordert, zu *geben* und nicht zu *nehmen*. Das Gebot lautet, dem anderen um seinetwillen zu dienen und nicht aus Selbstsucht heraus vom anderen etwas zu fordern; speziell die Ehemänner dürfen nicht aufgrund ihrer vermeintlich „höheren“ Position von den Frauen etwas fordern oder sie gängeln. Beachten Sie, wie das „Ein-Fleisch-Sein“ der Ehepårtner und die Beziehung zwischen „lieben“, „nähren“ und „pflegen“ hervorgehoben wird.

Liebe ist nicht nur ein romantisches Gefühl. Sie ist vielmehr die *Entscheidung*, den Partner bedingungslos zu nähren, zu pflegen und ihm zu dienen, damit er in der Heiligung wachse und in jederlei Hinsicht ein Leben in Fülle habe.

Immer wenn ich die Zuwendung meines Mannes am wenigsten verdiene, brauche ich es am allermeisten, daß er mich liebt und natürlich auch, daß er mir Kraft gibt. Mehr als einmal habe ich schon zu John gesagt: „Ich bin völlig daneben und am Boden zerstört. Deine Analyse, deinen Rat oder deinen Tadel will ich nicht und brauche ich jetzt auch nicht. Ich will einfach nur, daß du mich in den Arm nimmst!“ Doch wenn er sich dann über sein Befremden über meinen Wunsch hinwegsetzen kann und seinen starken Arm um diese Frau legt, die das überhaupt nicht verdient hat, bekomme ich die Kraft, all die anderen Dinge anzunehmen, die er mir gerne geben möchte. Und er braucht es, daß ich ihm dieselbe Aufmerksamkeit entgegenbringe.

> Die Frau aber **achte darauf**, daß sie ihren Mann respektiere. (Eph. 5,33; wörtl. a. d. Engl.)

Viele Frauen tun sich schwer, ihre Männer zu respektieren, weil sie ihnen problemlos eine ellenlange Liste mit ihren Fehlern und Schwächen vorhalten könnten. Doch Respekt umfaßt weit mehr, als daß man das Verhalten des anderen gutheißt. Ich werde aufgerufen, „darauf zu achten“, daß ich die Position meines Mannes respektiere, das bedeutet, ihn nicht zu bemuttern, nicht zu verletzen und ihm nicht die Kraft zu rauben.

Ich werde aufgerufen, ihn als Person zu respektieren, nicht nur seine Qualitäten und seine bewundernswerten Eigenschaften, sondern als einen Menschen, der Probleme, Gefühle und *empfindliche Stellen* hat, mit denen ich umgehen muß, wie es mir das Wesen Christi in mir aufträgt. Es dient uns beiden, wenn ich die Tatsache respektiere, daß er viele Situationen oft anders erlebt und sie anders anpackt als ich und daß meine Wahrnehmung und meine Erkenntnis nicht immer lückenlos oder richtig ist.

Den anderen respektieren heißt nicht, einer Meinung mit ihm zu sein. Respekt schließt eine angemessene Art der Konfrontation nicht aus. Er fordert uns vielmehr dazu auf, unsere Herzen in die Zucht zu nehmen, um Grundhaltungen zu bewahren, die den anderen in jederlei Hinsicht bestätigen können, und unsere Worte und Taten in die Zucht zu nehmen, damit sie den Partner auferbauen und nicht unterminieren oder niederbügeln.

Paulus unterstreicht, wie wichtig das Element der *Gemeinschaft* im Leben eines Christen ist, und gibt Anweisungen, wie wir darin wachsen können:

- **Legt den alten Menschen ab.**
- **Werdet erneuert im Geist eurer Gesinnung.**
- **Zieht den neuen Menschen an.**
- **Legt die Lüge ab.**
- **Zürnet und sündigt dabei nicht.**
- **Gebt dem Teufel keinen Raum.**
- **Kein faules Wort komme aus eurem Mund.**
- **Alle Bitterkeit und Wut und Zorn und Geschrei und Lästerung sei von euch weggetan, samt aller Bosheit.**
- **Seid aber zueinander gütig, mitleidig, und *vergebt einander*, so wie Gott in Christus euch vergeben hat.**

(vgl. Eph. 4,22-32)

Zur Klärung einiger Mißverständnisse bezüglich der Anweisungen des Paulus

> Eine Frau lerne in der Stille in aller Unterordnung. Ich erlaube aber einer Frau nicht, zu lehren, noch über den Mann zu herrschen (King James Übersetzung: „... sich der Autorität über den Mann zu *bemächtigen* ...“), sondern ich will, daß sie sich in der Stille halte. (1.Tim. 2,11-12)

Vor etlichen Jahren lud man John und mich ein, vor einer ökumenischen Versammlung in einem Restaurant in St.Louis zu sprechen. Das Treffen verlief recht ruhig und friedlich, bis ich ans Mikrofon ging. Ein beleibter Herr mit rotem Gesicht sprang auf und rief laut, ich hätte überhaupt nicht das Recht zu lehren. Paul Haglin (der Pastor, der die Veranstaltung leitete) und mein Mann stellten sich schnell vor mich, und Paul erklärte mit sanften Worten, aber mit Autorität und Bestimmtheit, daß es absolut unmöglich sei, daß ich mich irgendwie der Autorität bemächtigen könnte, da ich ja eingeladen worden sei.

Der Mann wollte gar nicht zuhören und schrie nur noch lauter. John sagte: „Dieser Mann hat offensichtlich nicht die Absicht zuzuhören und möchte nur die Veranstaltung stören. Schafft ihn hinaus." Einige Männer der Gemeinde, die uns eingeladen hatte, packten den Mann und trugen ihn hinaus.

Ich setzte meine Lehre fort und war zutiefst dankbar, daß ich starke, männliche Partner im Evangelium hatte, die mich verteidigten. Ich bemerkte auch, daß ich durch diesen Vorfall tief in mir Heilung in einem Bereich erleben durfte, in dem ich mich nach wie vor schutzlos gefühlt hatte, weil mein Vater, als ich noch klein war, so oft von zu Hause weg gewesen war. Ich hatte schon dafür gebetet. Diese Erfahrung bestätigte mein Gebet und stärkte meinen Glauben daran, daß mein himmlischer Vater immer da und stets bereit ist, zu meinen Gunsten die Initiative zu ergreifen.

Später erfuhren wir, daß dieser Mann nicht zum ersten Mal mit Gewalt aus Veranstaltungen hinausbefördert worden war; er hatte sich schon oft und bei vielen Gelegenheiten Autorität angemaßt und sich als selbsternannte, prophetische „Autorität" auf dem Gebiet der biblischen Lehre ausgegeben. Schließlich bekam er eine „autoritative" Einweisung in eine Psychiatrie.

Beim Bibellesen muß man den Textzusammenhang vor Augen haben

1.Timotheus 2,11-12 wurde vor dem Hintergrund geschrieben, daß man sich Autorität widerrechtlich aneignete. Paulus war sich sehr wohl dessen bewußt, daß die Christen bereits „den Erdkreis aufwiegelten" (Apg. 17,6). Er hatte Weisheit genug, allen mitzuteilen, daß er Extrempositionen – die dann aus dem Nichts heraus und völlig unnötig die vorhandene Ordnung innerhalb der Gemeinden überrennen würden – weder lehrte noch als Vorbild hinstellte. Wie heute auch, gingen die Menschen damals nicht allzu bereitwillig und dankbar auf Veränderungen ein.

Hierzu ein Beispiel: Am Anfang unserer Arbeit dienten John und ich in einer Gemeinde im Bundesstaat Illinois. Da geschah es, daß die Gemeinde einen wunderschönen neuen Altar bekam. Unser gesunder Menschenverstand sagte uns, daß der alte Altar viele Jahre lang gut genug gewesen war, und sich nun noch eine Zeitlang in einem anderen Raum als recht nützlich erweisen könnte, auch wenn man ihm schon ansah, daß er viel in Gebrauch gewesen war. Der neue Altar paßte viel besser zum Altarraum, der nach einer Renovierung ein neues Gesicht bekommen hatte.

Mit Hochachtung und Wertschätzung transportierten wir den alten Altar in den ersten Stock, wo sich die jungen Leute in ihrer Kapelle an ihm erfreuen könnten; den neuen Altar stellten wir in der Kirche auf. Aus dem Mißfallen über diese Aktion wurde sehr schnell Anklage, ja wir wurden deswegen sogar beschimpft! Man konnte meinen, wir hätten Gott in den ersten Stock gebracht!

Als Paulus sagte, die Frauen sollten still sein, hatte er auch einen praktischen Gesichtspunkt im Hinterkopf: In 1.Korinther 14,26ff wird eine vernünftige Ordnung für den Ablauf eines Gottesdienstes und für den rücksichtsvollen Umgang mit den Beiträgen der Gemeindemitglieder dargelegt; auf diese Weise wird jedermann klargemacht, wann es angemessen ist, daß der eine etwas sagt und der andere schweigt.

> Und die Geister der Propheten sind den Propheten untertan. *Denn Gott ist nicht ein Gott der Unordnung, sondern des Friedens*. (1.Kor. 14,32)

Somit muß man die folgende Passage im Zusammenhang mit dem restlichen Kapitel lesen, also vor dem Hintergrund, daß Paulus die Ordnung innerhalb der Gemeinde am Herzen liegt:

> Wie es in allen Gemeinden der Heiligen ist, sollen eure Frauen in den Gemeinden schweigen, denn es wird ihnen nicht erlaubt, zu reden, sondern sie sollen sich unterordnen, wie auch das Gesetz sagt. Wenn sie aber etwas lernen wollen, so sollen sie daheim ihre eigenen Männer fragen; denn es ist schändlich für eine Frau, in der Gemeinde zu

> reden. Oder ist das Wort Gottes von euch *ausgegangen*? Oder ist es zu euch *allein* gelangt? Wenn jemand meint, ein Prophet oder sonst ein Geistbegabter zu sein, so erkenne er, daß das, was ich euch schreibe, ein Gebot des Herrn ist. (1.Kor. 14,34-37)

Und in den folgenden Passagen findet man ganz sicher keine sexistischen Formulierungen:

> ... bis *wir alle* hingelangen zur Einheit des Glaubens und der Erkenntnis des Sohnes Gottes, zur vollen Mannesreife, zum Vollmaß des Wuchses der Fülle Christi. (Eph. 4,13)

> Laßt *uns* aber die Wahrheit bekennen in Liebe und in allem hinwachsen zu ihm, der das Haupt ist, Christus. (Eph. 4,15)

Um zu begreifen, worum es hier geht, müssen wir zunächst einmal von unserer Vorstellung eines Hauskreises weggehen, in der alle zusammen, Männer und Frauen, in einem Wohnzimmer in gemütlicher Runde zusammensitzen. Die Heilige Schrift muß man vor dem Hintergrund der Kultur der östlichen Welt verstehen (in vielen Bereichen gleicht sich die Kultur des Nahen und des Fernen Ostens). Bei der Anbetung im Tempel war es Tradition, daß Männer und Frauen nicht nebeneinander saßen. Die Männer trafen sich im größten Saal, die Frauen saßen hinter einer Art Trennwand. Auch wenn man sich bei jemandem zu Hause traf, waren Männer und Frauen normalerweise getrennt; das galt ebenfalls für rein gesellschaftliche Anlässe.

Ende der fünfziger Jahre hatten John und ich das Vorrecht, Russell und Vickie Chandran, ein Ehepaar aus Indien, mehrmals bei uns zu Gast zu haben. Sie waren Christen und studierten ein Jahr lang am Chicago Theological Seminary, das damals zur Universität von Chicago gehörte. Er war Leiter eines theologischen Seminars in Bangalore, und sie unterrichtete an Schulen. Wir genossen die Gemeinschaft mit ihnen sehr.

Als der Tag ihrer Abreise näherrückte, sagte Vickie, sie würde nun zu Hause eine Zeitlang sehr vorsichtig sein müssen.

In Amerika hätte sie sich schon so daran gewöhnt, daß sich Männer und Frauen ganz natürlich miteinander treffen und austauschen. Das hätte ihr viel Freude gemacht, sie würde sich sehr wohl dabei fühlen, ja im Grunde wäre ihr das bereits in Fleisch und Blut übergegangen.

Sie befürchtete, wenn sie wieder zu Hause wäre, könnte sie vergessen, daß ein derartiger Austausch nicht gestattet ist. Sie könnte Anstoß erregen und dadurch ihren Ehemann blamieren. Durch ihre Kultur waren sie an bestimmte Verhaltensweisen gebunden, die sie beide nicht für angemessen hielten. Wir durften miterleben, wie sehr Russell seine Frau liebte und respektierte. In Christus schätzte er sie als Person und ihre Meinung und freute sich darüber, daß sie ihrer Identität Ausdruck verlieh.

Können Sie sich in die Lage einer Frau in der Urgemeinde hineinversetzen? Überall in der östlichen Welt waren Frauen jahrhundertelang unterdrückt worden. Trotz des in Sprüche 31 vorgestellten Idealbilds einer Frau im Judentum, mußten die Frauen mit zahlreichen Einschränkungen leben, besonders, was das öffentliche Gespräch und die Gemeinschaft mit Männern sowie die Teilnahme am religiösen Leben anbelangte. Ein Mann konnte sich von seiner Frau scheiden, indem er einfach ihre Habseligkeiten vor die Tür stellte. Sie und ihre ganze Familie würden so zu einem Schandfleck werden.

Das ist auch der Hauptgrund, weshalb die neutestamentliche Lehre über die Ehescheidung den Schutz der Frau in den Vordergrund stellt, damit sie eben nicht wie ein Möbelstück aus dem Haus geworfen werden kann! Jesus hatte mit Frauen gesprochen, sie respektiert, verteidigt und geehrt. Er bot allen Menschen eine neue Lebensqualität an, die selbst ihre kühnsten Träume übertraf. Damals erlebten die Menschen Wunder oder kannten sie zumindest vom Hörensagen, die sie bis dato für schlichtweg unmöglich gehalten hatten. Heute sind uns die Lehren Jesu so vertraut und die Freiheiten, die er für uns erkämpft hat, so selbstverständlich, daß wir Gefahr laufen, die Begeisterung zu verlieren, wie sie in der Urgemeinde gang und gäbe war. Die Christen der Urgemeinde brannten! Sie waren so begeistert, daß sie sogar bereit waren, ihr Leben für ihren Glauben aufs Spiel zu setzen.

In den Herzen der christlichen Frauen brannte eine solche Begeisterung, daß sie damit nicht hinterm Berg halten konnten! Versetzen Sie sich doch in Gedanken in eine Versammlung der Urgemeinde: Im größten Raum des Hauses redet man über Dinge, die die Welt aus den Fugen heben, Dinge, die auch für Sie lebenswichtig sind, und die der Herr auch Ihnen geben möchte. Sie wollen unbedingt jedes Wort mitbekommen, können jedoch nicht alles, was gesagt wird, deutlich verstehen, weil Sie gemeinsam mit den anderen Frauen abseits hinter einer Art Trennwand sitzen (für gewöhnlich ein dicker Vorhang oder Teppich). Sie überhören etwas und ohne auch nur einen Augenblick darüber nachzudenken, versuchen Sie, die Aufmerksamkeit Ihrer Nachbarin zu bekommen, um von ihr zu erfahren, was eben gesagt wurde. Vielleicht flüstern Sie auch durch den Vorhang Ihrem Mann zu, der gerade in der Nähe sitzt: „Ben, was hat er gerade gesagt?“ Auf diese Weise werden Sie zum Störenfried.

Kein Wunder, daß Paulus den Frauen auftrug, sie sollten zu Hause ihre Ehemänner fragen, wenn Sie etwas wissen wollten. In Vers 36 geht Paulus noch einen Schritt weiter und tadelt die Frauen richtiggehend, weil es ihnen an Anstand fehlt: „Oder ist (das Wort Gottes) zu euch allein gelangt?“ Wegen ihrer ungezügelten Begeisterung handelten sie ichbezogen und verhielten sich dem Nächsten gegenüber rücksichtslos. Doch diese Anweisung ist nur ein Teil eines Kapitels, das insgesamt ein Aufruf zur Ordnung, zur Selbstdisziplin und zu rücksichtsvollem Verhalten ist, der allen gilt, damit einer auf den anderen eingehe und damit der ganze Leib auferbaut werde. „Alles aber geschehe anständig und in Ordnung“ (1.Kor. 14,40).

Der Bibel zufolge durften Frauen auch weissagen

> Dieser (der Evangelist Philippus) aber hatte vier Töchter, Jungfrauen, die weissagten. (Apg. 21,9)

> Und es war eine Prophetin Hanna, eine Tochter Phanuels, aus dem Stamm Asser. Diese war in ihren Tagen weit vorgerückt; sie hatte sieben Jahre mit ihrem Mann gelebt von ihrer Jungfrauschaft an; und sie war eine Witwe von

> vierundachtzig Jahren, die wich nicht vom Tempel und diente Nacht und Tag mit Fasten und Flehen. *Und sie trat zur selben Stunde herbei, lobte Gott und redete von ihm zu allen, die auf die Erlösung Jerusalems warteten.* (Lk. 2,36)

„Zur selben Stunde" segnete Simeon anläßlich der Beschneidung Jesu jenen und seine Eltern und erstaunte sie mit den Worten, dieses Kind würde „... ein Licht zur Erleuchtung der Nationen und zur Herrlichkeit deines Volkes Israel" sein (Lk. 2,32).

Der Bibel zufolge durften Frauen auch lehren

> Ein Jude aber mit Namen Apollos, aus Alexandria gebürtig, ein beredter Mann, der mächtig war in den Schriften, kam nach Ephesus. Dieser war im Weg des Herrn unterwiesen, und, brennend im Geist, redete und lehrte er sorgfältig die Dinge von Jesus, obwohl er nur die Taufe des Johannes kannte. Und dieser fing an, freimütig in der Synagoge zu reden. Als aber Priscilla und Aquila ihn hörten, nahmen *sie* ihn zu sich und legten ihm den Weg Gottes genauer aus. (Apg. 18,24-26)

Beachten Sie, daß Paulus klar und deutlich sagt, Priscilla habe einen Mann im Wort Gottes genauer unterwiesen. Es sei auch darauf hingewiesen, daß Priscilla als erste genannt wird. Dem Protokoll der Bibel zufolge heißt das, daß Priscilla die Leiterin dieses kleinen Teams war.

Paulus spricht davon, daß in einer Mann-Frau-Beziehung die Autorität in beide Richtungen wirksam ist

> Die Frau hat keine Autorität über ihren eigenen Leib, sondern der Ehemann; in gleicher Weise hat auch der Ehemann keine Autorität über seinen eigenen Leib, sondern die Frau. (1.Kor. 7,4; wörtl. a. d. Engl.)

Paulus spricht von *gegenseitiger* Heiligung

> Denn der ungläubige Mann ist durch die Frau geheiligt und die ungläubige Frau ist durch den Bruder geheiligt; sonst wären ja eure Kinder unrein, nun aber sind sie heilig. (1.Kor. 7,14)

Paulus spricht von einer *gemeinsamen* Zugehörigkeit

> Denn wir sind Glieder seines Leibes. (Eph. 5,30)
>
> *Deswegen wird ein Mensch Vater und Mutter verlassen und seiner Frau anhängen, und die zwei werden ein Fleisch sein.* (Eph. 5,31; 1.Mos. 2,24)
>
> *Ihr seid Mitbürger der Heiligen und Gottes Hausgenossen.* Ihr seid aufgebaut auf der Grundlage der Apostel und Propheten, wobei Christus Jesus selbst Eckstein ist. In ihm *zusammengefügt*, wächst der *ganze* Bau zu einem heiligen Tempel im Herrn, und in ihm werdet auch ihr *mitaufgebaut* zu einer Behausung Gottes im Geist. (Eph. 2,19-22)

Gottes vollkommener Plan für uns sieht vor, daß wir *gemeinsam* in Wahrheit die Gemeinde werden sollen, durch die den Gewalten und Mächten in der Himmelswelt die mannigfaltige Weisheit Gottes kundgetan werde (vgl. Eph. 3,10).

Damit wir an dem teilnehmen können, was Gott vollbringen *wird*, müssen wir unsere Kleinkrämerei und unsere Hackordnungen über Bord werfen und unsere sorgenvollen Raufereien um Anerkennung und Positionen gleich mit. Der Zwang, unser Leben selbst in die Hand zu nehmen, das Leben anderer zu kontrollieren und uns auf Kosten anderer zu verteidigen oder zu überheben, muß sterben. Männer und Frauen, wir alle müssen unsere Identität, unser Selbstwertgefühl und unseren Lebenszweck in erster Linie in Jesus finden.

Im Reich Gottes gibt es keine Bürger zweiter Klasse. Wir alle sind seine Hausgenossen. Lassen Sie sich von ihm Ihre Wunden heilen, Ihre Sünden vergeben, Ihre Ängste vertreiben, Ihre Verwirrung lichten und offenbaren, was für ein herrliches Geschöpf Sie in ihm *sind*. Wenn diese Realität erst einmal in Ihrem Herzen Fuß gefaßt hat, wird sie Ihnen niemand mehr wegnehmen können.

3

Mit Gefühlen leben lernen

Jeder hat Gefühle

Manchmal werden sie uns zum Segen, manchmal schaffen sie Probleme

Manche Gefühle sind wie ein kühler, erfrischender Luftstrom, der uns aufatmen läßt und uns in die Höhe zieht, hin zur Freude, hin zur Begeisterung. Andere lasten übermächtig und schwer auf uns, bedrängen und erdrücken sogar unser tiefstes Inneres und lassen uns verzweifeln, während der Schmerz zunimmt und schließlich in ein gefühlloses Nichts übergeht.

Wir haben die Fähigkeit, eine Fülle zu verspüren, die uns schier platzen läßt; wir sind voll Dank, und Liebe strömt aus uns heraus; wir empfinden diese Zeit wie achteinhalb Monate Schwangerschaft voll gespannter Erwartung, überwältigt von einem unbeschreiblichen Gefühl, das man nur mit dem Wort „Super" beschreiben kann. Andererseits können uns Zorn und Frustration bis an die Grenze des Erträglichen treiben, so daß uns bei der kleinsten Kleinigkeit eine Sicherung durchbrennt und die aufgestauten Emotionen mit einem Knall frei werden.

Normale Gefühle finden verschiedenartige Ausdrucksformen, die wir oft nicht richtig verstehen

Tränen sind eine natürliche und gesunde Art der emotionalen Erleichterung

Wir alle, Männer und Frauen, haben schon einmal ein gewisses Maß an Schmerz, Zorn, Enttäuschung, Trauer und Kummer erlebt. Vielleicht hat sich in Ihrem Innersten Schmerz, der noch nicht geheilt ist, zu einem wahren Berg aufgetürmt, und Ihre Fähigkeit, diesen gewaltigen Schmerz zu unterdrücken, zehrt so sehr an Ihrer Kraft, daß Sie beinahe daran zerbrechen. Sie fühlen sich unwohl, spüren den Druck in Ihrem Innersten und fragen sich, wie es weitergehen soll. Schließlich fließen Tränen völlig unkontrollierbar durch die Risse Ihrer fleischlichen Rüstung.

Das ist Ihnen peinlich; Sie befürchten, Sie könnten sich nicht mehr in der Hand haben, und fühlen sich schuldig, weil Sie scheinbar nicht „stark“ sind. Dabei erkennen Sic nicht, daß Gott in uns ein Sicherheitsventil eingebaut hat, und ein segensreicher Heilungsprozeß durch Tränen in Gang gesetzt wird.

Vielleicht hat Ihnen ein lieber Mensch, ohne es zu wollen, einen weiteren Schlag versetzt, indem er Sie drängte, sich „zusammenzunehmen“. Oder vielleicht hat Sie jemand, der durch seinen Übereifer am Ziel vorbeischoß, in ein emotionales Loch gestoßen, indem er Sie mit der bedrückenden Ermahnung konfrontierte, sie sollten „fröhlich sein“ oder „Glauben haben“; doch Ihre Tränen hatten weder etwas mit Unglauben zu tun, noch war die Zeit der Freude schon gekommen. Sie fühlen sich mißverstanden und abgestempelt; Sie sind zornig, auf keinen Menschen gut zu sprechen und mögen sich selbst nicht wegen Ihrer Reaktionen. Sie sind ein Häufchen Elend, verkriechen sich in einem Loch und wollen nicht mehr herauskommen. Sich zu verstecken erschien Ihnen erstrebenswerter, als noch eine Ohrfeige zu bekommen.

Jesus weinte

Jesus „fühlte sich im Geist heftig bewegt und erschüttert“ (Joh. 11,33; Menge), als er sich mit jenen identifizierte, die den Tod des Lazarus beweinten, und auch er selbst weinte (Joh. 11,35). Er platzte nicht in die Trauergemeinde hinein mit der Ankündigung, er werde Lazarus jetzt von den Toten auferwecken. Auch tadelte er die Menschen nicht. Er machte sich eins mit ihrem Kummer und trauerte mit ihnen, bevor er das Wunder vollbrachte (das er schon im voraus geplant hatte) und Lazarus von den Toten auferweckte. Noch heute verhält er sich so: Er trägt unsere Leiden und lädt unsere Schmerzen auf sich (vgl. Jes. 53,4), er tröstet uns und fordert uns auf, es ihm gleich zu machen.

> Gepriesen sei der Gott und Vater unseres Herrn Jesus Christus, der Vater der Erbarmungen und Gott alles Trostes, der uns tröstet in all unserer Drangsal, damit wir die trösten können, die in allerlei Drangsal sind, durch den Trost, mit dem wir selbst von Gott getröstet werden.

... so ist auch durch den Christus unser Trost überreich. (2.Kor. 1,3-5)

Freut euch mit den sich Freuenden, weint mit den Weinenden. (Röm. 12,15)

Tränen sind kein Zeichen von Schwäche

Ich möchte Sie ermutigen, Ihren Tränen freien Lauf zu lassen, wenn es etwas gibt, worüber Sie weinen müssen; glauben Sie bitte niemandem, der Ihnen weismachen möchte, Traurigkeit und Kummer seien ein Zeichen von mangelndem Glauben oder kämen vom Teufel. Die Fähigkeit zu weinen ist ein Geschenk Gottes. Wer dieses Geschenk annimmt und zuläßt, daß es in ihm in angemessener Weise zur Entfaltung kommt, wird weniger leicht an Bluthochdruck, Magengeschwüren, Nervenzusammenbrüchen oder Depressionen leiden als jene, die ihre Gefühle unterdrücken und kontrollieren, um nach außen hin tapfer dazustehen.

Die meisten Frauen scheinen leichter weinen zu können als die meisten Männer. Ich glaube nicht, daß das irgend etwas mit Schwäche zu tun hat. Das hat viel mehr damit zu tun, wem schon von Kindesbeinen an kulturelle Verbote vermittelt werden und wem nicht. Im Gegensatz zu uns Mädchen bekamen die kleinen Jungs immer wieder zu hören: „Jungs weinen nicht!" „Sei kein Schwächling!" „Ein Indianer kennt keinen Schmerz!"

Unterdrückte Tränen können sich in verdrehter, peinlicher, ja sogar schmerzhafter Form zeigen

Die meisten Männer haben zärtliche Gefühle, auch wenn viele versuchen, dies zu leugnen; sie müssen es lernen, daß es nicht nur in Ordnung, sondern sogar sehr gesund ist, einem Gemütszustand durch Tränen Ausdruck zu verleihen. Mein Mann war stolz auf seine indianischen Vorfahren und kann sich noch lebhaft daran erinnern, wie seine Mutter immer zu ihm sagte: „Kleine Osage-Indianer weinen nicht!" Diese Botschaft wurde durch stoische Charakterzüge und eine Reserviertheit, die er von seinen englischen Vorfahren geerbt hatte, nur noch verstärkt.

Zu diesen Faktoren kamen dicke Verteidigungsmauern hinzu, die er sich als Schutz vor Kritik und Hohn aufgebaut hatte.

Deshalb beeinflußte der Satz „Du sollst nicht weinen" sein Selbstbild so sehr und war so sehr Teil seiner automatisch ablaufenden Reaktionsschemata, daß dadurch Probleme entstanden – besonders für mich.

John ist sehr einfühlsam. Er kann sich leicht in die Erschütterung und den Schmerz anderer Menschen hineinversetzen. Doch sobald er sich geneigt fühlte, über sie oder mit ihnen zu weinen, schrieb ihm die Programmierung des Computers in seinem Herzen automatisch eine von zwei möglichen defensiven Reaktionsmöglichkeiten vor: 1. Abschalten oder 2. Lachen. Mir machte es nichts aus, wenn er im Kino bei einer herzzerreißenden Filmschnulze lachte. Die Leute neben uns müssen sich oft gedacht haben, was er bloß für ein komischer Kauz sei, doch vermutlich würden wir ihnen ohnehin nie wieder begegnen.

Einmal empfand ich es jedoch als sehr peinlich und unangenehm, als John einmal über einen Mann lachte, der beim Spazierengehen im Park über die Leine seines Hundes stolperte und dabei eine recht komische Figur machte. Zugegeben, es sah wirklich komisch aus, doch der Mann hätte sich verletzen können; John war sich dessen auch bewußt, weshalb er seine Emotionen auf diese unübliche Art und Weise herauslassen mußte. Der Mann ärgerte sich so sehr über Johns äußerliche Reaktion, daß er auf ihn zuging, um ihn niederzuschlagen; erst nachdem sich John aufrichtig und vielmals bei ihm entschuldigt hatte, sah der Mann davon ab.

Die eigentlichen Probleme lagen jedoch viel tiefer. Es gab Zeiten, in denen ich meiner Verletzung und Frustration unter Tränen Luft machen mußte. In solchen Augenblicken brauchte ich von niemandem Rat, schon gar nicht von meinem Mann. Ich brauchte nur eine starke Schulter, an der ich mich ausweinen konnte, jemanden, der mich, dieses Häufchen Elend, so annehmen würde, wie ich war, mir seine Liebe schenken und mich so aus meinem Schlamassel herausreißen würde. Es war einfach vernichtend mitzuerleben, daß John nichts anderes einfiel, als abzuschalten oder zu lachen.

Ich bat ihn inständig: „John, hör' mir zu. Ich brauche dich nicht als meinen Seelsorger. Ich will einfach nur, daß du mich in den Arm nimmst." ... „John, das ist überhaupt nicht lustig!"

„Ich lach' ja gar nicht über dich."

„Warum schaust du dann so?“

Ich habe unsere Unterhaltungen hier in geraffter Form wiedergegeben; auf jeden Fall, wenn wir erst einmal an diesem Punkt waren, fing es in mir allmählich an zu kochen, womit ich ihm gleichzeitig einen guten Grund gab, sich nicht mit mir abzugeben. Jahrelang kochte immer wieder Zorn in mir hoch, und er saß in der eisigen Höhle seiner Isolation, bis wir schließlich gemeinsam die Wurzeln in uns beiden entdeckten, die für diese dynamischen Prozesse verantwortlich waren, und begannen, uns in einer gemeinsamen Aktion diesem „Feind“ zu stellen und ihn zu besiegen.

Manchmal weinen wir, wenn ein anderer dazu nicht fähig ist

Ein anderes Problem, das mit Johns „Heulverbot“-Syndrom einherging, stellte sich so dar, daß er in den ersten Jahren unserer Ehe aufgrund seines Dienstes an den Gemeindemitgliedern so viele Emotionen anderer Menschen auf sich einwirken ließ, daß er sie nicht schnell genug verarbeiten konnte. Ohne daß ihm klar wurde, was er eigentlich tat, kam er nach Hause und hackte so lange auf mir herum, bis ich zu weinen anfing. Ein fester und unerschütterlicher Grundsatz von John war, daß es für einen richtigen Mann niemals einen Grund geben kann, eine Frau zu schlagen; deshalb zeichnete sich nie auch nur ansatzweise ab, daß er mir körperlich etwas antun würde. Er hat mich auch höchstens ein- oder zweimal angeschrien.

In unseren Anfangsjahren war er vielmehr ein Experte zu den Themen „Eiszeit zu Hause“ und „Sanfte Zermürbung“. Ehefrauen leben in dieser „Ein-Fleisch“-Beziehung, in der sie wirklich die Lasten ihrer Ehemänner tragen, ob sie es wollen oder nicht (vgl. Gal. 6,2).

Vor diesem Hintergrund können Ehemänner auch durch ihre Frauen emotionale Erleichterung erfahren. Als ich weinte, fühlte er sich erleichtert. Dann rang er mit Schuldgefühlen, weil es ihm gut ging, während ich mich so elend fühlte. Als er schließlich genügend Heilung erlebt hatte und sein Geist so stark geworden war, daß er selbst weinen konnte, war es wunderbar zu erleben, wie wir beide von einem Strom der Ruhe und des Friedens getragen wurden.

Manchmal macht uns der Wunsch des Partners, uns zu beschützen, schwer zu schaffen

Männer meinen oft, sie würden ihre Frauen schützen, indem sie ihnen nichts von ihren Problemen erzählen. Doch diese Art „Schutz" ist für die Frau im Grunde eine Belastung. Der Mann hat nicht verstanden, daß sie die Schwere oder die Trübsal, die auf ihm lastet, spürt, und daß es für sie viel anstrengender ist, seine Last zu tragen, wenn sie nicht weiß, was eigentlich mit ihm los ist. Folglich trägt sie womöglich seine namenlosen Lasten so oft mit, daß sie häufig auf unerklärliche Weise traurig ist oder sehr schnell weint; er denkt dann seinerseits, er hätte eine emotional unreife oder instabile Frau geheiratet.

Viele Frauen haben solche Lasten so lange getragen, daß schließlich ihre Gesundheit in Mitleidenschaft gezogen wurde. Vielleicht kann er über die Einzelheiten eines Problems, an dem er gerade knabbert, nichts sagen, ohne vertrauliche Informationen der Regierung, der Sicherheitsabteilung der Firma oder über eine einzelne Person preiszugeben. Doch schon wenn er es lernt, ganz allgemein zuzugeben, daß er ein Problem hat, und sie bittet, mit ihm um Weisheit und Zuversicht, um Schutz und Erquickung zu beten, wird ihr das zum Segen und macht die Last, die sie für ihn trägt, leichter.

Wenn jemand nicht in der Lage ist oder sich weigert, richtig mit seinen Emotionen umzugehen, kann es so weit kommen, daß er Menschen verletzt, die er eigentlich liebt

In der Seelsorge hatten wir schon öfters den Fall, daß ein Mann seine Frau geschlagen hatte und dann entsetzt darüber war, was er der Frau angetan hatte, die er so sehr liebt. „Ich weiß nicht, was in mich gefahren ist!"

Jedesmal erforschten wir die Beziehung zu seiner Mutter oder zu anderen zentralen, weiblichen Bezugspersonen seiner Kindheit; so wollten wir herausfinden, ob er jetzt womöglich Schmerz, Zorn oder Frustration, die er lange unterdrückt hatte, unbewußt auf seine Frau projizierte. Dabei fanden wir oft entscheidende Hinweise. Als Kind litt er unter irgendeiner Form von verbalem, emotionalem oder körperlichem Mißbrauch. Hätte er sich offen dagegen aufgelehnt, wäre der Schaden für ihn nur noch größer geworden; infolgedessen entwickelte er gewohnheitsmäßige Verhaltensmuster, wie er Konflikte vermeiden und seine Gefühle unterdrücken konnte, bis diese schließlich so tief verborgen lagen, daß sie ihm selbst nicht einmal mehr bewußt waren.

Manchmal deutete nichts auf eine Mißhandlung hin, sondern vielmehr auf einen Erziehungsstil, in dem Gefühle nie Gesprächsgegenstand waren und somit auch nie verarbeitet werden konnten. Ein Ratsuchender war ein sehr empfindsames Kind gewesen und hatte ziemlich viele unausgesprochene und unidentifizierbare Emotionen in sich aufgenommen. Er konnte seine eigenen Gefühle nicht mehr von dem unterscheiden, was er tief im Innersten anderer Menschen erspürte. Er wußte nicht einmal, daß es möglich ist, sich unfreiwillig in andere Menschen hineinzuversetzen. Doch die unterschwelligen Emotionen anderer Menschen hatten sich in seinem Herzen so lange aufgestaut, bis man schließlich wie bei einer Tretmine nur noch darauf warten konnte, daß jemand darauf tritt und sie explodiert.

Jahre später zeichnete sich an seiner Arbeitsstelle ein Konflikt ab. Weil es ihm damals bedeutungslos schien und er nie gelernt hatte, seine eigenen Gefühle zu erkennen, zu akzeptieren und in die rechten Bahnen zu leiten, war es eine charakteristische Reaktion, sie zu ignorieren oder zu unterdrücken. Er wußte nicht, daß er bereits mit hochexplosivem Material vollgestopft war.

Dann kam er nach Hause, und seine Frau „trat auf die Mine", auch wenn sie ihn nur völlig harmlos daran erinnerte, den Müll hinauszutragen. Krach!! Die Mine ging unter ihr hoch!

Gelegentlich stellten wir auch fest, daß manche Männer, die ihre Frauen mißhandeln, schlicht und einfach zu denen gehören, die der Lüge aufgesessen sind, *starke* Männer *müßten* ihre Probleme allein meistern. Sie versuchen dies so lange, bis sie von der überschweren Last zu Boden gedrückt werden. Sie lassen ihr Paket fallen, damit es sie nicht erdrückt, und klinken aus; blindwütig wird die Frau, das Kind, der Hund oder ein lebloser Gegenstand, irgend jemand oder irgend etwas, das gerade in der Nähe ist, zum Objekt, an dem sich ihre Verzweiflung entlädt.

Wenn Sie schon einmal mißhandelt worden sind, möchte ich Ihnen folgendes sagen:

1. Sie sind nicht der Grund, weshalb Ihr Mann Sie geschlagen hat. Es kann sein, daß Sie für sich ein Urteil gefällt haben, Männer würden sich so verhalten, weil Sie in Ihrer Kindheit erlebt haben, wie Männer Frauen schlagen. Vermutlich müssen Sie dem einen oder anderen Mann noch vergeben. Vielleicht müssen sich auch Ihre Erwartungshaltung und Ihr Verhalten radikal ändern. Doch Ihr Mann muß die *alleinige* Verantwortung für seine sündhaften Taten und Reaktionen übernehmen. Bewußt oder unbewußt traf er Entscheidungen, für die er rechenschaftspflichtig ist. Sie sind lediglich aufgerufen, *Ihre eigene* Sünde anzupacken.

2. Sie können Ihren Mann nicht zur Umkehr bewegen oder verändern. Das ist nicht Ihre Aufgabe. Nur Jesus selbst ist groß genug, um das Leben eines Menschen umzugestalten. Ihre Liebe und Güte stellen für Ihren Mann vielleicht eine Bedrohung dar, weil er sich dadurch verletzbar fühlt, und Verletzbarkeit kann schrecklich sein. Je mehr Ihre Freundlichkeit und Liebe die Kruste seines Herzens durchbrechen, desto mehr kann er sich unter Umständen gezwungen fühlen, sich immer stärker abzugrenzen oder etwas Gemeines zu tun, damit Sie auf Distanz bleiben. Die Kraft und die Weisheit der Liebe Jesu kann seinen Geist schließlich so stark machen, daß er seine Not zugeben und Hilfe suchen kann.

Beten Sie, daß die Augen seines Herzens erleuchtet werden mögen (vgl. Eph. 1,18), damit er in seinem Geist gestärkt werde (vgl. Eph. 3,16), und lieben Sie ihn nach wie vor, so gut Sie nur können. Doch versteigen Sie sich nicht in der irrigen Annahme, er werde sich von selbst bessern, wenn Sie ihm nur genügend Liebe schenken. Er braucht die Liebe Jesu und einen Seelsorger, der ihm objektiv helfen kann, bis zu den Wurzeln seines Verhaltens vorzudringen. Sie haben die schlechtesten Voraussetzungen, um objektiv sein zu können, da für Sie selbst viel auf dem Spiel steht und Sie emotional an ihn gebunden sind.

3. Niemand, am allerwenigsten Gott, ruft Sie dazu auf, für Ihren Mann den Prügelknaben zu spielen. Hören Sie nicht auf diese „religiös“ klingenden Ratschläge, die Sie auffordern, alles ohne Murren hinzunehmen, da Sie ja eine Frau sind, die sich unterordnet. Das ist eine völlig pervertierte Auslegung der

Heiligen Schrift (vgl. dazu Kapitel 2: „Gleichberechtigung der Frau in der Bibel“).

Sie sind ein Kind Gottes; Sie sind sein Schatz und Sie ehren ihn, wenn Ihr Selbstwertgefühl in Christus so groß ist, daß Sie zu Ihrem aggressiven Ehemann sagen: „Dein Verhalten ist unannehmbar; ich werde das nicht zulassen, weil mir mein Leben lieb und teuer ist; und weil ich dich liebe, will ich nicht, daß du ein Gefangener dieses Verhaltens bleibst. *Ich werde dir keine Gelegenheit geben*, immer mehr böse Saat zu säen, die du später einmal ernten wirst. Such' dir die Hilfe, die du brauchst, oder geh'!“ In vielen Fällen hat eine zeitweilige räumliche Trennung den widerspenstigen Ehemann dazu angespornt, sich die Hilfe zu suchen, die er braucht, und Ehen konnten auf einem gesunden Fundament wiederhergestellt werden.

4. Achten Sie darauf, daß Ihr Mann zu einem Seelsorger Ihrer Wahl geht. Wenn Männer sich allein einen Seelsorger aussuchen, gehen sie oft zu einem, den sie zu ihren Gunsten beeinflussen können, was logischerweise keine dauerhafte Heilung bewirkt.

5. Suchen Sie selbst Hilfe, bevorzugt bei einem kompetenten Seelsorger, und nehmen Sie an einer Kleingruppe teil. Sie müssen Ihr Leben leben, gleichgültig, ob Ihr Mann reagiert oder nicht. Sie müssen die Dinge anpacken, die vielleicht noch in Ihrem Herzen sind und Sie womöglich auch weiterhin in Situationen manövrieren, in denen Sie Opfer einer Mißhandlung werden könnten.

6. Verwechseln Sie nicht Tränen mit Buße. Achten Sie darauf, ob sich in seinem Leben „Frucht“ zeigt, die „mit der Buße übereinstimmt“ (vgl. Mt. 3,8; Apg. 26,20; wörtl.a.d.Engl.). Lassen Sie sich von seinem Seelsorger darüber informieren, ob die Heilung schon so weit fortgeschritten ist, daß Sie beide wieder sicher zusammenwohnen können. Wenn nicht, wird sich dasselbe alte Muster andauernd wiederholen.

Ein Strom aus Tränen braucht ein Ufer und muß wieder in seine Bahn gelenkt werden, damit Sie nicht in einer ungebändigten Flut ertrinken

Ein Wort der Warnung: Nachdem Sie Ihren Tränen freien Lauf gelassen haben und diese gleich am Anfang die inneren Spannungen abgebaut und ihre reinigende Wirkung entfaltet haben, ist es wichtig, daß Sie Ihre Aufmerksamkeit von sich weg auf die Nöte anderer Menschen richten; andernfalls bauen Sie um sich herum einen Damm aus Selbstmitleid und ertrinken in dem aufgestauten Salzwasser. Schon bevor ich Jesus ganz konkret gebeten hatte, meine Gewohnheiten – in Gefühlen zu baden, anderen Leuten innerliche Standpauken zu halten oder Selbstmitleid zu haben – zu kreuzigen, wußte ich, daß ich die in mir hochkommenden Kräfte des Schmerzes und des Zorns so aggressiv und vehement ich nur konnte in Bahnen lenken mußte, wenn ich nicht von dem Feuer in mir verbrannt werden wollte. Ich wußte, daß mich meine Wahrnehmungen auch trügen können. Ein kleiner Vorfall könnte gewaltige Dimensionen annehmen, ein völlig falsches Bild unserer ehelichen Beziehung bieten und mich einer Lüge aufsitzen lassen, die zu meinem Gefängnis werden könnte. Diese Lüge könnte sich auch bei der kleinsten Kritik wie ein Pfeil in mein Herz bohren.

Durch körperliche Arbeit in Haus und Garten, eine sportliche Radtour oder eine Wanderung mit den Kindern wurden die Spannungen in mir oft sehr wirksam abgebaut. Ein Pinsel in meiner Hand wirkte therapeutisch und schöpferisch zugleich. Die Farbe blieb, wo ich sie auftrug, und bot einen schönen und tröstlichen Anblick.

Doch nur selten reichte es aus, aufgestaute Energien in die richtigen Bahnen zu lenken. Ich stellte fest, daß ich hie und da zum Bewegungsrhythmus beim Staubsaugen ausgezeichnete und immer polemischere innere Reden halten konnte, sofern ich meine Gedanken nicht in Zucht nahm. Jedesmal, wenn ich versuchte, aus meiner eigenen Kraft heraus meine Gedanken an die Kandare zu nehmen, rieb ich mich dabei auf, und die Schlacht ging verloren. Deshalb lernte ich, beim ersten Anzeichen dafür, daß wieder negative Gefühle in mir hochkamen, ein einfaches und ehrliches Gebet zu sprechen. Ich möchte ein solches Gebet exemplarisch formulieren:

> Herr, ich bin sauer. Ich könnte ihm eine ’reinhauen.
>
> Ich *fühle*, daß ich recht habe und er falsch liegt, aber ich *weiß* es nicht.

> Richtig oder falsch, wie dem auch sei – ich bin dafür verantwortlich, was ich fühle, und wie ich damit umgehe.
>
> Ich weiß zwar nicht, wie ich meine Gefühle jetzt ändern soll, aber ich entscheide mich dafür, ihnen keinen Raum zu geben und mich nicht in ihnen zu baden (sonst werden sie ja nur noch stärker). Andererseits entscheide ich mich dafür, sie nicht hinunterzuschlucken (sonst kommen sie viel größer und stärker wieder nach oben).
>
> Da hast du sie. Kümmere dich um sie und um mich.
>
> Schenk mir *deine* Gesinnung, *dein* Herz, *deine* Gefühle und *deine* Reaktion darauf.
>
> P.S. Segne ihn.

Dann kümmerte ich mich wieder um meine Arbeit. Gott war treu und tat seinen Teil dazu. Irgendwann im Laufe dieses Prozesses lernte ich, ganz persönlich die Verantwortung für *meine* Sünde zu übernehmen und *nicht jede* Verletzung in Wort oder Tat, der ich im Laufe eines Tages begegnete, persönlich zu nehmen.

Laßt euch keine Angst einjagen

Es gibt viele Bibelstellen, die uns auffordern, einen Lebensstil zu führen, der inmitten einer sündhaften Generation extrem schwierig und oft annähernd unmöglich ist. Dazu gehört auch 1.Petrus 3. Verheiratete Frauen werden ermutigt, in respektvoller Art und Weise mit ihren Männern zu leben:

> Ebenso ihr Frauen, ordnet euch den eigenen Männern unter, damit sie, wenn auch einige dem Wort nicht gehorchen, ohne Wort durch den Wandel der Frauen gewonnen werden, indem sie euren in Furcht reinen Wandel angeschaut haben. Euer Schmuck sei (nicht *nur*; wörtl. a. d. Engl.) der äußerliche durch Flechten der Haare und Umhängen von Gold oder Anziehen von Kleidern, sondern der verborgene Mensch des Herzens im unvergäng-

> lichen Schmuck des sanften und stillen Geistes, der vor Gott sehr köstlich ist. Denn so schmückten sich auch einst die heiligen Frauen, die ihre Hoffnung auf Gott setzten und sich ihren Männern unterordneten: wie Sara dem Abraham gehorchte und ihn Herr nannte, deren Kinder ihr geworden seid, *indem ihr Gutes tut und keinerlei Schrecken fürchtet.* (1.Petr. 3,1-6)

Die englische Bibelausgabe „Amplified Version" übersetzt den letzten Teil dieser Passage wie folgt: „... wenn ihr rechtschaffen handelt und euch keine Angst einjagen laßt (d. h. hysterischen Ängsten nicht nachgebt und euch von Sorgen nicht zermürben laßt)."

Welche Sorgen können eine Frau zermürben? Was kann ihr Angst einjagen? Paulus richtet sich hier nicht speziell an Frauen, die geschlagen und mißhandelt werden. Er wendet sich ganz allgemein an verheiratete Frauen.

Wenn Ihr Partner ein steinernes Herz hat

In 1.Mose 3,16 lesen wir, daß die Frau nach ihrem Mann Verlangen haben wird. Das bezieht sich nicht nur auf die Sexualität oder den Wunsch nach Sicherheit, Schutz und Ansehen.

Viel wichtiger ist ihre leidenschaftliche Sehnsucht, für ihn all das zu sein, wozu sie geschaffen wurde. Sie ist „Gebein von seinem Gebein und Fleisch von seinem Fleisch" (vgl. 1.Mos. 2,23), seine Miterbin der Gnade des Lebens (Gottes unverdiente Gunst; 1.Petr. 3,7). *Sie* ist es, die Gott an seine Seite gestellt hat, um sein Herz aufzuerbauen und zu schützen (Spr. 31,11). *Er* ist es, den Gott an ihre Seite gestellt hat, um für sie die wichtigste menschliche Quelle der Auferbauung und des Schutzes zu sein.

Wenn ihr Ehemann jedoch in seiner Kindheit so sehr verletzt wurde, daß er Mauern zu seinem eigenen Schutz gebaut und stetig erweitert hat; wenn er aus diesem Grund zur Selbstverteidigung ichbezogene, automatisch ablaufende Überlebensstrategien entworfen hat; wenn sich – zusammenfassend gesagt – in ihm ein steinernes Herz entwickelt hat (vgl. Hes. 36,26 und 11,19), das es ihm erspart, Schmerz empfinden zu müssen, wird sie hinausgesperrt. Sie fühlt sich abgelehnt und schutzlos. Doch was noch entscheidender ist: Ihr Instinkt sagt ihr zwar, wozu sie geschaffen und berufen wurde (nämlich um ihm Trost zu schenken), aber sie bekommt nicht die Erlaubnis, das dann auch zu tun.

Eine Mauer ist und bleibt eine Mauer; sie hält sowohl das Gute als auch das Böse ab. Jedesmal, wenn sie sich nach ihrem Mann ausstreckt und an der steinernen Mauer seines Herzens anstößt, fühlt sie sich noch mehr abgelehnt und hoffnungslos, noch frustrierter und ängstlicher und vielleicht sogar dem Wahnsinn wieder ein Stückchen näher. Je öfter ihre Versuche, die Barriere zu durchbrechen, scheitern, desto häufiger stellt sie auch ihren Selbstwert in Frage. Wenn ihr Mann da ist, spürt sie die Einsamkeit, die ihr Leben begleitet, oft noch viel stärker als in seiner Abwesenheit.

Wenn sich ein Ehemann mit einem steinernen Herzen überhaupt mitteilt, dann geht es dabei in der Regel um oberflächliche oder nebensächliche Dinge. Vielleicht lugt er auch wie eine Schildkröte hie und da aus seinem Panzer heraus, um auszuloten, welche Stimmung herrscht, und zieht sich dann schnell wieder zurück. Er achtet peinlich genau darauf, sich in keiner Situation verletzbar zu machen. Auch wenn er nach außen hin freundlich und großzügig erscheint, ist er nicht in der Lage, von anderen Menschen etwas anderes anzunehmen als die „Rosinen“, die er sorgfältig herauspickt.

Seine Frau leidet unter dieser entsetzlichen Einsamkeit und hat womöglich auch mit Eifersucht zu kämpfen, wenn sie mitansehen muß, wie ihr Mann locker und höflich mit irgendwelchen Leuten plaudert, während sie tagaus tagein vor seiner Tür wartet. Sie macht immer wieder einen Vorstoß, doch er läßt sie mit einem „Laß mich in Ruhe“ abblitzen; oder er entspannt sich in der düsteren Stille ihrer Bedrücktheit; doch das Tragische daran ist, daß ihm in all dem seine Flucht vor der Gemeinschaft vielleicht überhaupt nicht bewußt ist und er taube Ohren hat für das, was sie ihm eigentlich sagen möchte.

Ich rede hier nicht von dem Mann, der lediglich die Fähigkeit verloren hat, seinen eigenen Gefühlen Ausdruck zu verleihen; auch nicht von dem, der meint, er beschütze seine Frau, wenn er ihr nichts von seinen Schwierigkeiten erzählt. Vielmehr beschreibe ich einen Mann, der sich in besorgniserregender Weise vor seiner Angst beugt und zwanghaft alles unter Kontrolle haben muß.

Ein Mensch mit einem steinernen Herzen kann für sein eigenes Verhalten durchaus rationale Argumente ins Feld führen und jede Verantwortung dafür, daß er bei anderen negative Reaktionen hervorgerufen hat, von sich weisen. Je mehr sich sein Herz verhärtet, desto weniger erkennt er, wie er auf nahestehende Personen wirkt, und er deutet deren Versuch, zu ihm durchzudringen, als eine Form der Kritik oder des Angriffs.

John mußte schon sehr früh in seinem Leben mit der vernichtenden Kritik anderer Menschen leben. Ihm wurde klar, daß er mehrere Alternativen hatte, um Frieden zu finden: Er konnte von zu Hause weglaufen und sich in der Scheune oder auf dem Feld verstecken, um so die völlig ungefährliche Gemeinschaft mit seinem Hund Joy und seiner Kuh Spring zu genießen. Sie gaben ihm keine schroffen Antworten, er konnte zur Ruhe kommen und sich in ihrer auferbauenden Bewunderung sonnen. Er konnte sich auch auf dem herrlich einsamen Dachboden verkriechen und in ein Buch vertiefen oder sich in Musik versenken.

Weil es ihm oft nicht möglich war zu fliehen, entwickelte er die überaus wirksame Fähigkeit, die kritische Stimme seiner Mutter in seinem Innersten auszublenden, obwohl sie neben ihm stand. Er praktizierte dies lange Zeit, und schließlich fiel es ihm sehr leicht, sich innerhalb weniger Augenblicke und ohne einen bewußten Gedanken daran zu verschwenden in eine tröstliche Isolation zu flüchten.

So geschah es in der Anfangsphase unserer Ehe recht oft, daß er sehr schnell „abtauchte", sobald der Wind etwas rauher wurde und diverse Fragen gestellt wurden: „Warum ...?" „Wo ...?" „Komm her und ..." „Machst du das?" „Hast du schon ...?" „Hörst du mir zu?" (mit und ohne kritischen Unterton).

Dieser dynamische Prozeß lief nur in den seltensten Fällen bewußt ab. Es geschah einfach so, weil John es sich in einer prägenden Phase seiner Kindheit angeeignet hatte und nun automatisch auf seine wichtigste Bezugsperson projizierte – mich! Selbstverständlich trugen die Aspekte meines eigenen sündhaften Wesens, die noch keine Veränderung erfahren hatten, ziemlich oft und recht entscheidend dazu bei, daß Johns Fluchtbestrebungen anhielten.

Gewohnheiten, die man lange Zeit praktiziert, laufen letztendlich automatisch und zwanghaft ab. Was als Mittel zur Verarbeitung und als Verteidigungsmechanismus mit dem Ziel, ein Überleben der Gefühlswelt zu gewährleisten, begann, wird vielleicht, ja eigentlich immer zu einem Gefängnis. Jesus Christus kam, um die Gefangenen zu befreien. Schritt für Schritt muß man lernen, diese Freiheit anzunehmen, festzuhalten und praktisch umzusetzen.

Jahrelang lehrten John und ich alles, was wir über das steinerne Herz herausgefunden hatten. Immer und immer wieder vergab John denen, die Vergebung brauchten, bat selbst um Vergebung wegen seines steinernen Herzens und betete unzählige Male, es möge doch weich werden.

Der Herr veränderte auch viele Bereiche in meinem Leben. Und dennoch fiel uns auf, daß in unserem Leben nach wie vor ein zerstörerisches Muster wirksam war: Wenn wir ungewöhnlich gut miteinander ausgekommen waren, wenn wir mit Genuß gemeinsam gearbeitet hatten, durch Spaß und Erholung wieder neue Kraft geschöpft hatten und unsere Sexualität außergewöhnlich schön gewesen war, schaffte John es, mir schon einen oder zwei Tage danach etwas Gemeines und Boshaftes anzutun. Verletzt, zornig und mit Tränen in den Augen rief ich: „Was hab' ich dir nur getan? Ich dachte, alles sei in Ordnung?!" Wir konnten uns beide keinen Reim darauf machen.

Dann offenbarte uns der Herr, daß in John noch die Angst vor Verletzbarkeit vorhanden war und zwar viel tiefer, als wir bis dato erkannt hatten. Er konnte alles als Angriff gegen sich deuten. Dagegen hatte er sich einen stabilen Verteidigungswall aufgebaut und zudem ein Versteck.

Doch sobald Güte, Zärtlichkeit und Freundlichkeit diesen harten Kern seines Herzens zu schmelzen „drohten", schwammen ihm die Felle davon. Er mußte irgend etwas tun, um diesen Strom der Liebe zu unterbrechen. Wenn ich dann mit „Defensivwaffen", Zorn oder Anklage zurückschlug, hatte er prompt die Rechtfertigung für seinen Rückzug.

Gemeinsam redeten und beteten wir über dieses Problem. Wir beteten, jede Forderung an den anderen und jede Art von zwanghafter Kontrolle in uns beiden möge zum Tod ans Kreuz kommen. Ich nahm mich in Zucht, um zu lernen, wie ich meinen ängstlichen Gedanken Einhalt gebieten und Autorität über meine Gefühle ergreifen konnte, indem ich mit Gott über sie sprach und indem ich im jeweiligen Augenblick meine negativen Reaktionen sogleich in den Tod am Kreuz gab. Ich lernte auch, dem Hang, meine Wunden zu lecken, zu widerstehen; statt dessen investierte ich diese Energie in Gebet für John, er möge mit einem starken Geist gesegnet werden, der sein Herz offen und empfangsbereit hält. John lernte, seine Ängste und seine aufkommenden Fluchtgedanken besser in Zaum zu halten und fing an, Autorität über seine Gefühle zu ergreifen, indem er betete: „Herr, bewahre mir die echte Verletzbarkeit des Herzens."

Heilung, Umgestaltung und das Schmelzen eines steinernen Herzens gehören zu einem umfassenden Prozeß. John dachte, dies sei in ihm bereits ein für allemal erledigt. Dann bat er eines Abends im Hauskreis um Gebet. Er hatte einige Anliegen und war mit seiner Offenheit den anderen ein Vorbild an Verletzbarkeit. Nach wenigen Minuten des Gebets unterbrach die Gruppe John und stellte ihm liebevoll folgende Frage: „John, wie kommt es eigentlich, daß, wenn du uns um Gebet für dich bittest, du sehr schnell den Spieß umdrehst und anfängst, uns darüber zu belehren, wie und wie intensiv wir dir dienen sollten?"

Angst und der Zwang, alles unter Kontrolle haben zu müssen – diese alten Themen kamen noch einmal auf den Tisch und zwar auf einer anderen Ebene, nämlich als er seiner Mutter **noch einmal** vergab und für sein Urteil und die daraus entstandenen Verarbeitungsmechanismen Vergebung zugesprochen bekam. Der Kreis betete **noch einmal** dafür, daß seine alten Gewohnheiten sterben mögen. John hielt sie nun für tot. Man konnte in der Folge an ihm auch ziemlich viel gute Frucht finden, die wohl darauf hinwies, daß die Angelegenheit wirklich erledigt war.

Einige Jahre später tauchte dasselbe alte Problem in neuer Verkleidung wieder auf. John und ich telefonierten mit unseren erwachsenen Kindern. Die Unterhaltung verlief sehr angenehm, ja sie war die reinste Freude, doch nach kurzer Zeit fühlte John sich unwohl und entschuldigte sich, er hätte noch etwas „Wichtiges" zu tun und müßte nun auflegen.

Nach einigen Minuten hörte ich die Toilettenspülung; kurz darauf schaltete er den Fernseher ein. Ich versuchte, meine Verärgerung darüber in Zaum zu halten und kompensierte seine

Abwesenheit dadurch, daß ich um so begeisterter mit den Kindern sprach. Später stellte ich ihn zur Rede und fragte: „Warum? Warum?“ Er hatte immer eine Entschuldigung parat, doch der Herr zeigte ihm, daß diese Entschuldigungen nun doch zu „edelmütig“ waren; also mußte er sich wiederum mit der Wahrheit konfrontieren. Unsere liebevollen Unterhaltungen schmolzen noch tiefere Schichten seines steinernen Herzens. Doch er floh vor der „Gefahr“, sich verletzbar machen zu müssen.

Bis dahin hatte er jedoch schon genügend Heilung erfahren und soviel Kraft in seinem Geist gewonnen, daß er für seine unbewußten Entscheidungen die volle Verantwortung übernehmen und die Wurzel der sündhaften Struktur in seinem Innersten für tot erachten konnte. Ist es vollbracht? Es war vollbracht, als Christus am Kreuz für unsere Sünde starb.

Hat John nun endgültig ergriffen, was Christus für ihn vollbracht hat? Ich weiß es nicht, aber ich kann aufrichtig und voller Dank sagen, daß unsere Beziehung gesegnet ist; sie wächst, schenkt Erfüllung, ist oft aufregend und in der Regel friedlich. Wir arbeiten *zusammen* und haben innere Ruhe gefunden, weil wir in der Kraft des Herrn vereint sind und miteinander gegen einen gemeinsamen Feind kämpfen – unser Fleisch (und den Teufel, wenn er immer wieder mal versucht, die sündhaften Bereiche, an denen wir festhalten, stetig auszuweiten). Wir kämpfen nicht mehr gegeneinander; der Herr hat unsere früheren Auseinandersetzungen umgeformt, so daß sie inzwischen Teil des Erbarmens, der Weisheit und der Dankbarkeit füreinander geworden sind.

Wenn Sie Ihrem Partner nicht trauen oder ihn nicht respektieren können

Weitaus schmerzhafter als der Versuch, sein Leben mit einem Mann zu teilen, der ein steinernes Herz hat, ist eine Ehe, in der Sie Tag für Tag Ihr Leben in die Hände eines Mannes legen müssen, der kein moralisches Rückgrat, kein Ehrgefühl und keine Liebe zur Wahrheit hat, und keine Stabilität und Treue beweist, in der Sie zur Ruhe kommen könnten.

Gleichgültig, wie beschwerlich der Weg zur Lösung unserer Probleme auch war – John und ich zweifelten nie an der Treue, der Loyalität oder dem moralischen Standard des anderen. Auch stellten wir nie in Frage, daß der andere aufrichtig *versuchte*, ehrlich und rücksichtsvoll zu sein. Ich konnte meinen Mann als einen Mann nach Gottes Herzen respektieren, auch wenn er sich in manchem als „Spätzünder“ erwies, vor dem Gespenst seiner Mutter in seine Höhle floh, in Sackgassen nach der Wahrheit suchte, mir nicht zuhörte und mich nicht so beachtete, wie ich das für richtig hielt, und herrschsüchtig und überkritisch zu sein schien. Ich respektierte ihn sogar, als ich mich von ihm nicht geliebt fühlte, aggressiv, zornig oder defensiv auf ihn reagierte; ich wollte eigentlich gar nicht fähig sein, ihn in Grund und Boden zu stampfen, und war dann auch erleichtert, als er dies ohnehin nicht zuließ.

Heutzutage sind viele Frauen mit Jungen verheiratet, die von ihren Emotionen her nie erwachsen geworden sind und es vielleicht auch nie werden. Solche Männer stammen aus Familien, die nicht funktionierten; sie erlebten nie diese unzweideutige, gesunde und zärtliche körperliche Nähe, verbunden mit konsequenter, liebevoller Zucht, die in ihnen Urvertrauen hätte entstehen lassen können. Sie sind Entwurzelte, die Produkte zerrissener Familien, eine verletzte Generation, die das Heil bevorzugt in Drogen, Alkohol und materiellem Reichtum sucht.

In unserer Zeit kämpfen viele inmitten einer verwirrten Generation, die den Blick für die Absolutheit der ewigen Gesetze Gottes verloren hat, ums Überleben. Alles, wobei man sich gut fühlt, muß auch gut sein, und nur „bigotte“ Menschen reden von richtig und falsch. Dieser Generation hat man eingetrichtert, wie sie ihre Rechte einfordern kann, aber man hat sie nicht über ihre Pflichten und ihre Verantwortung belehrt. Sie ist ichbezogen, und nur wenige wissen noch, was es heißt, sein Leben für andere hinzugeben.

Selbstverständlich sind die Frauen auch Teil dieser Generation, doch in den meisten Fällen haben sie noch mehr Bezug zu ihrer eigentlichen Identität. Unsere Kultur hat sich bis heute mehr bemüht, die Rolle des Mannes als die der Frau zu zerstören, auch wenn inzwischen auch das klare Bild der Frau von der Vernichtung bedroht ist. Heute wachsen nur sehr wenige Jungen auf, die, wie junge Männer früherer Generationen, in ihrer Kindheit und Jugend gemeinsam mit ihren Vätern arbeiten. Väter, die ihre Zeit ihren Kindern zur Verfügung stellen und sich ihnen mit ganzem Herzen widmen, die ihnen liebevolle Aufmerksamkeit und konsequente, angemessene Zucht schenken, muß man heute mit der Lupe suchen.

Aus diesem Grund haben Söhne auch keine Vorbilder mehr, die sie auf ihre Rolle als Mann vorbereiten und mit denen sie sich identifizieren können. Die Mütter sind wichtig, und ein Junge identifiziert sich mit ihr schon vom Mutterleib an. Doch wenn sein Vater nicht bei ihm ist und ihm keine Sicherheit und kein Zugehörigkeitsgefühl vermittelt, kann er sich auch nicht mit Gelassenheit und Vertrauen im Herzen vom gewohnten Umfeld der Mutter abnabeln, um sich in einer Welt ohne sie zurechtzufinden.

Ein kleiner Junge muß besonders dann eine sichere Beziehung und Identifikation mit seinem Vater entwickeln, wenn er feststellt, daß er andere Geschlechtsorgane hat als seine Mutter und anfängt, sich von ihr wegen ihrer Andersartigkeit zu lösen. Wenn die Vater-Sohn-Beziehung nicht stabil ist (oder wenn der Junge keine Beziehung zu einer anderen primären, männlichen Bezugsperson hat), tut er sich schwer, sich mit dem Mannsein zu identifizieren, und weiß nicht mehr, wer er eigentlich ist. Diese Übergangsphase ist bei einer Frau nicht erforderlich. Von der Zeugung an hat sie eine feste und bleibende Identifikation mit ihrem Frausein (es sei denn, ein Trauma erschüttert ihr Leben und veranlaßt sie, die Identifikation mit ihrer Mutter abzulehnen).

Unzähligen jungen Männern fehlt heute einerseits ein starkes Vaterbild, und andererseits bieten sich ihnen zahllose Gelegenheiten, sich am Vorbild eines „Fernsehhelden“ zu orientieren, der gleich mit jeder Frau, auch wenn sie nur eine Zufallsbekanntschaft ist, ins Bett geht. Sie wachsen mit einer Begeisterung für den „Macho“ auf, der in keiner Situation echte Gefühle zeigt. Sie jubeln dem cleveren und oft auch charmanten Schurken zu, der bei jedem Verbrechen mit einem Koffer voll Geld und einer wunderschönen Frau ungeschoren davonkommt und der in der anschließenden Verfolgungsjagd, bei der Dutzende von Polizeiautos zu Schrott gefahren werden, ein ganzes Heer von Gesetzeshütern wie Idioten dastehen läßt.

Die jungen Männer haben in Film und Fernsehen schon so oft Mord und Vergewaltigung gesehen, daß sie das Entsetzliche daran mittlerweile völlig kalt läßt. Pornographie steht in dem Ruf, nur etwas für „Erwachsene“ zu sein, Kondome garantieren „safer“ sex, und wenn man volljährig wird, ist man auch „reif“ genug, sich zu betrinken. Jene, die es eilig haben, „erwachsen“ zu werden, können sich all diese Dinge sowie die verschiedensten Drogen relativ leicht schon in der Schule besorgen.

Wer soll unseren jungen Männern sagen, was es wirklich heißt, ein Mann zu sein? Wer wird für sie die Vorbildfunktion übernehmen, damit sie erleben können, was es heißt, Ehemann und Vater zu sein? Wer wird ihren Geist stärken, damit sie den zerstörerischen Kräften unserer Kultur widerstehen können? Wer wird ihr Gewissen zum Leben erwecken? Wer wird sie lehren, was Liebe ist? Der Heilige Geist fällt auf viele Menschen in der Gemeinde, diesem schlafenden Riesen, und ruft sie auf, diese Aufgabe zu übernehmen.

Doch angesichts der derzeitigen Wirklichkeit ist es in vielen Fällen für eine Frau nach wie vor riskant und bedrohlich, sich einem Mann anzuvertrauen, Gemeinschaft mit ihm zu haben, sich ihm zu schenken und ein Fleisch mit ihm zu werden, wenn sie z. B. weiß, daß er vor ihr viele Frauen hatte, der Versuchung immer noch leicht nachgibt und dabei absolut kein schlechtes Gewissen hat. Sie macht sich Sorgen, daß er eines Tages mit einem positiven HIV-Test herausrücken könnte. Sie fühlt sich permanent verunreinigt. Was kann sie dagegen tun?

Oder wie kann sie ihren Ehemann respektieren, wenn sie weiß, daß er in seinem Beruf zwielichtigen Geschäften nachgeht oder daß er die Finanzen der Familie verschleudert und offene Rechnungen nicht bezahlt? Wie kann sie mit ihm eine echte Beziehung haben, wenn sein Einfühlungsvermögen durch Alkohol und/oder Drogen beeinträchtigt wird? Wie kann sie überhaupt mit ihm über diese Dinge reden, wenn ihr wegen seiner Reaktion darauf schon im voraus angst und bange wird?

Abraham verhielt sich am Anfang seiner Frau Sara gegenüber auch nicht wie ein weiser, reifer und rücksichtsvoller Ehemann. Er log König Abimelech an und sagte, sie sei seine Schwester, und der König nahm sie mit in sein Haus. Aus Angst, er könnte getötet werden, brachte Abraham seine Frau ganz bewußt in eine Lage, in der sie zum Ehebruch hätte gezwungen werden können.

In dieser Phase seines Lebens war Abraham ganz gewiß nicht der Ehemann, der sein Leben aufs Spiel setzen würde, um seine Frau zu beschützen, und dennoch gehorchte Sara ihm. Gott war ihr Schutz; er gestattete dem König nicht, sie zu berühren und tadelte später Abimelech und Abraham (vgl. 1.Mose 20). Dasselbe Szenario wiederholte sich in 1.Mose 26 mit Isaak, Rebekka und Abimelech.

Ich interpretiere die Worte aus 1.Petrus 3,6 – „... deren (Saras) Kinder ihr geworden seid, indem ihr Gutes tut und keinerlei Schrecken fürchtet ..." – wie folgt: Frauen können es, wie Sara, nur dann wagen, sich der Obhut eines unreifen, egozentrischen und nicht vertrauenswürdigen Ehemannes anzuvertrauen, wenn sie eine Beziehung zu Gott aufgebaut haben, die stark genug ist, um sie in dieser Situation zu tragen.

Zu viele Frauen erwarten zu viel von ihren Männern und verlassen sich zu sehr auf sie, indem sie von ihnen Dinge erbitten, die einzig und allein Gott tun kann. „Es ist besser, sich bei dem **Herrn** zu bergen, als sich auf Menschen zu verlassen. Es ist besser, sich bei dem **Herrn** zu bergen, als sich auf Edle zu verlassen" (Ps. 118,8-9). „Vertraut nicht auf Edle, auf einen Menschensohn, bei dem keine Hilfe ist!" (Ps. 146,3)

Jeder Mann (und jede Frau) ist ein „Arm aus Fleisch" (vgl. Jer. 17,5), und ein „Arm aus Fleisch" wird Sie früher oder später im Stich lassen. Nur Gott können wir zutrauen, daß er in seiner Beziehung zu uns keine Fehler macht. Gott allein ist in der Lage, die Fehler eines Ehemannes herauszufinden, ihn angemessen dafür zu tadeln und die Auswirkungen der Sünde zu heilen.

Eine Frau hat keine Garantie dafür, daß sich ihr Mann je ändern wird, auch wenn ihr Verhalten ein Spiegel der Untadeligkeit Gottes ist und sie allen Glauben der Welt hat. Gott wirkt zwar mächtig in den Herzen seiner Kinder, aber er wird nie jemanden zwingen, irgend etwas von ihm anzunehmen. Aus diesem Grund muß eine Frau in ihrer eigenen wachsenden Beziehung zu Gott stark und beständig werden, damit sie weiß, wer sie ist und wie sie feststehen kann.

Wenn ihre Kraft in erster Linie der Herr ist, kann sie sich in eine angemessene Abhängigkeit von ihrem Mann begeben und gleichzeitig doch in der rechten Weise unabhängig bleiben. Jesus sagt: „Wenn jemand zu mir kommt und haßt nicht seinen Vater und seine Mutter und seine Frau (oder seinen Mann) und seine Kinder und seine Brüder und Schwestern, dazu aber auch sein eigenes Leben, so kann er nicht mein Jünger sein" (Lk. 14,26). Selbstverständlich ruft uns Jesus hier nicht auf, andere Menschen im engeren Sinn des Wortes zu *hassen*, d. h. starke, destruktive Emotionen gegen sie zu richten, da er uns doch ermahnt hat, sogar unsere Feinde zu lieben.

Vielmehr fordert er uns auf, jeden permanenten fleischlichen Einfluß, alle fleischlichen Bindungen und jedes fleischliche Loyalitätsgefühl zu hassen, also alles, was uns davon abhält, ihm den ersten Platz in unserem Leben einzuräumen. Wenn wir uns von emotionalen Bindungen lösen und es lernen, Jesus nachzufolgen, werden wir auch in die Lage versetzt zu lieben, wie er liebt und uns selbst und andere so zu sehen, wie er uns bzw. sie sieht.

Beleben Sie Möglichkeiten der Erfrischung, die nicht von Ihrem Ehemann abhängen

Eine Frau muß einige Quellen haben, durch die ihr Erquickung zuteil wird und die nicht von ihrem Mann abhängen, damit sie die Kraft bekommt, immer wieder zu ihm zurückkehren zu können. Sie braucht die Gemeinschaft mit einigen engen Freunden und/oder Freundinnen, mit denen sie reden, lachen und weinen kann, mit Menschen, die dieselben Interessen haben wie sie und die wissen, wie man seine Freizeit sinnvoll gestaltet und das Leben genießt.

Sie wird sehr von regelmäßigen körperlichen Aktivitäten, von Musik und guten Büchern profitieren. Es ist auch überaus förderlich, wenn sie sich Zeit nimmt, um besondere Fähigkeiten zu pflegen, wie z. B. Handarbeiten, künstlerische Betätigung, Basteln, Schreiben oder irgendeine Art von Aufgabe etc. Im Idealfall sollte sie innerhalb einer Gemeinde, in der der christliche Glaube bibelgemäß gelebt wird, in die kräftigende und auferbauende Gemeinschaft einer Kleingruppe eingebunden sein. Es ist weise, die Zeiten für persönliche Erbauung und Erquickung so zu legen, daß sie nicht mit dem Wunsch des Ehemannes nach Gemeinschaft kollidieren, damit er auf diese Aktivitäten nicht eifersüchtig wird und sie als Konkurrenz empfindet.

Wie sollen wir mit Ängsten und Gefühlen umgehen?
Wie sollen wir mit Ängsten und Gefühlen umgehen? Wie können wir hysterischen Ängsten standhalten und verhindern, daß Sorgen uns zermürben?

> Wirf auf den Herrn deine Last, und er wird dich erhalten; er wird nimmermehr zulassen, daß der Gerechte wankt. (Ps. 55,23)

Es ist erforderlich, daß Sie diese rechtschaffene Zucht lernen, Ihre Last in dem Moment auf den Herrn zu werfen, wenn sie Ihnen zum ersten Mal bewußt wird, also bevor sie sich hartnäckig in Ihnen festsetzen kann. Geben Sie ihr keinen Raum. Baden Sie sich nicht darin. Geben Sie ihr keine weitere Nahrung durch Groll oder Bitterkeit. Akzeptieren Sie sie, geben Sie sie an den Herrn ab, lassen Sie sie los, bekräftigen Sie Ihre wahre Identität im Herrn und machen Sie ganz normal mit Ihrer Arbeit weiter.

4

Zeit für Trauer, Zeit für Wehmut

> Für jedes Vorhaben unter dem Himmel gibt es eine *Zeit*: ... *Zeit* fürs Weinen und *Zeit* fürs Lachen, *Zeit* fürs Klagen und *Zeit* fürs Tanzen ... (Pred. 3,1.4)

Wenn wir jemanden verlieren, der uns sehr nahesteht, kann die Zeit der Trauer sehr lange sein, besonders wenn der Betreffende den Herrn nie kennengelernt hat. Um in einer solchen Situation von Jesus Trost empfangen zu können, ist es notwendig, sich immer wieder zu entscheiden, Ängste, Urteile und unbeantwortete Fragen loszulassen und darauf zu vertrauen, daß Gott in der Lage ist, sein Universum liebevoll, gerecht und voll Gnade zu lenken.

Nach dem Verlust eines geliebten Menschen, von dem Sie wissen, daß er nun beim Herrn ist, kann Heilung und Trost relativ schnell in Ihr Herz einziehen. Erst haben Sie über ihn geweint und nun freuen Sie sich für ihn; Sie haben den Glauben, daß Sie ihn eines Tages wiedersehen werden. Dennoch kann sich die Traurigkeit immer wieder unerwartet durch Tränen Luft machen, wenn Sie an den Verstorbenen erinnert werden oder etwas Schönes erleben, das Sie nun nicht mehr mit ihm teilen können. Diese Tränen sind eine natürliche und gesunde Reaktion, und Sie müssen sich ihrer nicht schämen. Lassen Sie ihnen freien Lauf. Sagen Sie dem Herrn, was Sie fühlen, und machen Sie ganz normal mit Ihrer Arbeit weiter. Versuchen Sie nie, Gefühle zu unterdrücken – so schüren Sie die Glut eines Vulkans.

Ich möchte Ihnen von meinen eigenen Erfahrungen mit Trauer und Wehmut erzählen:

Wenn ein Elternteil stirbt

Mein Vater war immer ein strahlender Held für mich. Aus beruflichen Gründen war er viel unterwegs, doch jedesmal, wenn er zu seiner Familie nach Hause kam, schenkte er uns hundert Prozent seiner Zeit. Ich bin die Älteste von fünf Kindern, und wir freuten uns immer auf den Freitag, wenn er wieder heimkommen würde. Aufgeregt warteten wir darauf, daß er mit seinem vertrauten Grinsen zur Tür hereinkommen, uns seine Arme entgegenstrecken und umarmen würde. Meine Mutter kam aus der Küche und begrüßte ihn herzlich; dann verschwand sie wieder, um das Abendessen fertig zu machen.

Oft tänzelte er hinter ihr her, um sie humorvoll und launig, doch stets zärtlich zu necken, besonders, wenn er spürte, daß sie müde und angespannt war, weil sich im Laufe der Woche, die sie allein mit uns Kindern zugebracht hatte, einiges in ihr aufgestaut hatte. Er schaffte es, daß auch sie bald zu lachen anfing. Nach dem Abendessen machten die beiden Musik, die überall im Haus zu hören war: Sie spielte Klavier, er Klarinette, und wir sangen oft auch noch mit.

Noch bevor der Samstag vorüber war, hatte er sich über unsere schulischen Abenteuer und Mißgeschicke informiert, in dem einen oder anderen schwelenden Konflikt vermittelt, alles im Haus repariert, was kaputt war, und mit uns die Zeit verbracht, die wir mit ihm brauchten (als wir noch klein waren, ging er manchmal sogar mit uns auf Stelzen, lief Schlittschuh und fuhr Tretroller).

Am Sonntag gingen wir gemeinsam in den Gottesdienst; nachmittags packte Papa uns alle ins Auto und machte mit uns Entdeckungsreisen in der Gegend um St. Louis. In der Freizeit Auto fahren – das wäre eigentlich das Letzte, was ein Vertreter tun würde, doch er wußte, wie sehr es uns gefiel. Die Krönung jedes Abenteuers waren jeweils fünf Cents, für die sich jeder von uns eine Köstlichkeit kaufen durfte. In der Wirtschaftskrise und kurz danach war das der reinste Luxus!

Am Sonntagabend mußte Papa immer seine Abrechnung machen, bevor er am nächsten Morgen wieder das Haus verließ. Dazu brauchte er keinen Taschenrechner; mit dem Kopf ging es viel schneller und leichter. Auch wenn er nie Algebra gelernt hatte, half er mir manchmal bei meinen Hausaufgaben. Er konnte ein schwieriges Problem mit einfachen Rechnungen lösen und es so gut erklären, daß ich den Rechenvorgang dann ganz leicht auf die Algebra übertragen konnte.

Er schien sich nie zu ärgern, wenn wir ihn bei seiner Abrechnung störten. Wenn wir ihn etwas fragten, sah er langsam auf, ließ zu unserer Belustigung sein Gebiß ein wenig aus den

Mundwinkeln herausragen und fragte mit einem vielsagenden Augenzwinkern: „Was denn?“ Wenn wir uns nebenan stritten oder wie wild herumtobten, brachte er uns mit einem strengen, gerechten aber doch ruhigen Tadel, von dem wir wußten, daß wir ihn verdienten, wieder zurecht.

Doch die meiste Disziplin mußte uns Mutter beibringen, da wir die ganze Zeit mit ihr beisammen waren; manchmal war ihr das einfach zu viel, und sie hatte ihre Emotionen nicht mehr im Griff. Er war ihr eine ruhige, konsequente und solide Stütze, und wir wußten das.

Meine Eltern gaben zur selben Zeit ihre Berufe auf – er seinen Vertreterjob und sie ihr Lehramt; danach taten sie viele Jahre lang gemeinsam all das, was sie vorher nicht hatten tun können, weil Papa unterwegs war und Mama alle Hände voll zu tun hatte, um in das häusliche Tohuwabohu Ordnung zu bringen. Sie arbeiteten im Garten, unternahmen Reisen, kümmerten sich um neue oder bettlägerige Gemeindemitglieder, lernten Öl- und Emailmalerei in Volkshochschulkursen, halfen freiwillig im Geschenkladen des Missouri Baptist Hospital, machten lange Abendspaziergänge und schlossen enge Freundschaften mit den Nachbarn.

Es war entsetzlich für uns alle, als sich mehr und mehr herausstellte, daß Papa die Alzheimer-Krankheit bekam. Hilflos mußten wir mitansehen, wie der liebenswürdige und verläßliche Fels von früher allmählich Risse bekam und abbröckelte. Papa verlor manchmal die Orientierung. Der Mann, der seinen Weg immer so gut gekannt hatte, wußte auf einmal nicht mehr, wo er war und mußte nun in Gegenden, die er früher wie seine Westentasche gekannt hatte, nach dem Weg fragen, um wieder nach Hause zu finden. Völlig perplex mußte er diese demütigenden Erfahrungen machen.

Er war immer der beste Vertreter seiner Firma gewesen, vor allem, weil er Dinge wirklich gut an den Mann bringen konnte, und dabei auch noch charmant war und einen integren Eindruck machte. Jetzt fehlten ihm auf einmal die einfachsten Wörter; mitten in einem Satz hielt er plötzlich inne und wußte nicht, wie er es sagen sollte. Verstohlen schaute er sich um, während er darum rang, das richtige Wort für so alltägliche Dinge wie „Tisch“ oder „Brot“ in seinen Gedanken zu finden.

Als dies die ersten Male geschah und wir ihm das fehlende Wort einfach sagen konnten, erhellte sich sein Blick und mit einem Lachen auf den Lippen redete er weiter. Doch der Versuch, sich auszudrücken, frustrierte ihn immer mehr; manchmal rang er still und hilflos die Hände, und es kamen ihm die Tränen.

Als man die Alzheimer-Krankheit sicher diagnostizieren konnte, meinten die Ärzte, es bestünden keine Heilungschancen. Es war niederschmetternd für Papa, daß er nicht mehr Auto fahren konnte, und demütigend, als er die Abrechnungen in die Hände eines anderen legen mußte. Bald verlor er jeden Zeitbegriff und stand nachts jede Stunde auf. Mama scheute sich davor, zu Bett zu gehen, weil sie fürchtete, er könnte nachts das Haus verlassen. Die einfachen Funktionen der Dinge des täglichen Lebens waren inzwischen ein Rätsel für ihn, und noch dazu konnte er sich auch nicht mehr allein anziehen. Aber er hatte immer noch den Wunsch, sich im Haus nützlich zu machen und bestand darauf, Dinge auf seltsame Weise und an seltsamen Stellen immer wieder neu zu ordnen.

Mama rieb sich auf, aber sie beschloß, sich zu Hause um ihren geliebten Mann zu kümmern, solange dieser seine Mitmenschen noch erkennen konnte. Als sie auf dem Weg zum Briefkasten ausrutschte, hinfiel und ihr die gesamte Hüfte operativ ersetzt werden mußte, hatten wir den Eindruck, als würde Gott eingreifen und ihr die Entscheidung abnehmen.

Mein Bruder Jerry und meine Schwester Sue, die näher bei den Eltern wohnten als alle anderen von uns, brachten Papa in ein ausgezeichnetes christliches Pflegeheim; sie erklärten ihm ganz genau, was geschehen war und daß Mama im Krankenhaus wäre und es ihr gut ginge, sie jedoch nicht in der Lage wäre, sich zu Hause um ihn zu kümmern. Er brachte zwar nicht alles auf die Reihe, begriff jedoch mit großer Sorge, daß sie sich verletzt hatte. Als es ihr wieder besser ging, besuchte sie ihn fast jeden Nachmittag; er umarmte sie, tätschelte sie sanft, berührte die Gehhilfe, die sie ein Zeitlang benützte, und rang mit Fragen und Sorge um sie, die er nicht mehr in Worte kleiden konnte.

Die Krankenschwestern waren ungewöhnlich freundlich und liebevoll zu ihm. Sie stellten sehr schnell fest, daß er seinen Humor nicht verloren hatte und verschönten ihm die Tage, indem sie mit ihm flirteten und Späße machten. Leider war er auch noch immer so hilfsbereit wie früher: Er beschäftigte sich damit, die Türklinken auf der Alzheimer-Station ab- und völlig durcheinander wieder anzumontieren und war tief bestürzt, als man sein Projekt rigoros abbrach.

Er ärgerte sich, als man seine Habseligkeiten im Schrank einsperrte, um sie vor anderen Patienten zu schützen, die oft in sein Zimmer kamen und alles mitnahmen, was nicht niet- und nagelfest war. „Ich hab' gar nichts mehr!", rief er. Wir brachten ihm ein kleines Album mit Familienfotos, das er überallhin mitnahm. Da man auf den Seiten Tränenflecken sah, nehme ich an, daß er manchmal beim Anschauen der Fotos weinte. Die Pfleger fragten meine Mutter immer wieder: „War er immer schon so freundlich? Solche Patienten werden in der Regel sehr aggressiv, doch Paul ist immer so freundlich!"

Es ist nicht leicht zu beschreiben, welche Gefühle mich überkamen, als ich mitansehen mußte, wie mein Vater nicht mehr Herr seiner selbst war und auch zunehmend den Kontakt zu uns verlor. Als ich ihn einmal in St.Louis besuchte, gingen wir immer wieder Arm in Arm auf dem Gang auf und ab. Sein Gang war nur noch ein hinkendes Schlurfen. Aber er sah, wie ein anderer Patient in einem Rollstuhl direkt auf uns zukam, und irgendwoher aus dem Inneren dieses Mannes, der sich so fest an mich gelehnt hatte, um nicht das Gleichgewicht zu verlieren, kam auf einmal Kraft; er zog mich beiseite und der Rollstuhl fuhr an mir vorbei.

Ich war überwältigt, in erster Linie von Papas unauslöschlicher Vaterliebe, aber auch von der Erkenntnis, wie stark die Kraft der Liebe im menschlichen Geist wirkt und Sinn und Körper in die Lage versetzt, physische Grenzen zu überspringen und Unmögliches zu vollbringen.

Als ich an jenem Tag meinen Vater verließ, umarmten wir uns lange und weinten gemeinsam; ich sagte ihm, wie wertvoll er für mich sei, wie sehr wir alle ihn liebten und wie stolz ich auf ihn sei. Er begleitete mich bis zu der Absperrung zwischen der Station und dem Aufzug; er lächelte still trotz seiner Tränen und schaute tieftraurig zu, wie ich in den Aufzug stieg. Die Tür schloß sich, und da ich allein war, fing ich an, untröstlich zu schluchzen.

Es ist ein Wunder, daß ich es angesichts des dichten Verkehrs und meiner tränenüberfluteten Augen bis zum Haus meiner Eltern schaffte. Ich redete Klartext mit Gott über meine Gefühle: „Ich leide so mit ihm und bin so zornig! Er war so gut zu uns, hat uns so viel geschenkt und schaffte es dennoch, Ruhe zu finden und das Leben zu genießen! Er und Mama mußten sich so viele Jahre lang mit einer Wochenendehe begnügen! Und nun das! Warum? Warum können sie nicht gemeinsam ihren Lebensabend verbringen? Das haben sie nicht verdient! Das ist einfach nicht fair!" Und so redete ich vor mich hin.

Und Gott hat einfach nur zugehört. Ich wußte, daß er mir voll Mitgefühl zuhörte. Als ich meinem Schmerz Luft gemacht hatte, betete ich immer und immer wieder: „Herr, hab' Gnade mit ihm. Bitte, mach' ihn völlig gesund oder hol' ihn zu dir?! Auf jeden Fall bete ich aus tiefstem Herzen, daß du seinen liebevollen Geist aus diesem Gefängnis befreist und vor dem Verfall von Seele und Leib rettest. Zeig' ihm, daß er dort, wo er ist, nicht verloren ist. Hol' ihn in dein Haus, Herr, und in deine Arme und wisch' all seine Tränen ab. Erfülle ihn mit deiner heilenden Liebe. Herr, er wußte nie wirklich, was es heißt, einen Vater zu haben, und dennoch war er selbst so ein guter Vater. Laß' ihn an deiner Seite in seinem Erbteil wohnen. Laß ihn dich erkennen, Vater, und schenk' ihm Trost und Freude. Zeig' ihm, wie sehr wir alle ihn lieben und wie dankbar wir dafür sind, daß er sein Leben so oft für uns aufgeopfert hat."

Je mehr ich weinte und betete, desto besser fühlte ich mich. Ein tiefer Friede erfüllte mich. Irgendwo tief in mir ließ ich alles los. Ich mühte mich nicht mehr emotionell ab, irgend etwas herbeizuführen, das sowieso nicht in meiner Macht stand. Ich mußte nicht mehr mit meinen Empfindungen ringen oder mit Schuldgefühlen, ich hätte im Laufe meines Lebens ihm gegenüber etwas getan oder nicht getan, was nicht richtig gewesen war. Ich marterte mich nicht mehr mit unbeantworteten Fragen.

Ich fuhr wieder zurück nach Idaho, wo ein voller Terminkalender auf mich wartete, und sandte Papa immer wieder Ansichtskarten mit kurzen Neuigkeiten und einem „Ich liebe dich". Ich wußte, daß sein Geist meine Liebe nach wie vor begreifen konnte und immer wieder Zeichen dieser Liebe brauchte. Und ich betete, Gott möge ihn in der Tiefe seines Geistes trösten und auferbauen.

Gott erhörte mein Gebet. Später fand ich heraus, daß andere Familienmitglieder ähnlich gebetet hatten. In kurzer Zeit erlitt Papa etliche kleinere Schlaganfälle und ging schließlich heim zum Vater. So blieb es ihm erspart, alle zerstörerischen Phasen der Alzheimer-Krankheit durchmachen zu müssen. Er hatte nie den Punkt erreicht, an dem er seine Verwandten und engen Freunde, die ihn besuchten, nicht mehr erkannt hätte. Auch seinen Humor hat er nie ganz verloren. Und er blieb stets der freundliche Mann, den wir kannten.

Wir alle weinten, als er ging, jedoch nicht lange. Die Traurigkeit war eine leichte Last, und wir weinten eigentlich in erster Linie über uns – unser Papa war fort. Wir würden ihn vermissen. Doch mehr als alles andere freuten wir uns für ihn: Er hatte sein Gefängnis verlassen; er war endlich frei und konnte den Qualitäten Ausdruck verleihen, mit denen er uns viele Jahre lang zum Segen geworden war, und zwar noch ungehinderter und sinnvoller als je zuvor.

Traurigkeit kannten wir in den emotional schmerzhaften und scheinbar endlosen Tagen seiner Krankheit. Doch er wurde vom fröhlichen Jubel und der Dankbarkeit über seine Befreiung und Heimkehr zum Vater verdrängt. Doch offensichtlich hat der Herr noch immer Heilung für Relikte dieser „kostbaren" Wehmut von vor fünf Jahren. Gestern abend, als ich diese Geschichte niederschrieb, holte er noch einmal Tränen aus der Tiefe meines Herzens, und heute fühle ich mich wie nach einem heiligen und erfrischenden Bad. Ist das nun endgültig erledigt? Ich weiß es nicht und mache mir auch keine Sorgen darüber. Das ist Gottes Sache, denn er kennt mein Herz und wendet für mich alles zum Guten.

Die sprichwörtliche Redewendung, der Mensch sei ein Gewohnheitstier, galt nicht für meine Mutter, die inzwischen in die Jahre gekommen war. Mit zunehmendem Alter wurde ihr Herz immer weicher, ihr Intellekt immer flexibler, ihr Geist immer jugendlicher und vitaler. Anstatt sich zur Ruhe zu setzen und in ihren vertrauten Verhaltensmustern und ihrem alten Lebensstil zu stagnieren, hielt sie standhaft ihre besten und lang erprobten Prinzipien aufrecht; gleichzeitig schaffte sie es, sich einer Welt voller Abenteuer und neuer Einsichten anzunähern, die ihr ihre Kinder vorstellten. Sie wollte alles haben, was Gott ihr schenken wollte.

Schon bald nach dem Tod meines Vaters begleitete sie John, unsere Tochter Andrea und mich auf einer Reise nach Israel und in fünf europäische Länder. In ihrer Weisheit wußte sie genau, daß sie nach vorne schauen und Dinge tun mußte, die ihr Lebensfreude schenkten. In Israel gingen wir weite Strecken zu Fuß, und ihre künstliche Hüfte bereitete ihr einige Probleme, aber sie wollte nichts versäumen.

Lediglich die Anhöhe von Masada konnte sie nicht bezwingen; da die Seilbahn außer Betrieb war, blieb sie unten, weil sie uns nicht bremsen wollte. Sie hatte sich daran gewöhnt, Schmerzen zu ertragen, um das zu tun, was in ihren Augen bereichernd und wichtig war.

Als wir noch klein waren, plagte Mama sich sehr mit Krampfadern. Da es noch keine bügelfreie Kleidung und keinen Wäschetrockner gab, mußte man jedes Stück bügeln. Im Sommer war St.Louis oft unerträglich heiß, und dennoch stand sie jeden Morgen stundenlang am Bügelbrett, bis der Korb endlich leer war. Dann packte sie uns und möglichst viele Nachbarskinder ins Auto, und wir fuhren in den Zoo, schauten uns eine Autofabrik an, besuchten ein Kunstmuseum, einen Verpackungsbetrieb oder eine Marmeladenfabrik; trotz der Schmerzen in ihren Beinen begleitete sie uns überallhin.

Als Kind konnte ich dieses Geschenk sicher noch nicht richtig schätzen; doch als Erwachsene schaue ich nun mit dankbarem Herzen darauf zurück, wie sehr sie sich für uns aufopferte, und fühle mich auch ein wenig schuldig, daß ich so vieles für selbstverständlich gehalten hatte.

Sie hatte nicht allzuviel Humor in ihren jüngeren Jahren, und oft mußte Papa sie zum Lachen bringen. Doch als wir in Europa auf der Autobahn mit völlig ungewohnten 130 Stundenkilometern auf der rechten Spur fuhren und recht oft von Mercedes-Limousinen überholt wurden, die fast 200 drauf hatten, duckte sie sich hinter Johns Sitz, damit sie den Tachometer nicht mehr sehen konnte, und jammerte: „Auweia, auweia, auweia ..." Wir nannten sie bald „Auweialein", und trotz ihrer Angst mußte sie lachen.

Vor zwei Jahren besuchte uns meine Mutter zur Hochzeit unserer Tochter Ami. Sie war so aufgeregt und begeistert, all ihre Enkel und Urenkel daheim zu besuchen. Sie half bei den Hochzeitsvorbereitungen; sie dekorierte, machte Salate und Sandwiches. Als wir für den Empfang die Stühle aufstellten, arbeitete sie fleißig mit und freute sich darauf, all die Gäste kennenzulernen. Ein wenig später erwähnte sie, sie fühle sich ein bißchen müde, woraufhin wir vorschlugen, sie solle sich ausruhen; trotzdem sahen wir keinen Anlaß, uns Sorgen zu machen, da selbst ein junger Mensch in dieser Situation einen guten Grund gehabt hätte, müde zu sein. Sie erholte sich, und der krönende Abschluß ihres Besuchs war eine tolle Grillparty bei unserem Sohn Loren.

Eineinhalb Wochen, nachdem sie wieder zu Hause war, starb sie an Blutkrebs, der schon sehr weit fortgeschritten war! Nicht einmal ihr Arzt hatte etwas Ernstes vermutet; er hatte es für Grippesymptome gehalten und sie anfangs auch dagegen behandelt. Als sie schließlich so erschöpft war, daß sie nicht mehr telefonieren konnte, fuhr meine Schwester sie ins Krankenhaus.

John und ich waren in Winnipeg (Kanada) in einem Fernsehstudio, wo wir einige Videos aufnahmen. Wir erhielten einen Anruf mit der Versicherung, Mama würde es zusehends besser gehen. In einem nachmittäglichen Marathon stellten wir die Videos fertig, John flog zu einer Konferenz nach Dallas, wo wir beide sprechen sollten, und ich nach St.Louis, um bei meiner Mutter und den anderen Familienmitgliedern zu sein, die aus verschiedenen Teilen der USA gekommen waren.

Da ich davon ausging, es würde ihr wieder besser gehen, war ich schockiert, als ich sie in einer Art Koma vorfand. Zwei meiner Brüder sagten mir, sie glaubten, daß sie uns noch hören könnte, denn vor einigen Stunden hätten sie zu ihr gesagt, sie würden kurz Mittagessen gehen, woraufhin sie sich einen Moment erhoben, auf ihren Geldbeutel gezeigt und gesagt hätte: „Da ist Geld drin." Nach dieser Geste waren sie am Boden zerstört: Da liegt sie fast schon im Koma und wartet auf den Tod und denkt immer noch an das Wohlergehen ihrer Kinder!

Mein Bruder Stan, der in Florida lebt, kam als letzter im Krankenhaus an. Ich sagte zu meiner Mutter: „Mama, jetzt sind alle deine Kinder hier." Sie konnte nicht antworten; wir saßen still bei ihr; nach einer Weile sank sie zusammen und ging heim.

Die Krankenschwester sagte: „Sie gab nur noch sehr schwache Lebenszeichen von sich, so daß ich eigentlich nicht begreifen konnte, wodurch sie am Leben gehalten wurde. Offensichtlich hat sie auf Sie gewartet.“ Fassungslos und still saßen wir da. Mein Bruder Norman kniete neben ihrem Bett, und ich glaube, jeder von uns betete leise, doch keiner von uns betete mit der Leichtigkeit, mit der wir sonst immer für andere beten konnten.

Ich konnte keinen klaren Gedanken fassen: „O Gott, segne sie ...“ – das war alles, was ich zusammenbrachte. Ich fühlte mich, als könnte ich vor Gefühlen platzen, hatte jedoch keine Möglichkeit, sie herauszulassen. Mir kam es vor, als würde ich hilflos in der Luft hängen. Ich wollte unbedingt irgend etwas tun, wußte jedoch nicht, was oder wie ich das herausfinden sollte.

Eine Zeitlang hatten wir enge, intensive und einsame Gemeinschaft. Dann standen wir auf, umarmten einander, gingen leise hinaus und dankten der Schwester dafür, daß sie sich so freundlich um unsere Mutter gekümmert hatte. Mit Tränen in den Augen erwiderte sie: „Sie hat mir gedient.“

Der Abend war sehr ruhig, und der Herr zog bei jedem zu Hause quasi den Stöpsel heraus, woraufhin sich Fluten aufgestauter Emotionen ergossen. Dann fiel es mir leicht, im Gebet um Segen für sie zu bitten und sie loszulassen. Später schlief ich mit dem Bewußtsein der tröstenden Gegenwart Gottes ein.

Der Pastor besuchte uns Geschwister und wollte einfach, daß wir ihm etwas von unserer Mutter erzählten. Es war wohltuend, die kostbaren Erinnerungen auszutauschen. Dann sagte er uns Dinge über sie, die wir nicht gewußt hatten. Er mußte nun einige Leute in der Gemeinde auftreiben, die sie ersetzen würden.

Mit 83 hatte sie jeden Sonntagvormittag eine halbe Stunde lang etwa fünfzehn Bettlägerige über eine Telefon-Konferenzschaltung im Rahmen einer Sonntagsschulklasse gelehrt. Da es sie nicht befriedigte, mit Menschen zu reden, die sie nicht sah, war sie überall in St.Louis herumgefahren, um jeden einzelnen persönlich zu treffen! Einmal im Monat lehrte sie eine der anderen Erwachsenengruppen in der Gemeinde. Bei einem Treffen während der Woche spielte sie Klavier. Im Seniorenchor war sie die Stimme, nach der sich alle Altstimmen richteten. Oftmals wohnten reisende Evangelisten und Bibellehrer bei ihr zu Hause.

Der Pastor, der uns all das erzählte, hatte selbst drei Wochen bei ihr gewohnt, als er zum ersten Mal in St.Louis war. Ihr Bibelkreis war der einzige Kreis, in dem die Teilnehmer wirklich ihr Herz öffneten, einander dienten und sich dienen ließen. Er versuchte, jemanden zu finden, der sie auf der nächsten Gemeindefreizeit in Green Lake (Wisconsin) als Leiterin der Bibelarbeit ersetzen würde.

Wir waren uns alle einig darüber, daß wir so gelebt hatten, als würde sie ewig hier bei uns auf Erden sein, und erkannten, daß sie das Band gewesen war, das unsere weit verstreute Familie zusammengehalten hatte. Sie hatte uns nämlich so oft geschrieben und erzählt, was die anderen gerade taten.

Als mein Mann John zum Begräbnis kam und Mama im Sarg sah, war er verblüfft. Allmählich fiel ihm auf, warum: In den 37 Jahren unserer Ehe hatte er nie erlebt, daß sie sich auch nur einmal hingelegt hätte. Sie war immer dabei, anderen zu dienen!

Bei der Beerdigung erzählte der Pastor, was wir ihm über unsere Mutter berichtet hatten, und faßte alles mit der letzten Strophe eines Gedichtes zusammen, das ich vor Jahren anläßlich der goldenen Hochzeit meiner Eltern geschrieben hatte:

Manch einer plant und schmiedet Ränke
Schubst, wenn sie älter
Die Kinder nur hin und her.

Will den Nachwuchs fest an sich ketten
In selbstsücht'gem Streben
Wenn er schon die Flügel spreizt.

Doch Mutter träumte laut am Bügelbrett
Und gab der Vision ihren Segen mit.

Wir alle blieben ein paar Tage, besuchten einander und teilten die Habseligkeiten meiner Mutter auf, damit meine Schwester nicht ganz allein die Nachlaßangelegenheiten regeln müßte. Die erste Zeit der Trauer verging recht schnell. Die Wehmut war zwar latent vorhanden, konnte unser Gefühl der Freude jedoch nicht verdrängen. Immer wieder sagten wir: „Es ist so gut, wieder beisammen zu sein! Würden sich Mama und Papa nicht darüber freuen!"

Einer von uns sagte: „Ich wette, Papa ist heute besonders glücklich." Wir trösteten einander mit auferbauenden Bemerkungen, wie froh wir darüber wären, daß unsere Eltern ein langes und erfülltes Leben gehabt hatten, wie toll es doch wäre, daß das Gebet unserer Mutter, sie möge nie jemandem zur Last fallen, erhört wurde und was für ein großes Erbe sie uns hinterlassen hätte etc. Damals waren unsere Gespräche wie heilender Balsam, und wir meinten das, was wir sagten, wirklich ernst, aber es konnte uns nicht ersparen, was wir alle in den darauf folgenden Monaten durchlebten.

John und ich begannen in der kommenden Woche eine einmonatige Reise zu zahlreichen Gemeinden in Schottland, Wales und England. Ich fühlte mich halbwegs ausgeglichen und innerlich getröstet. Mein Augenmerk richtete sich voll und ganz auf die Arbeit, die vor uns lag. Dann rief uns unsere jüngste Tochter Andrea in Paisley (Schottland) an mit der Nachricht, sie und Randy wollten zu Weihnachten heiraten. Ich legte auf, lief ganz aufgeregt zu John und erzählte ihm alles.

Plötzlich wurde ich von einer Welle tiefer Wehmut überrollt und mußte weinen, als ich die frohe Nachricht weitergab. Ich konnte meine Eltern nicht mehr anrufen, um ihnen die Neuigkeiten über ihre Enkelin mitzuteilen! Mir war nicht bewußt gewesen, welche Emotionen noch tief in mir vorhanden waren und heraus mußten. Später gingen John und ich in Lancaster (England) allein an einem Fluß spazieren, und wieder wurde ich von dieser Flutwelle übermannt. John tröstete mich und wies mich darauf hin, daß ich mich so sehr mit anderen Dingen beschäftigt hatte, daß ich die Notwendigkeit, meine eigene Trauerarbeit zu Ende zu führen, außer acht gelassen hatte. Wir sprachen über unsere Gefühle und unsere Wehmut, und das tat gut.

Der Herr benutzte die ruhige Anmut dieser ländlichen Gegend, um meine geschäftigen Gedanken zu beruhigen, so daß er mir in der Tiefe meines Geistes Heilung schenken konnte. Ich hatte meine Schuldgefühle darüber, daß ich beim Tod meiner Mutter keine Emotionen gezeigt und nicht laut gebetet hatte, verdrängt. Rein rational wußte ich freilich, daß keiner von uns irgend etwas hätte tun *können*, doch in meiner Gefühlswelt brauchte ich den Zuspruch der Vergebung. Später geschah es dann noch dreimal, jeweils bei der Geburt eines Enkels, daß diese Wehmut wieder in mir hochkam. Aber ich hatte inzwischen gelernt, wie ich im jeweiligen Augenblick mit solchen Gefühlen umgehen mußte, um Trost zu finden. Es ist so einfach: „Jesus, ich kann meinen Eltern die frohe Botschaft nicht mitteilen, doch du kannst es. Sagst du es ihnen bitte?!“

Wenn der Ehemann stirbt

Es ist natürlich, nach dem Tod eines Elternteils, der schon in die Jahre gekommen ist, eine Zeitlang zu trauern und wehmütig zu sein. Dies ist jedoch noch viel intensiver, wenn der Ehemann stirbt!

Hoffentlich hat die Individuation der Tochter ein fortgeschrittenes Stadium erreicht, d. h. sie ist mittlerweile eine eigenständige Persönlichkeit und hat sich emotional von ihren Eltern gelöst, um mit ihrem Mann ein Fleisch zu werden (vgl. 1.Mos. 2,24; Eph. 5,31; Ps. 45,11). Die Liebe und die Anteilnahme für die Eltern, kurz, die ganze Beziehung zu ihnen hat eine neue Qualität bekommen; man ist nicht mehr das kleine Kind und nicht mehr von ihnen abhängig – all das sollte inzwischen geschehen sein.

Natürlich spürt die Tochter einen großen Verlust, wenn ihre Eltern sterben. Aber sie sollte als erwachsene oder gar schon verheiratete Frau wissen, was es heißt, sie als ihre wichtigste Quelle der Unterstützung, Bestätigung und Fürsorge, als ihre Beschützer, Vertrauten und Ratgeber loszulassen. Ihr Mann ist mehr als nur ihre wichtigste Bezugsperson – er ist *ein Fleisch mit ihr*. Deshalb ist der Tod der Eltern auch viel weniger traumatisch als der Tod des Ehemannes.

Wenn Ihr Ehemann stirbt, fühlen Sie sich wie in Stücke gerissen. Sie waren Gebein von seinem Gebein und Fleisch von seinem Fleisch (vgl. 1.Mos. 2,23). So gesegnet Ihre Ehe war, so innig war auch Ihre Gemeinschaft mit ihm – auf der Ebene des Verstandes, des Herzens, des Körpers und des Geistes. Aller Glaube und alle emotionale Stärke der Welt können nicht verhindern, daß Ihr Herz blutet und Sie Schmerz empfinden.

Doch andererseits heißt es: „Glückselig die Trauernden, denn sie *werden* getröstet werden" (Mt. 5,4). „Er *heilt*, die zerbrochenen Herzens sind, er *verbindet* ihre Wunden" (Ps. 147,3). Die Heilung der Gefühle vollzieht sich in der Regel nicht auf einen Schlag. Gott respektiert, was Sie fühlen und daß Sie eine Zeitlang trauern müssen. Er weiß, daß Sie bereit sind, sich von ihm beschenken zu lassen, den geliebten Menschen gefühlsmäßig loszulassen, nach vorne zu schauen und neuen Lebensmut zu schöpfen. Er sehnt sich danach, Ihre Wunden mit dem Balsam seines Geistes zu verarzten, aber er wartet auf Ihre Einladung.

> Der Herr *sehnt sich danach, euch gnädig zu sein*; deshalb wartet er in der Höhe darauf, euch Erbarmen zu zeigen. Denn der Herr ist ein Gott der Gerechtigkeit, *gesegnet sind alle, die sich nach ihm sehnen*. (Jes. 30,18; wörtl. a. d. Engl.)

Wenn Sie Gott im Gebet einladen, drehen Sie quasi den Wasserhahn auf. Der Wasserdruck ist vorhanden, das Wasser fließt in Ihren Becher, sobald Sie den Hahn aufdrehen. Wenn Sie einen vollen Becher unter den Hahn halten und das Wasser aufdrehen, wird anfangs nichts mehr Platz haben. Wenn Sie jedoch den Becher weiter unter den Hahn halten, wird das, was vorher drin war, durch neues Wasser ersetzt werden. Genauso verhält es sich mit Ihrer Trauer.

Wenn der Becher (Ihr Innerstes) voll Trauer ist, dann warten Sie nicht, bis Sie keine Trauer mehr haben, um sich dann erst dem Herrn hinzugeben und den „Gebetshahn" aufzudrehen. Womöglich sitzen Sie lange Zeit vor Gott mit einem Becher, den Sie ihm weder zeigen noch geben wollen, und der Becherinhalt wird immer bitterer. Bieten Sie ihm jetzt den Becher an, so wie er ist, und entscheiden Sie sich dafür, darauf zu vertrauen, daß Gott sein Wasser ausgießen wird, in einem Maß und mit einer Kraft, die für Sie am besten ist.

In der Regel ist es außergewöhnlich schwierig zu beten, während die Gefühlswelt in Aufruhr ist. In solchen Zeiten fand ich Trost durch folgende Worte:

> Ebenso aber nimmt auch der Geist sich unserer Schwachheit an; denn wir wissen nicht, was wir bitten sollen, wie es sich gebührt, aber *der Geist selbst verwendet sich für uns in unaussprechlichen Seufzern*. Der aber die Herzen erforscht, weiß, was der Sinn des Geistes ist, denn er verwendet sich für Heilige Gott gemäß. (Röm. 8,26-27)

Ich möchte Sie ermutigen: Entspannen Sie sich, seien Sie Sie selbst, stehen Sie zu Ihren Gefühlen, öffnen Sie Jesus Ihr Herz, so gut Sie können, und entscheiden Sie sich, darauf zu vertrauen, daß Gott letztlich alles in der Hand hat und alles zu Ihrem Besten beitragen wird (vgl. Röm. 8,28).

Einige Leute behaupten, ein Christ solle überhaupt nie traurig sein und führen als „Bestätigung" folgende Schriftstelle an:

> Wir wollen euch aber, Brüder, nicht in Unkenntnis lassen über die Entschlafenen, damit ihr nicht betrübt seid wie die übrigen, die keine Hoffnung haben. Denn wenn wir glauben, daß Jesus gestorben und auferstanden ist, wird auch Gott ebenso die Entschlafenen durch Jesus mit ihm bringen. (1.Thes. 4,13-14)

In diesem Zitat ist nicht die Rede davon, daß wir überhaupt nie traurig sein werden oder sollen. Vielmehr heißt es hier, wenn wir begreifen, was der Tod und die Auferstehung Jesu bedeuten, werden wir nicht traurig sein wie jene, deren Hoffnung nicht Jesus ist. Wir empfinden Schmerz, wenn wir von geliebten Menschen getrennt werden. Doch das Wesen unserer Hoffnung ist die Gewißheit, daß wir eines Tages in Christus wieder mit ihnen eins sein werden. Die Trennung ist nur vorübergehend. Der Trost steht uns jedoch ständig zur Verfügung.

Die Trauer wird durch Gebet bald geheilt, doch die Wehmut wird eine Zeitlang bleiben. Sie putzen die Schränke und finden einen alten Pullover von ihm, und schon werden Sie von Tränen überrascht. Sie ziehen ihn an und tragen ihn eine Weile, weil Sie sich gut dabei fühlen. Oder eine Werbung liegt im Briefkasten, die an ihn adressiert ist. Eine Welle der Wehmut geht über sie hinweg, ja vielleicht flackert sogar kurz Zorn auf: „Wissen die denn nicht, daß er nicht mehr hier ist?"

Am Erntedankfest oder zu Weihnachten nehmen Sie sich Urlaub und fahren zum alljährlichen Familienessen. Auf einmal erinnern Sie sich an früher, als er immer an der Stirnseite des Tisches saß, und einen Augenblick lang fühlen Sie sich sehr einsam – obwohl Sie von lieben Menschen umgeben sind. Eine Zeitlang kommt diese Wehmut in Schüben immer wieder, doch das soll Ihnen nicht peinlich sein oder Sie zur Ungeduld mit sich selbst verleiten. Entschuldigen Sie sich nicht, wenn Sie weinen müssen.

Andererseits sollten Sie es auch nicht zulassen, daß Ihre Gefühle den Tagesablauf bestimmen. Würgen Sie Ihre Gefühle nicht ab, akzeptieren Sie sie still vor dem Herrn und geben Sie ihm die Herrschaft über Ihr Leben. Erinnern Sie sich dann wieder an den fröhlichen Anlaß Ihres Urlaubs und investieren Sie sich in die Gemeinschaft mit der Familie und Freunden, so gut Sie können. Das Leben geht weiter, und Gott ruft Sie auf, sich hier auf Erden so gut wie möglich einzubringen, bis er Sie zu sich ruft.

Einige machen den Fehler, zu früh nach dem Tod des Partners eine enge Beziehung zu einer neuen Person aufbauen zu wollen. Die Leere in Ihnen möchte so gerne wieder Erfüllung finden. Niemand scheint Sie in Ihrer Einsamkeit wirklich trösten zu können. Vermutlich hat sich Ihr Mann um unzählige Details des täglichen Lebens gekümmert, die für Sie ganz selbstverständlich waren: Versicherungen, Rechnungen, Autoreparaturen, Geldanlagen etc. Auch wenn Sie am Anfang noch unsicher sind, schaffen Sie es, den Herausforderungen Herr zu werden, und mit gutem Rat können sie alles bald selbst regeln. Dennoch ist es unglaublich schwierig und aufreibend für Sie, mit dieser Leere zu leben. Tagsüber kann man alles mögliche tun, um die Stunden auszufüllen, doch die Nächte sind lang, und der Fernseher kann ein deprimierender Weggefährte sein.

Auch wenn Ihre Beziehung zu Gott gut und lebendig ist, gibt es doch Bereiche, in denen nicht einmal er Sie voll und ganz zufriedenstellen kann. Sie brauchen Liebe mit Haut drumherum, Berührungen und Umarmungen.

Freunde wollen Ihnen helfen. Sie laden Sie nach wie vor zu Veranstaltungen ein, die Ihnen und Ihrem Ehemann so viel bedeuteten. Aber er ist nicht mehr da, und Sie erleben die

Gemeinschaft nun ganz anders. Sie schätzen die Liebe Ihrer Freunde und ihren Wunsch, Sie mit einzubeziehen, doch ohne ihn fühlen Sie sich unbehaglich und irgendwie nackt.

Wenn Sie nun überstürzt versuchen, in der Zeit bis zu Ihrer Heilung dieses Vakuum zwei Jahre oder länger mit irgend etwas anderem als der Gegenwart Gottes und der Unterstützung von *Freunden* zu füllen, wird Ihnen wahrscheinlich viel Leid widerfahren. Es wird Ihnen extrem schwerfallen, sich ganz und gar einem neuen Partner hinzugeben. Sie brauchen Zeit, um sich von der emotionalen Bindung an die Ein-Fleisch-Gemeinschaft mit Ihrem Ehemann zu lösen.

Immer wieder werden Erinnerungen in Ihnen hochkommen. Wenn Sie in Ihrer Ehe viel Segen und Erfüllung erlebt haben, wird es besonders schwer sein, Erwartungshaltungen abzulegen, die sich durch befriedigende, angenehme und segensreiche Erfahrungen in der Vergangenheit aufgebaut haben. Ehe Sie sich's versehen, stellen Sie vielleicht unabsichtlich Vergleiche an, die wie Urteilssprüche auf Ihrem neuen Partner lasten können. Oder, was noch schlimmer ist, solche Vergleiche können unbewußt aus verborgenen Winkeln Ihres Herzens nach oben kommen.

Was sie bisher mit Liebe assoziiert haben, was Ihnen vertraut und in Fleisch und Blut übergegangen ist, muß sterben. Soll eine neue Beziehung in eine erfüllte Zukunft führen, muß sie sich auf der Grundlage gegenseitiger Freundschaft und Kommunikation entwickeln und nicht aus Not oder Mangel heraus.

Schämen Sie sich Ihrer Tränen nicht.

Nehmen Sie sich Zeit, um Ihre Erinnerungen zu ordnen; sagen Sie dem Herrn, wofür Sie dankbar sind, was Sie bedauern, was Ihnen weh tut, worüber Sie zornig sind, wovor Sie sich fürchten und was Sie brauchen – frei von der Leber weg und ungeschönt.

Laden Sie Jesus ein, Sie zu trösten und zu heilen. Lassen Sie sich von ihm lieben.

Beten Sie mit anderen, und bitten Sie andere um Gebet.

Geben Sie den geliebten Menschen im Gebet an Gott Vater ab.

Sagen Sie ja zum Leben.

Tun Sie das, was Ihnen immer schon Spaß gemacht hat.

Verbringen Sie Zeit mit Leuten, bei denen Sie sich wohl fühlen.

Hören Sie Musik, die Ihren Geist beflügelt.

Öffnen Sie sich, um anderen zu helfen.

Erschrecken Sie nicht, wenn hie und da Emotionen in Ihnen hochkommen, und lassen Sie sich nicht davon irritieren, daß andere Leute Sie nicht verstehen. Gott kennt Ihr Herz und läßt nicht locker, bis er Ihnen Ihre Wehmut abgenommen hat.

5

Schuldgefühle und Trauer, nachdem man ein Kind verloren hat

Gottes *vollkommener* Plan wird in der Bibel klar und eindeutig wie folgt formuliert:

> Kinder sind eine Gabe des Herrn, die Frucht des Leibes ist sein Geschenk. Wie Pfeile in der Hand des Kriegers, so sind Söhne aus den Jahren der Jugend. Wohl dem *Mann*, der mit ihnen den Köcher gefüllt hat! (Ps. 127,3-5a; Einheitsü.)

Vor vielen Jahren las ich diese Worte und dachte mir: „*Wessen* Köcher ist gefüllt? Wer bringt all diese Kinder eigentlich zur Welt?“ Das war gleich nach der Geburt unseres sechsten Kindes. Unsere größeren Kinder, die das neue, rotschöpfige Familienmitglied in ihr Herz geschlossen hatten, leisteten gleich ihren Beitrag zu unserem Tischgebet: „,... und bitte, Gott, schenk' Mama noch ein Baby.“

Ich sagte zu John, von mir aus könne er gerne unsere Nummer sieben bekommen, für den Fall, daß Gott seinen Köcher noch etwas voller machen möchte. Doch nun habe ich mein Kapitel über die Gleichberechtigung der Frau in der Bibel geschrieben und gelesen und verstehe, daß mit „Mann“ auch ich als Frau gemeint bin. Heute weiß ich, daß wir beide diesem Vers zufolge Segen empfangen sollen. Und wir haben Segen in unglaublichem Maße empfangen, da unsere Kinder in unsere geistlichen Fußstapfen getreten sind und größere, schnellere und effektivere Schritte gemacht haben als wir.

Ich habe nie ein Kind verloren, jedoch die Angst kennengelernt, die man hat, wenn man eins zu verlieren droht. Loren kam sozusagen unter Drogen zur Welt, weil mir der Arzt, ohne irgend jemanden zu fragen, Äther gegeben hatte. Amys Leben begann als Eileiterschwangerschaft. Als ich mit Mark schwanger war, drohte mehrere Wochen lang ein Abgang. Johnny hatte eine ungewöhnlich lange Nabelschnur, die zum Teil auch um seinen Hals gewickelt war. Um bei Tim eine Fehlgeburt zu vermeiden, mußte ich sechs Wochen lang im Bett bleiben.

Als bei Andreas Geburt die Wehen anfingen und der Arzt die Fruchtblase öffnen wollte, kam kein Fruchtwasser. Andrea legte sich seitlich, die Nabelschnur wickelte sich um sie und ihr Herzschlag wurde immer schwächer. Der Arzt konnte sie in die richtige Position drehen und buchstäblich ans Licht der Welt *ziehen*. Besorgnis und leidenschaftliches Gebet, aber auch Erleichterung und Dankbarkeit sind mir sehr wohl bekannt. Ich kann mit Müttern fühlen, die ihr Kind verloren haben, weil ich weiß, daß ich am Boden zerstört gewesen wäre, hätte ich eines von unseren verloren, gleichgültig in welchem Stadium. Ich bin mir sicher, daß ich intensiv mit der Frage gerungen hätte: „Was habe ich nur falsch gemacht? Was hätte ich anders machen können?“

Mütter sollten nicht automatisch davon ausgehen, daß sie an einer Fehlgeburt Schuld sind

Studien belegen, daß eine von fünf Schwangerschaften mit einer Fehlgeburt endet. Drei von vier Fehlgeburten ereignen sich vor der zehnten Woche, manchmal sogar bevor die Mutter überhaupt weiß, daß sie schwanger ist. Es ist ganz natürlich, wenn eine Frau sich fragt, ob sie irgendwie für die Fehlgeburt verantwortlich ist. Dennoch sind Schuldgefühle in der Regel unangebracht.

Es kommt nicht deshalb zu einer Fehlgeburt, weil man sich mit seinem Mann gestritten hat, übermüdet ist, sich um die Finanzen Sorgen macht oder nach einem langen und anstrengenden Besuch der Schwiegermutter abgespannt ist. Auch der Lärm und das Tohuwabohu in Ihrem Haus können nicht wie eine Bombe auf Ihr Baby wirken. Und wenn das kleine Baby, das eben erst zu leben begonnen hat, gesund ist und sich richtig eingenistet hat, dann werden Sie es nicht dadurch aus seiner Welt herausreißen, daß Sie über den Teppich stolpern und hinfallen.

Die meisten Fehlgeburten haben natürliche, medizinische Ursachen

Wenn Ihnen Ihr Arzt sagt, die Natur würde versuchen, durch eine Fehlgeburt einen defekten Embryo abzustoßen, dann versucht er nicht nur, Sie aufzumuntern. Vielmehr sagt er Ihnen die Wahrheit, denn ein früher Abgang kann folgende Ursachen haben: Abnormitäten des Fötus, die ein Überleben unmöglich machen; befruchtete Eier, die sich nicht richtig entwickeln; hohes Fieber; eine gutartige Geschwulst aus Binde- und Muskelgewebe in der Gebärmutter oder eine anomal geformte Gebärmutter (in beiden Fällen hätte der Embryo zu wenig Platz, um sich entwickeln zu können). Fehlgeburten in einem späten Stadium können darauf zurückzuführen sein, daß das Baby durch eine Insuffizienz der Plazenta nicht richtig versorgt wird oder daß sich der Muttermund viel zu früh öffnet.

Gelegentlich gibt es verborgene geistliche Ursachen

Manchmal passiert es, daß Frauen, die schon mehrere Abtreibungen hinter sich haben, sich später im Leben schwer tun, ein Kind auszutragen; der Körper hat früher schon mehrmals das Signal „abtreiben" empfangen und gehorcht nun automatisch. In diesem Fall sind Vergebung und Heilung notwendig.

Wir hatten schon etliche Frauen bei uns in der Seelsorge, die als Kinder so verletzt wurden, daß sie ihr Kindsein haßten. Ausgehend von Angst und Zorn schworen sie sich bewußt oder unbewußt, nie ein Kind in eine derart schlimme und verhaßte Welt zu setzen. Als erwachsene Frauen haben sie jetzt zwar den bewußten Wunsch nach einem Baby, doch ihr innerer Computer ist darauf programmiert, ein Kind weder zu empfangen noch am Leben zu erhalten. So haben sie entweder Probleme mit der Empfängnis oder aus unersichtlichen medizinischen Gründen mehrmals einen Abgang.

Wenn Sie sich angesprochen fühlen, müssen Sie denen, die Sie schlecht behandelt haben, *unbedingt* vergeben. Der Angst, die noch tief in Ihnen steckt, muß durch wiederholte Gebete (bevorzugt von jemand anderem) um Trost, Liebe, innere Kraft und Schutz der Garaus gemacht werden. Gott hört unser Gebet schon beim ersten Mal. Doch unser inneres Wesen muß wie ein kleines Kind den Zuspruch immer und immer wieder hören, bis es endlich zur Ruhe kommt und vertrauen lernt. Danach sollte jeder eventuell vorhandene innere Schwur, kein Leben hervorbringen zu wollen, im Gebet von jemandem gebrochen werden, der weiß, was es heißt, Autorität im Namen Jesu zu haben. Mit derselben Autorität sollte man den Körper anweisen, in Übereinstimmung mit Gottes ursprünglichem Plan Leben zu empfangen und es zu erhalten.

Wenn Sie schon mehrmals die Niedergeschlagenheit nach einem Abgang erlebt haben, betrachten Sie nun vielleicht jede regelmäßige Menstruation als den Verlust eines Babys und als Anlaß zur Trauer. Wenn das der Fall ist, müssen Sie sich disziplinieren, ja zum Leben sagen, ungeachtet Ihrer Emotionen nach vorn schauen und die Heilung festhalten, die Ihnen durch das Gebet anderer zuteil wurde.

Der Bibel zufolge gibt es in einer Kultur auch einen vorherrschenden sündhaften Lebensstil, der zu einer Zunahme von Fehlgeburten führt

In Hosea 9 ist davon die Rede, daß Israel in himmelschreiender Sünde lebte, zutiefst verkommen war, nach Baal-Peor ging und sich der Schande weihte. Dazu die Verse 11 und 14: „(Das Volk) ist den Vögeln gleich, seine Herrlichkeit verfliegt. Kein Gebären, keine Schwangerschaft, keine Empfängnis ... Gib ihnen, Herr! Was wirst du geben? Gib ihnen einen unfruchtbaren Mutterleib und vertrocknete Brüste!“

In den vergangenen zwei Jahren hörten wir Berichte über den sprunghaften Anstieg von Fehlgeburten in einigen Gegenden, in denen wir lehrten. Wir leben in einer Zeit, in der der Glaube an die Absolutheit der göttlichen Gesetze ausgehöhlt und aus den Herzen vieler Christen ausradiert wird. Man nimmt Sünden auf die leichte Schulter.

Zu viele Menschen laufen ins Haus Gottes, um ihm Lobpreis zu bringen, und gehen dann wieder schnell in die Welt, um für den Rest der Woche ohne große Gewissensbisse Unzucht zu treiben und Ehebruch zu begehen. In unserer Kultur ist für viele Menschen Sex nichts Heiliges mehr. Wie selten findet man jemanden, der „sein eigenes Gefäß in Heiligung und Ehren (behält), nicht in der Brunst der Lust wie die Heiden“ (1.Thes.

4,4-5a; LÜ)! Die Worte Hoseas gelten für uns genauso wie für das Volk Israel vor mehr als 2700 Jahren.

Das heißt nun nicht notwendigerweise, daß alle, die heute eine Fehlgeburt haben, die Auswirkungen ihrer eigenen Sünden ertragen müssen. Wir sind als Gemeinschaft wie ein Leib miteinander verbunden. Wir alle ernten den Segen von der Mühe anderer Leute, aber wir ernten auch die Frucht der Sünden der Menschheit. „Denn er läßt seine Sonne aufgehen über Böse und Gute und läßt regnen über Gerechte und Ungerechte" (Mt. 5,45).

Wir alle müssen Buße tun über die sexuellen Sünden unserer Kultur sowie über unsere eigenen Vergehen und ernsthaft für Schutz und Segen für unsere Kinder beten.

Wenn Sie eine Fehlgeburt hatten, erlauben Sie sich selbst, über den Verlust zu trauern

Versuchen Sie nicht, sich mit rationalen Argumenten selbst zu trösten: „Ach, das macht nichts. Aus ihm hätte sowieso kein richtiger Mensch werden können. Das ist ja nicht dasselbe, als ob man ein Baby verliert." Ab dem Augenblick der Empfängnis war Ihr Baby eine Person. Auch wenn Sie in Ihrem Körper nie Kindsbewegungen spürten, kann der Verlust Ihre Emotionen erschüttern.

Ersticken Sie Ihre Gefühle nicht. Reden Sie mit Ihrem Mann darüber. Wenn ihm noch nicht richtig bewußt war, daß Sie schwanger waren, kann er Ihre Trauer über den Verlust vielleicht nicht nachvollziehen. Wenn er distanziert wirkt, heißt das nicht, es wäre ihm egal und auch nicht notwendigerweise, er hätte das Baby nie wirklich gewollt. Bitten Sie ihn, Ihnen zuzuhören und Sie zu trösten. Wenn er dazu nicht in der Lage ist, reden Sie mit einer Freundin, die dieselbe Erfahrung gemacht hat.

Lassen Sie Ihre Tränen heraus. Geben Sie den kleinen Menschen, den Sie verloren haben, mit Ihrem Segen an den Herrn ab, und freuen Sie sich auf eine glücklichere Zeit, wenn aus einer unproblematischen Empfängnis ein gesundes Baby werden wird. Entspannen Sie sich. Wenn Sie sich zu sehr anstrengen, diesen heißersehnten Tag zu erzwingen, werden die Spontanität und die Freude bei der sexuellen Vereinigung mit Ihrem Mann darunter leiden, und Ihre wachsende Anspannung wird eine erneute Schwangerschaft nur weniger wahrscheinlich machen.

Gott segnet bekümmerte Menschen manchmal mit einer tröstlichen Zuversicht, die ihren Glauben übersteigt

Eine Freundin erzählte mir vor kurzem ein ermutigendes Zeugnis. Sie hatte negative Erfahrungen gemacht, die sie völlig aus ihrem emotionalen Gleichgewicht gebracht hatten; so wurde sie z. B. als Person abgestempelt und abgelehnt, ein Familienmitglied starb und schließlich hatte sie auch noch eine Fehlgeburt, die all ihre Hoffnungen und Träume zunichte machte. All dies widerfuhr ihr in etwa zur selben Zeit.

Obwohl sie noch sehr jung im Glauben war, hatte sie eine lebendige Beziehung zum Herrn. Sie tat alles, was in ihren Kräften stand, um zu vergeben und Schmerz und Trauer über den Verlust aufzuarbeiten. Doch nach wie vor wurde sie von Schuldgefühlen gepeinigt, weil sie ihrem Baby nie etwas anderes hatte geben können als Schmerz und Tod. Fast vier Jahre lang kämpfte sie mit diesen Gefühlen, voller Ungeduld über ihre Unfähigkeit, alles loszulassen und zur Ruhe zu kommen.

Als sie und ihr Pastor einmal über der Sache beteten, fragte er sie, was sie zu ihrem Baby sagen würde, wenn sie könnte. „Komm, sprich aus, was Du fühlst, so als ob dein Baby jetzt hier wäre. Sag' ihm, was in dir vorgeht und was du alles mit ihm gerne erlebt hättest.“ Sie folgte der Aufforderung, und als sie weiterbeteten, schenkte Gott ihr ein klares Bild von ihrem kleinen Mädchen im Himmel und öffnete ihr die Ohren, so daß sie das Lachen ihres Kindes hören konnte. Doch nicht genug: Sie hörte, wie viele Kinderstimmen laut lachten. In dem Moment war sie in der Lage, die Trauer loszulassen, die sie so lange mit sich herumgeschleppt hatte, denn aufgrund der Bestätigung des Herrn wußte sie nun, daß ihr Kind Glück und Leben gefunden hatte und nicht Tod.

Gott möchte nicht, daß wir auf der Grundlage solcher Zeugnisse Lehrgebäude aufbauen. Er möchte auch nicht, daß wir versuchen, dies nachzuahmen, so als ob es eine Technik des Trostes wäre. Gott wird jedem seine Gabe des Trostes und der Heilung schenken, und zwar wann und wie er will.

Aufarbeitung der schmerzvollen Erfahrung einer Totgeburt

Keine liebevolle Fürsorge, keine Sympathie und kein Trost kann den Schmerz nach der Totgeburt eines Kindes völlig wegnehmen – auch wenn Jesus ganz sicher unsere Leiden getragen und unsere Schmerzen auf sich geladen hat (vgl. Jes. 53,4) und Freunde und Familienmitglieder Trost und Unterstützung schenken möchten. In all Ihrem Schmerz und Ihrer Trauer, in Ihren bohrenden Schuldgefühlen und Ihrer Angst sind Sie nicht allein, auch wenn Sie sich vielleicht unendlich einsam fühlen.

Leute, die Ihnen nahestehen, möchten Ihnen helfen, wissen jedoch nicht, ob Sie überhaupt etwas hören und annehmen wollen. Einige sind weise genug, still zu warten, Sie einfach nur lieb zu haben, sich in Sie hineinzuversetzen, Ihre Last mit Ihnen zu tragen und zuzuhören, wenn Sie sich aussprechen wollen. Andere bieten womöglich wie Hiobs Freunde Ratschläge an, die absurd und zu dieser Zeit völlig deplaziert sind: „Vergiß, was hinter dir liegt. Kopf hoch, du kannst noch ein Baby bekommen. Weine nicht, deinem Baby geht's im Himmel doch viel besser als hier." Vielleicht legt man aufgrund mangelnden Einfühlungsvermögens auch emotionale Lasten auf Sie, die Sie in diesem Augenblick unmöglich tragen können, so z. B. die Ermahnung, doch auch daran zu denken, wie es Ihrem Mann in all dem geht oder sich um die Nöte der anderen Kinder zu kümmern. Manchmal hat das Pflegepersonal auf den Entbindungsstationen göttliche Weisheit, Liebe und Sensibilität, manchmal nicht. Viele werden um dieses Thema generell einen Bogen machen, weil sie selbst nicht damit fertig werden, daß sie Ihr Baby nicht retten konnten.

Wie auch immer die Leute in Ihrem Umfeld reagieren und handeln – Ihre eigene Trauer betrifft Sie so direkt und persönlich, daß nur der Herr Sie verstehen kann. Am Anfang sind Sie vielleicht nicht einmal fähig, das anzunehmen, was er Ihnen schenken möchte. Der Schock trübt Ihre Empfindungsfähigkeit, so daß Sie Gottes Gegenwart nicht spüren; Sie sind unter Umständen nicht fähig, sich zu öffnen, um die tröstliche und hilfreiche Anwesenheit der Menschen aus Fleisch und Blut zu registrieren, die Sie besuchen kommen. Eventuell wallt Zorn in Ihnen hoch, der meistens auf die Ärzte projiziert wird, die Sie nicht gewarnt oder vorbereitet haben. Vielleicht werden Sie auch das Gefühl nicht los, daß irgend jemand einen kapitalen Fehler gemacht hat.

Sie denken immer wieder: „Warum ich?“ „Gott, warum hast du es zugelassen, daß *mir* so etwas geschieht?“ „Das ist nicht fair! Viele, die keine Kinder haben wollen, bekommen trotzdem welche. Viele mißbrauchen ihre Kinder, ja sie setzen sie sogar aus oder töten sie! Ich möchte mein Baby ja nur zum Liebhaben!“ Manchmal kommen Leute auf Sie zu, um Ihnen zu helfen, und alles in Ihnen schreit: „Laßt mich bloß in Ruhe!“ Und wenn man Sie dann gelegentlich *wirklich* in Ruhe läßt, fühlen Sie sich verlassen.

Es gibt kein Patentrezept. Den Trauerprozeß kann man weder im Eiltempo durchmachen noch verkürzen. Wenn Sie diesen Prozeß hinauszögern, indem Sie seine Notwendigkeit leugnen, unterdrücken oder überkompensieren (durch „Superglauben“ oder Willenskraft), werden Sie womöglich später von Trauer oder den zermürbenden Auswirkungen unterlassener Trauer übermannt werden.

Erlauben Sie sich selbst zu trauern. Wenn Sie eine Zeitlang emotionell am Boden zerstört sind, ist das noch lange kein Zeichen für Schwäche. Wenn Sie sich selbst erlauben zu trauern, werden Sie das tiefe Tal viel schneller hinter sich lassen.

Es ist großartig, wenn Ihr Mann mit Ihnen weinen, Sie festhalten und Ihnen vermitteln kann, daß Sie beide es gemeinsam schaffen können und werden! Ich erinnere mich noch an die Trauer meines Bruders Jerry, als er und seine Frau ihr Kind verloren. Doch unsere Kultur hat vielen Männern das falsche Selbstbild eingeprägt, daß starke Männer nicht weinen. Als Reaktion auf emotionalen Schmerz reagieren sie deshalb sehr gefaßt und wirken sachlich und nüchtern; vielleicht unterdrükken sie ihr Leid und ziehen sich zurück oder stürzen sich Hals über Kopf in Dinge, in denen sie kompetent sind, damit sie das Gefühl bekommen, alles im Griff zu haben.

Vielleicht sind sie sogar der Meinung, das, was sie tun, sei notwendig, um Sie zu unterstützen, oder um der anderen Familienmitglieder willen Stärke zu zeigen. Manch einer reagiert seine innere Anspannung an einem leblosen Objekt ab oder schreit aus dem Nichts heraus den Nächstbesten an. Wenn die

Reaktion Ihres Mannes in irgendeiner Weise Ihren Empfindungen oder Ihrer Not nicht gerecht wird, dann schließen Sie daraus nicht, er leide weniger als Sie. Auch wenn Sie sich noch so isoliert und abgelehnt fühlen, weigern Sie sich dennoch, den peinigenden Gedanken Glauben zu schenken, er könnte Sie vielleicht nicht lieben oder Sie *vorsätzlich* im Stich lassen, wenn Sie ihn am meisten brauchen.

Wenn Sie sehr deprimiert sind, nachdem Sie ein Baby verloren haben, dann sollten Sie begreifen, daß Ihr Körper gewaltige Energien freigesetzt hat, um das kleine Leben in der Schwangerschaft zu ernähren. Mit der Vorfreude auf die Erfüllung herrlicher Hoffnungen und Träume wuchs auch Ihre Begeisterung. Jetzt ist kein Baby da, dem Sie sich schenken könnten, und Ihr ganzes System zerbricht wie ein überspannter Bogen. Doch im Gegensatz zu diesem Stück Holz *werden* Sie sich wieder erheben und belastbar werden, nachdem Sie Ruhe gefunden und Ihre Trauerarbeit vollendet haben.

Wenn Sie eine Zeitlang sexuelle Probleme haben, dann machen Sie sich keine Sorgen und zweifeln Sie auch nicht an Ihrer Liebe zu Ihrem Mann. Es ist sehr schwierig, sexuelle Stimulation oder Genuß zu empfinden, wenn man deprimiert ist. Lassen Sie sich nicht beunruhigen, wenn Sie die Sexualität allmählich wieder genießen und dann auf einmal in Tränen ausbrechen. Sie müssen wissen, daß dies normal ist und dazu gehört, wenn es Schritt für Schritt wieder aufwärts geht.

Sollten Sie von Träumen geplagt werden, in denen Sie ein totes oder behindertes Kind zur Welt bringen, dann ziehen sie nicht voreilig den Schluß, dies sei eine prophetische Warnung. Vermutlich äußert sich darin nichts weiter als unbewußte, nicht verheilte Wunden, Ängste und/oder Schuldgefühle. Ängste dürfen Sie nie unterdrücken. Lassen Sie sie vielmehr an die Oberfläche kommen, wo man sich ihnen stellen und sie überwinden kann. Suchen Sie Hilfe bei Ihrem Pastor oder Seelsorger oder bei einer Freundin, die mit Ihnen über solche Dinge reden und beten kann.

Wenn Sie unbedingt noch einmal ein Baby wollen, jedoch dic Angst nicht loswerden, sie könnten es wieder verlieren, sprechen Sie ehrlich mit Ihrem Arzt über Ihre Gefühle. Finden sie Trost darin, daß er Ihre Gedanken und Ihr Herz mit *Fakten* versorgt. Erwarten Sie von ihm weder geistlichen *Rat* noch emotionale Auferbauung. Nur wenige Ärzte haben die Ausbildung oder Begabung, Ihnen wirklich beistehen zu können. Die meisten haben dafür nicht genügend Zeit, doch auf jeden Fall können sie den Ängsten, die von Fehlinformation herrühren, den Boden entziehen.

Vor einigen Jahren verloren gute Freunde von uns ein Enkelkind. Nichts wies im voraus darauf hin, daß es Komplikationen geben könnte. Die ganze Familie erlebte ein emotionales Desaster, als der kleine Junge zur Welt kam, sein Gehirn unterentwickelt war und manche Körperteile deformiert waren oder ganz fehlten. Er lebte nur ein paar Stunden. Doch in dieser Zeit schenkte ihm die Familie alles, was sie hatte. Seine Eltern liebten ihn. Seine Großeltern waren auf der Säuglingsstation, hielten ihn im Arm, wiegten ihn und sangen ihm Lieder vor. Sie erzählten ihm von Jesus.

Sein Onkel redete mit ihm und erzählte ihm Familiengeschichten. Die Frage, ob das Baby dies überhaupt begreifen könne, war irrelevant. Die Familie fütterte den Geist des Babys, den man festhalten und in lieber Erinnerung behalten wollte, mit Liebe. Als es starb, segnete sie es und entließ es zu seinem himmlischen Vater. Zwei Jahre danach brachte die Mutter ein wunderhübsches, gesundes Mädchen zur Welt.

Manchmal tröstet sich eine Mutter, die ein Kind verloren hat und dann wieder schwanger wird, mit dem Gedanken, sie würde das verlorene Kind noch einmal bekommen. Wenn man den Trauerprozeß nicht vollendet, das Kind emotional nicht losgelassen und keine Heilung empfangen hat, kann dies geschehen. Gott macht kein „Baby-Recycling“, und wenn diese Einstellung und Erwartungshaltung fortbesteht, kämpft das neue Baby womöglich ständig mit dem dumpfen Gefühl, er oder sie sei der Ersatz für jemand anderen. Solche Kinder haben wahrscheinlich immer den Eindruck, man könne sie nicht um ihrer selbst willen liebhaben.

Jedes Baby ist eine unverwechselbare Person. Die kleine Enkelin unserer Freunde ist definitiv kein Ersatz für ihren verstorbenen Bruder. Mein Bruder Jerry und seine Frau bekamen nach dem Tod ihres ersten Sohnes noch drei gesunde Jungen, von denen keiner den Erstgeborenen ersetzt. Sie alle sind verschieden, und jeder wird als einzigartiges Geschenk Gottes geliebt und geschätzt.

Wodurch wird nun dieser ganz reale, leere Fleck im Herzen der Eltern ausgefüllt? Nur die unzähligen Erweise der Liebe Gottes über einen bestimmten Zeitraum und der Glaube an die Verheißung des ewigen Lebens und das Wiedersehen mit unseren Lieben kann dies schaffen.

Der Tod eines älteren Kindes – eine traumatische Erfahrung

Der Tod eines älteren Kindes ist viel schwerer zu verwinden, da man mehr Zeit hatte, eine emotionale Bindung mit ihm einzugehen. Sie und Ihr Mann haben sich jahrelang investiert und zahllose, kostbare und zärtliche Augenblicke mit Ihren Kindern erlebt. Sie haben gemeinsam gespielt, gearbeitet, gelacht und geweint. Immer und immer wieder waren Sie Ihrem Kind nahe, wenn es sich das Knie aufschlug oder verletzt fühlte. Bei Fehlschlägen spendeten Sie Trost, Erfolge wurden gebührend gefeiert.

Bei vielen wichtigen familiären Entscheidungen stand das Wohlergehen der Kinder im Mittelpunkt. Aufgeregt erlebten Sie die Entwicklung jedes Kindes mit und waren voller Erwartung, welche Fähigkeiten es wohl haben würde. Sie haben das Gefühl, daß Sie selbst erst dann wirklich wissen, was leben heißt, wenn Ihre Kinder das Maximum des Möglichen erreichen. Es ist nicht so, daß Sie *durch* das Leben Ihrer Kinder erst leben würden, doch wenn Sie miterleben, wie Ihre Söhne und Töchter wachsen und gedeihen, wird Ihr Innerstes befreit, um zu tanzen, zu singen und eine ganz besondere Freude zu genießen. Sie freuen sich für sie und für die Menschen, die sie ansprechen werden. Die Wurzeln Ihrer Kinder reichen so tief in Ihr Herz, daß Ihnen große Gewalt angetan wird, wenn der Tod eines von ihnen entwurzelt.

Wie Sie die Reaktion Ihres Mannes verstehen und bewältigen können

Ich erwähnte bereits, daß Männer über eine Fehlgeburt oft nicht richtig trauern können, weil ihnen die Schwangerschaft noch nicht wirklich bewußt war. Sie wußten zwar, daß Sie schwanger waren, konnten jedoch das Kind noch nicht so erleben und spüren wie Sie. Sie empfanden die Schwangerschaft mehr wie eine Idee, eine Hoffnung, einen Traum, der durch einen anderen ersetzt werden kann. Wahrscheinlich zeigt Ihr Mann seine Enttäuschung, und wenn er sensibel ist, hat er Verständnis für die Reaktion seiner Frau, ja kann sich vielleicht sogar in sie hineinversetzen.

Man kann jedoch von ihm nicht erwarten, daß er den Tod eines Menschen, den er nie sah oder in Händen hielt, so empfindet wie Sie. Derselbe Mann kann sich jedoch wirklich über die Totgeburt eines Kindes grämen (ob er dies nun zeigen kann oder nicht), besonders, wenn er gemeinsam mit seiner Frau an dem freudigen und wundervollen Entwicklungsprozeß des Babys teilgenommen hat – wenn er seinen Herzschlag hörte und seine Hand auf den dicken Bauch legte und das kleine Kind im Mutterleib segnete. Dennoch hatte er noch nicht die Gelegenheit, dieselbe Bindung mit dem Kind einzugehen wie seine Frau.

Wenn ein älteres Kind stirbt, durchlebt Ihr Mann dieselbe tiefe emotionelle Qual wie Sie als Mutter. Er hatte ja auch schon Zeit, mit dem Kind eine Bindung einzugehen, und spürt somit, daß ein Teil von ihm weggerissen wurde. So wie Sie plagen ihn Frustration und Schuldgefühle, daß niemand etwas dagegen tun konnte. Sie konnten Ihr Kleines nicht vor der todbringenden Krankheit oder dem Unfall bewahren. Immer und immer wieder schwappt eine Welle von Gedanken über Sie hinweg, was Sie Ihrem Kleinen gerne noch gesagt und für ihn getan hätten.

Wenn Sie beide Ihre Trauer teilen, einander trösten und füreinander beten können, wird Ihre Beziehung automatisch enger werden. Doch erstarrt einer von Ihnen, weil er nicht in der Lage ist, seine Empfindungen mitzuteilen oder über seinen Schmerz zu sprechen und sich deshalb in die Isolation flüchtet, muß der andere gegen Gefühle von Ablehnung und Verlassenheit ankämpfen, die ihn zu überwältigen drohen. Unter Umständen kann sich eine Kluft zwischen Ihnen beiden auftun, die sich zusehends schwieriger überbrücken läßt.

Wie gesagt, haben Männer in unserer Kultur Frauen gegenüber einen Nachteil, was die ungehinderte und gesunde Äußerung von Gefühlen betrifft. Wenn sich einer von Ihnen zurückzieht, dann höchstwahrscheinlich Ihr Mann. Schauen Sie deshalb hinter die Fassade und widerstehen Sie dem Gedanken, seine Verschlossenheit sei ein Zeichen dafür, daß er Sie als Person ablehnt und im Stich läßt. Soweit Sie dazu in der Lage sind, bedenken Sie mit der Hilfe Gottes folgendes:

> Reagieren Sie nicht nach demselben Prinzip wie er; wenn zwei Leute sich zurückziehen, wird die Kluft nur noch größer.
>
> Klagen Sie Ihren Mann nicht an, und manipulieren Sie ihn nicht.
>
> Suchen Sie sich um Ihrer selbst willen (Sie sind verletzbar) eine Freundin, die „dichthält" oder einen Seelsorger, mit dem Sie reden und beten können.
>
> Beten Sie dafür, daß der Geist Ihres Mannes stark genug ist, um zu seinen Emotionen zu stehen, sein Herz zu öffnen, Sie hineinzulassen und mit Ihnen zu sprechen.
>
> Beten Sie dafür, daß der Herr Ihre Bedürfnisse stillt, und bringen Sie jeden Erwartungsdruck ihrem Mann gegenüber zum Tod ans Kreuz.
>
> Geben Sie Ihrem Mann körperliche Nähe, sanft und sensibel, so oft er es zuläßt. Wenn er Sie abweist, müssen Sie verstehen, daß er dies aus der Angst heraus tut, er könnte die Kontrolle verlieren. Treten Sie einen Schritt zurück, beten Sie leise für ihn und versuchen Sie es später noch einmal. Beten Sie dafür, daß er Ihre Nähe als Trost und Segen empfindet und darin eine *Einladung* sieht.

Wenn Sie am liebsten zu ihm sagen würden: „Verstehst du wirklich nicht ...?" „Weißt du etwa nicht, daß ...?" „Warum kannst du nicht endlich ...?", dann beißen Sie sich auf die Zunge und sagen lieber etwas wie: „Du leidest auch, oder? Ich versteh's ja." Sensible, liebevolle Beharrlichkeit, die dem anderen Mut zuspricht, ist eine – wenn auch nicht garantiert – tragfähige Brücke, auf der man die Kluft überschreiten kann, die sich durch Trauer, Schmerz und Angst aufgetan hat.

Sich so diszipliniert wie eben beschrieben zu verhalten ist nicht leicht, wenn das eigene Herz blutet. Sie werden einfach das Gefühl nicht los, daß Ihr Mann ja eigentlich der Priester der Familie sein sollte. Er sollte sich um Sie kümmern und zu Ihren Gunsten die Initiative ergreifen. Eine andere Rollenverteilung scheint alles andere als fair zu sein. Warum sollten ausgerechnet Sie „stark" sein?

Es ist ganz natürlich, daß Sie so empfinden, doch wenn Sie diese Gefühle festhalten, ihnen Raum geben und sich an ihnen weiden, so als ob Sie damit die Kluft zwischen Ihnen beiden auffüllen wollten, fallen Sie womöglich in tiefe Depression. Wenn dies einmal geschehen ist, wird es viel schwieriger, sich wieder aufzurappeln. Gott wird Ihnen Kraft schenken, wenn Sie versuchen zu vergeben, Heilung zu bringen, zu segnen und mit Ihrem Mann in Liebe auf den Punkt zu kommen. Doch wenn Sie sich dafür entscheiden, Zorn, Bitterkeit, Selbstmitleid oder Anklage festzuhalten oder als Angriffs- bzw. Verteidigungswaffe zu gebrauchen, wird er sie dazu nicht mit Kraft ausstatten.

Wie Sie Ihre eigenen Reaktionen besser einschätzen können

Angenommen, Sie weinen im Laufe des Trauerprozesses pausenlos und unkontrolliert. Sie begreifen nicht, was mit Ihnen los ist. Sie versuchen, sensibel und liebevoll auf Ihren Mann zuzugehen, doch wenn Sie in Ihrem emotionellen Durcheinander stecken, scheint dies unmöglich zu sein. Je emotioneller Sie werden, desto mehr zieht er sich von Ihnen zurück. Sie fühlen sich seltsam, wie eine Fremde, ja sogar sich selbst fremd; allmählich steigt in Ihnen die Angst hoch, das alles könnte in einem Nervenzusammenbruch enden.

Diese Situation veranschaulicht die dynamische Wirkungsweise von mindestens zwei Prinzipien: Im zweiten Kapitel sprach ich darüber, wie sich eine Frau aufgrund der „Ein-Fleisch-Beziehung" unbewußt mit ihrem Mann identifiziert: Sie durchlebt die Emotionen, die er nicht ausdrücken kann; sie trägt die Lasten, über die er nicht spricht; sie weint die Tränen, die er nicht weinen kann. Wenn Eltern ein Kind verlieren und der Vater sich daraufhin in die Isolation zurückzieht, gelähmt durch große ungetrauerte Trauer, und voller Furcht davor, sich irgend jemandem mitzuteilen, trägt vermutlich die Frau die Last und weint für beide.

Das zweite dynamische Prinzip, das hier am Werk ist, nennen mein Mann John und ich das „Ausgleichsprinzip“: Wenn ein Partner außerordentlich gesprächig ist, wird der andere immer ruhiger. Wenn der eine die Disziplin der Kinder auf die leichte Schulter nimmt, neigt der andere zu übermäßig harter Züchtigung. Wenn einer von beiden bis zum Leichtsinn abenteuerlustig ist, entwickelt der andere eine Vorsicht, die man als Feigheit deuten könnte.

Wir wurden dazu geschaffen, uns in unserer Verschiedenartigkeit zu ergänzen, aufzuerbauen und zu stärken. Doch wenn wir bestimmte Bereiche unserer Persönlichkeit Gott noch nicht ausgeliefert und darin noch keine Befreiung gefunden haben, stehen wir noch zu sehr unter der Knute alter Gewohnheiten. Anstatt einander zu segnen und Erfüllung zu schenken, werden wir uns dann gegenseitig in Extreme treiben.

Wenn der Mann seinem Schmerz und seiner Trauer nicht ungehindert Ausdruck verleihen kann, wird seine Frau vermutlich ins andere Extrem gehen und die Last und Macht des Grams zweier Menschen tragen. Sie kann nicht begreifen, weshalb sie auf einmal so emotionell reagiert und fast die Selbstbeherrschung verliert. Doch sie versucht nur, das Gegengewicht zu ihrem Mann herzustellen und für seine mangelnde Trauer mitzutrauern.

Wenn Sie sich darin wiederfinden, was können Sie dagegen tun? Erkennen Sie, welche Prinzipien am Werk sind. Hören Sie auf, sich um Ihr seelisches Gleichgewicht zu sorgen. Erzählen Sie alles dem Herrn. Bringen Sie *die ganze* Last vor ihn, lassen Sie sie los und gehen Sie Ihren Tätigkeiten nach wie zuvor. Tun Sie das immer und immer und immer wieder, bis das kein Problem mehr darstellt.

Dabei gibt es, wie bei jedem Verlust, eine gewisse Reihenfolge der Trauerphasen: Leugnung der Realität, Zorn und Schuldgefühle, Depression, Annahme der Situation und schließlich Heilung. Wir müssen wissen, daß Gott uns liebt, um diese natürliche Abfolge der Trauerphasen mit dem Beistand seiner Gnade durchlaufen zu können.

Worin findet man letztendlich echten Trost, wenn ein Kind stirbt?

Charlies Leben

Mein kleiner Cousin Charlie war wirklich ein besonderes Geschenk Gottes. Er war ein hübscher kleiner Junge, außerordentlich scharfsinnig, mit einem fröhlichen, überschwenglichen Wesen und einer Lebensfreude, die die ganze Familie inspirierte. Ich erinnere mich noch genau an seine weichen, blonden Locken und seine blauen Augen, an sein frohes, unterhaltsames Geplauder, seinen besonderen Humor und seine leidenschaftlichen Umarmungen.

Er liebte die Geschichten, die ihm andere Familienmitglieder vorlasen, und hatte die meisten wortwörtlich auswendig gelernt. Er sang sehr gern und konnte den Ton gut halten. Seine Lieblingslieder waren die aus der Sonntagsschule. Wenn er „Jesus loves me, this I know" („Jesus liebt mich, das weiß ich gewiß") sang, wußten wir, daß er in der Tiefe seines Herzens die Wahrheit dieser Worte erkannt hatte.

Bevor Charlie in den Kindergarten kam, mußte er ins Krankenhaus und sich die Mandeln herausnehmen lassen – eine problemlose Angelegenheit, möchte man meinen. Doch irgend etwas lief schief, und wir fanden nie heraus, was. Irgend jemand meinte einmal, er sei vielleicht gegen das Narkosemittel allergisch gewesen.

Der kleine Charlie starb. Doch bevor er starb, hinterließ er uns ein wunderbares Andenken an ihn, ein Geschenk, das symbolhaft widerspiegelte, wie sehr er uns zum Segen geworden war. Seine Eltern waren bei ihm, als er aus der Narkose aufwachte. Er sagte zu ihnen: „Es tut mir leid, aber ich kann heute nicht für euch singen."

Charlies Vermächtnis

Hierzu eine biblische Geschichte, die für sich selbst spricht:

> Und sie brachten Kinder zu ihm, damit er sie anrührte. Die Jünger aber fuhren sie an. Als aber Jesus es sah, wurde er unwillig und sprach zu ihnen: *Laßt die Kinder zu mir kommen! Wehret ihnen nicht, denn solchen gehört das*

Reich Gottes. Wahrlich, ich sage euch: Wer das Reich Gottes nicht aufnimmt wie ein Kind, wird dort nicht hineinkommen. *Und er nahm sie auf seine Arme, legte die Hände auf sie und segnete sie*. (Mk. 10,13-16)

Abtreibung: Von Schuld zu Vergebung zu Freiheit zum Segen

Wir leben in einer verrückten, chaotischen und sündhaften Welt, in der tausende von Menschen, die kaum sich selbst ernähren können, Babys zur Welt bringen, die schließlich an Unterernährung sterben; die Mütter sind am Boden zerstört und können nichts dagegen tun. Viel tragischer ist jedoch der Mord an Millionen von Babys im Leib von Müttern, die für ihre Nachkommen sorgen *könnten*, sich jedoch dagegen entscheiden. Einige reagieren überstürzt und aus Angst, weil sie keine Alternative sehen, und sind später zutiefst traurig über diesen Schritt.

Andere nehmen den Kindern, die sie aus Gründen der Bequemlichkeit getötet haben, alle menschlichen Attribute, um ihr Verhalten zu rechtfertigen und ihre Schuld zu leugnen. Ihnen ist offensichtlich nicht klar, daß sich „Fötus“ zwar mehr wie ein „Ding“ *anhört*, jedoch im Grunde nichts anderes als das lateinische Wort für „Baby“ ist. Auch wenn sich viele Frauen nach einer Abtreibung anfangs erleichtert fühlen, fordern unterdrückte Schuldgefühle und Trauer, der man keinen Raum gibt, einen hohen Tribut in Form von Krankheiten und nervösen Störungen, die den Frauen drastisch vor Augen führen, wie sehr sie Heilung brauchen.

Sie können geheilt werden. Vergebung zu empfangen ist eine natürliche Folge von Buße und Grundlage für die Heilung, die Gott *sehnlichst* schenken möchte. Doch Buße ist der Schlüssel, Buße darüber, daß man ...

... dem Druck eines anderen nachgegeben hat, man müsse das ungewollte Kind loswerden.

... der Lüge geglaubt hat, es sei in Ordnung gewesen und man habe die Tat mit besonderen Lebensumständen rechtfertigen können.

... keine Scherereien haben wollte.

... sich für die Annehmlichkeit, für das eigene Ich und nicht für das Leben des Babys entschieden hat.

... die Verantwortung, ein Kind großzuziehen, scheute, oder sich zu jung dafür hielt.

... die Peinlichkeit einer außerehelichen Schwangerschaft verbergen wollte.

... (welche Gründe auch immer man hatte) sein eigenes Kind *umgebracht* hat.

Es hört sich sehr grob an, wenn man es so formuliert, doch Sie werden erst dann frei werden, wenn Sie in Ihrer Buße Abtreibung wie Mord behandeln. Die Schuld ist wie eine Klette. Erst wenn Sie sie zugeben, können Sie Vergebung empfangen. Schuld ist nicht dasselbe wie Verdammnis. Mord ist nicht die Sünde, für die es keine Vergebung gibt. Wer die Tat mit Vernunftgründen herunterspielt, wird immer der Knecht verborgener Schuld und zwanghafter Rechtfertigung bleiben. Wer weiß, daß ihm vergeben wurde, ist wirklich frei, um unbelastet weiterleben zu können.

Viele Frauen kamen zu John und mir mit der Last einer früheren Abtreibung. In der Regel legen wir keinen Wert darauf, daß die Ratsuchenden etwas Emotionelles erleben. Doch wir wissen, daß die Frauen bei einer Abtreibung ihr Baby irgendwie „entmenschlichen" mußten, um es töten zu können (indem sie es als „Fötus" oder „Zellhaufen" bezeichneten), und lange Zeit systematisch die Realität leugneten. Aus diesem Grund müssen sie sich jetzt erlauben, echte Gefühle über den Tod ihres Kindes zu haben. Deshalb geben wir folgende Denkanstöße:

Fragen Sie sich (oder Gott), ob das Baby ein Junge oder ein Mädchen gewesen wäre.

Welchen Namen hätten Sie ihm gegeben?

Wie hätte es vielleicht ausgesehen?

Was wäre aus ihm geworden? Was hätte es in seinem Leben bewerkstelligt?

Manche Frauen, die über diese Fragen nachdachten, fanden die überraschende und herzzerreißende Realität in Träumen, Visionen oder dem „Wissen" tief im Herzen. Fast alle fingen an zu schluchzen und beweinten ihr totes Kind. „Denn die Betrübnis nach Gottes Sinn bewirkt eine nie zu bereuende Buße zum Heil; die Betrübnis der Welt aber bewirkt den Tod" (2.Kor. 7,10). Mit den Tränen kommt Reinigung und Heilung; mit der Vergebung kommt Genesung und ein neues Selbstwertgefühl.

Kinder sind ein Geschenk Gottes, kein passendes „Zubehör"

Auch wenn die meisten unserer Kinder überraschend und nicht gerade zu „günstigen" Zeiten kamen, kämpfte ich mit all meiner Kraft darum, sie nicht zu verlieren. Die kalte, menschenverachtende Logik der Welt hätte uns weisgemacht, wir könnten sie uns gar nicht leisten, doch irgendwie hatten John und ich eine so überwältigende Liebe für sie, daß wir sie unbedingt haben und im Arm halten wollten. Mit Gottes Gnade schafften wir die Universität und das theologische Seminar, konnten wir unsere Kinder ernähren, ihnen Kleidung kaufen, sie auf die Schule schicken und unsere Rechnungen bezahlen; unser Leben für Familie und Dienst war stets bereichernd, inspirierend, erfüllt und machte viel Spaß. Preis sei Gott für den Köcher voller Pfeile, den er uns geschenkt hat!

6

Wenn man zu viele Impulse auf einmal verarbeiten muß

Gerade eben gab ich zu viele Befehle auf einmal in meinen Computer ein; er war jedoch vernünftig genug, nicht auf alle gleichzeitig zu reagieren. Er blockierte völlig und tat überhaupt nichts mehr. Dann schaltete ich ihn kurz aus, startete ihn neu und gab einen Befehl nach dem anderen ein. Ich habe mir schon oft gewünscht, der Computer in unserem Inneren würde bei einer Überlastung genauso schnell blockieren und nach einer Zeit der Ruhe und Besinnung auf richtige, neue Signale gehorsam reagieren.

Wenn wir unsere geistigen, emotionalen und geistlichen „Schaltkreise" ständig überlasten, ohne uns ausreichend Zeit zu nehmen, diesen Wust an Information zu sortieren, nach Wichtigkeit zu ordnen, zu verarbeiten und im Gebet vor Gott zu bringen, werden wir verwirrt. Gehen wir dann gleich einen Schritt weiter und geben den Befehl „Drucken", kommt ein heilloses Durcheinander dabei heraus, das völlig ungeeignet ist, unseren Mitmenschen unsere Anliegen sinnvoll zu vermitteln.

John und ich hatten einen sehr großen Garten. Das größte und schönste Gemüse weit und breit kam aus diesen 3500 Quadratmetern fruchtbarem Boden. Immer wieder blieben Passanten stehen, um seine Pracht zu bewundern, und einige sprachen sogar ihren Segen darüber aus. Ich war so dankbar für den unglaublichen Reichtum an Obst und Gemüse aus dem Garten und dachte, ich sei auf umfangreiche Einmach- und Einfrieraktionen gut vorbereitet. Doch als John sich durch seine wachsende Begeisterung inspiriert fühlte, immer wieder gewaltige Gemüseberge auf Anrichte und Küchentisch abzuladen, war es mit meiner Dankbarkeit bald vorbei. Anstatt mir vorzustellen, wie schöne, farbige Gläser mit reichlich Vorrat für den Winter ein Regal nach dem anderen füllten, kam es mir vor, als würde ich unter den rasch wachsenden Bergen von Karotten, Tomaten, Mais und Bohnen ersticken! Ich hatte keinen Platz mehr zum arbeiten, und da ich die ganze Arbeit auf einmal vor mir sah, war ich drauf und dran zu kapitulieren!

Meine ersten Einwände hatten offensichtlich einen bestimmten emotionalen Unterton; John schloß daraus, ich würde seinen Eifer nicht schätzen und mich weigern, die nötigen Anstrengungen zu unternehmen, um die kostbaren Schätze aus seinem Garten haltbar zu machen. Ich gewann, glaube ich, die Überzeugung, daß er meinen Standpunkt überhaupt nicht nachvollziehen konnte. Wir wären weitab der Wahrheit in einem Strudel von Gefühlen versunken, hätten wir uns nicht an der Nase gepackt, gemeinsam gebetet, alles mit gesundem Menschenverstand aussortiert und uns dafür entschieden, uns in gegenseitiger Hochachtung die Empfindungen des anderen anzuhören und zu akzeptieren.

John sah schließlich ein, daß es besser wäre, alles auf der Veranda aufzutürmen und mir lediglich soviel in die Küche zu bringen, wie ich auf einmal bewältigen konnte. Voller Freude arbeitete ich weiter – eins nach dem anderen (wobei er mir sehr bereitwillig half).

Vor etlichen Jahren sprach mich jemand nach einer Konferenz in Cincinnati (Ohio) an, wo John und ich darüber gelehrt hatten, was wir für die einfachsten Grundlagen biblischer Seelsorge hielten.

„Das war absolut phantastisch und mehr, als ich erwartet hatte! Doch zum ersten Mal gab man mir mit einem Feuerwehrschlauch zu trinken!“

„Und wie fühlen Sie sich dabei?“ fragte ich. „Müssen Sie jetzt vielleicht aufstoßen?“

„Ich weiß es nicht. Ich befürchte nur, daß ich mir nicht alles merken kann.“

„Versuchen Sie bloß das nicht. Gehen Sie nach Hause und tun Sie etwas, was Ihnen Spaß macht und nichts Hochgeistliches. Entspannen Sie sich. Alles wird an den rechten Fleck rutschen und Sie werden sich daran erinnern, wenn Sie es brauchen. Sie brauchen sich nicht abzustrampeln. Wenn es wichtig war, wird Gott es Ihnen wieder in Erinnerung rufen.“

„Gut!“

Für die Person war mein Rat eine willkommene Erleichterung. Die Aufforderung, sich zu entspannen und alles setzen zu lassen, fand keinerlei Widerstand, weil ihre Befürchtung lediglich eine Reaktion auf zu viele positive Signale war. Doch wenn negative Impulse wie durch einen Feuerwehrschlauch auf jemanden niederprasseln, tut sich der Empfänger sehr schwer, dem Rat „Legen Sie vorerst mal alles beiseite“ zu folgen. Für ihn hört sich „loslassen“ an wie eine Aufforderung zu verantwortungslosem Handeln oder klingt nach Irrsinn und Vernichtung.

Was sind Gefühle und welchen Platz haben sie?

Für die meisten Menschen repräsentieren Gefühle oft fälschlicherweise objektive Realität. Sie begreifen nicht, *daß unsere persönlichen Gefühle nur etwas mit unseren subjektiven Erfahrungen, Deutungen und Reaktionen zu tun haben*; daß unser Erfahrungsspektrum begrenzt ist, unsere Deutungen gefärbt sind und unsere Reaktionen von dem, was bereits in unserem Herzen ist, nachhaltig beeinflußt werden (z. B. von zermürbenden Mehrfachbelastungen, bisher ohne Aussicht auf Erleichterung oder Heilung oder vielleicht sogar von Erfahrungen aus frühester Kindheit).

Was habe ich gegessen? Wie gut habe ich geschlafen? Welche Jahreszeit haben wir? Hat mich mein Mann gerade eben erst liebevoll geküßt? Wie oft läutete das Telefon, während ich versuchte, das Abendessen zu machen? All das und vieles mehr schlägt sich auf unsere Emotionen nieder.

Fordert man Leute, insbesondere Frauen, die von negativen Gefühlen tyrannisiert werden, auf, sich eine Zeitlang auf etwas anderes zu konzentrieren, damit sich die emotionellen Wogen glätten und zeitliche und räumliche Distanz eine ausgewogenere Sicht der Situation schenken können, wird einem wahrscheinlich unterstellt, man lehne sie ab: „Du verstehst mein Problem nicht.“ „Du nimmst mich nicht an, so wie ich bin.“ „Du hast meine Sicht der Dinge in Frage gestellt.“ „Du respektierst meine Gefühle nicht.“ Die Folge: Unser Gegenüber fühlt sich verletzt.

Jene Leute haben ihre persönlichen Empfindungen zur *Wahrheit* hochstilisiert, die sie verteidigen, hegen und pflegen, und deshalb auch leicht von ihnen gefangengenommen werden. Rät ihnen jemand, sich erstmal zu entspannen, weil die Situation ein derartiges emotionelles Engagement doch gar nicht rechtfertige, fühlen sie sich oft angeklagt: „Du meinst also, ich solle mich nicht aufregen?!" „Würdest du etwa nicht in die Luft gehen, wenn dir so was passieren würde?!" „Willst du damit sagen, bei mir stimmt etwas nicht?!"

Unter diesen Voraussetzungen bleiben nur zwei Alternativen übrig: Man kann sich einerseits verkriechen oder seine Gefühle leugnen, sie noch dazu unterdrücken und sich in ihnen suhlen; andererseits kann man den Gefühlen viel Raum geben, auf ihnen beharren, an ihnen hartnäckig festhalten und – sich auch in ihnen suhlen! In der Regel tut man letzteres. Doch auch wenn man sie leugnet, ist es nur eine Frage der Zeit, bis der Druck des Verdrängten so groß wird, daß eine Explosion unausweichlich ist. Hat man sich lang und breit in den Gefühlen gebadet, wird die Explosion um so stärker; hätte man hingegen den Gefühlen keinen Glauben geschenkt und ihnen nicht nachgegeben, wäre mit der Zeit das Gleichgewicht wiederhergestellt worden und man wäre zur Ruhe gekommen.

Nur wenige Menschen, die ihre Gefühle über alles andere stellen, können sie mit Erfolg in Zaum halten; doch jene, die in der Lage sind, ihre Emotionen einfach „abzuschalten", verlieren dabei oft auch die Fähigkeit, gute Gefühle als Bestandteil echter Lebensfreude zu genießen. Ob man nun positiven oder negativen Empfindungen das Wasser abgräbt – beide Wege können in die Depression führen.

Jeder Mensch hat Gefühle; entscheidend ist jedoch, wie man damit umgeht

Wir sollten unseren Gefühlen ein Lebensrecht zugestehen. Auch wenn sie nur selten ein Spiegel der objektiven Wahrheit sind, liefern sie hilfreiche Informationen darüber, was in unserem Herzen vorgeht. Wir kommen jedoch in Schwierigkeiten, wenn unser Verstand seine Entscheidungen einzig und allein auf der Grundlage von Gefühlen trifft. Es war nicht vorgesehen, daß die Regungen unseres Herzens unseren Sinn regieren und unsere Handlungen diktieren.

> Denn *von innen aus dem Herzen* der Menschen kommen die bösen Gedanken hervor: Unzucht, Dieberei, Mord, Ehebruch, Habsucht, Bosheit, Arglist, Ausschweifung, Neid, Lästerung, Hochmut, Torheit; alle diese bösen Din-

ge kommen *von innen heraus* und verunreinigen den Menschen. (Mk. 7,21-23)

Vielmehr sollen wir im „Geist unserer *Gesinnung erneuert* werden“ (vgl. Eph. 4,23), damit wir mit unserem erneuerten Denken unser Herz anweisen können, wie es mit unseren Emotionen umgehen, wie es sich verhalten und wie es „... den neuen Menschen (anziehen soll), der nach Gott geschaffen ist in *wahrhaftiger* Gerechtigkeit und Heiligkeit“ (Eph. 4,24).

John und ich hatten diese Prinzipien jahrelang gelehrt und dabei stets gemeint, wir würden sie begreifen. Doch was wir damals nur im Kopf verstanden hatten, hat sich nun in unseren Herzen um so mehr gefestigt.

Es gibt Zeiten, in denen das Hochwasser kommt – die Flut stößt an unser Haus, um unser Fundament zu prüfen (vgl. Lk. 6,48)

Vor einigen Jahren kamen John und ich nach langen und anstrengenden Dienstreisen nach Hause und hofften, endlich ein wenig Ruhe zu finden. Statt dessen wurden wir Schlag auf Schlag mit den bis dato schlimmsten emotionellen Streßsituationen überhaupt konfrontiert: Zunächst fanden wir heraus, daß einer unserer Schwiegersöhne unsere Enkelin mißbraucht hatte. Sie war daraufhin einem klassischen Fluchtmechanismus verfallen, der es in jener Phase so gut wie unmöglich machte, an sie heranzukommen. Nicht nur sie hatte die Fähigkeit, Menschen zu vertrauen, verloren; auch unsere Tochter konnte ihrem Mann nicht mehr vertrauen.

Unsere Tochter hatte sich als standhaft erwiesen und sich immer wieder angestrengt, einem Mann zu vergeben, der auch in anderen Bereichen nach wie vor ihr Vertrauen zu ihm mißbrauchte. Mal wollte sie darauf wie ein verstörtes, verletztes Lamm reagieren, mal wie eine zornige Bärin – sie rang darum, ihre Gefühle in Zaum zu halten. Schließlich erkannte sie, daß sie sich von ihrem Mann scheiden lassen und alles daran setzen mußte, den Rest ihrer Familie zusammenzuhalten.

Ein Enkel war noch zu jung, um die Hintergründe zu verstehen. Er war einfach nur traurig und weinte um seinen Vater. Der andere Enkel begriff für sein Alter mehr als genug, und man konnte ihn nicht davon abhalten, zuviel emotionale Verantwortung für die Familie zu übernehmen. Er war Diabetiker; der Streß brachte seinen Insulinhaushalt durcheinander, er mußte ins Krankenhaus und mehrere Wochen auf der Intensivstation liegen.

John und ich entdeckten, daß wir zu starken Emotionen fähig waren, wie wir sie vorher noch gar nicht gekannt hatten. In der Seelsorge hatten wir uns zwar immer in die Ratsuchenden hineinversetzen und uns mit ihnen identifizieren können. Aber es war niederschmetternd und auch demütigend zu erkennen, daß unser Haß genauso groß wie unsere Liebe sein konnte, ja daß wir sogar Mordgedanken hegen konnten!

Eine unglaubliche Portion Gnade, Gebetsdisziplin und jedes Fünkchen Energie in uns waren erforderlich, um die notwendigen Entscheidungen zu treffen und Vergebung auszusprechen (Mt. 6,14-15), und zwar nicht nur einmal, sondern immer und immer wieder, für eine längere Phase, in der alles zusehends schlimmer wurde. Unser Glaube wurde sehr beansprucht, als wir uns fortwährend davon überzeugen mußten, daß der Herr selbst einem solchen Schlamassel noch eine gute Seite abringen könne. Obgleich sein Werk noch nicht zu Ende ist, verwandelt er nach wie vor, Stück für Stück, im Leben aller betroffenen Personen Asche in Schmuck (vgl. Jes. 63,1; LÜ). Wir sind ihm ungemein dankbar dafür.

Zur selben Zeit wurden wir und unser Dienst von einem Angestellten in leitender Position, der damals noch dazu ein enger Freund von uns war, hintergangen (durch krasse Sünden, über die er keine Buße tat). Wir mußten ihn entlassen. Ein paar Leute in der Gemeinde vor Ort begriffen die Hintergründe nicht und gingen wegen dieser Sache auf uns los. Wir hatten nun mit noch mehr Gefühlen zu kämpfen und mußten uns mit Entschlußkraft und Selbstüberwindung dazu aufraffen, Vergebung auszusprechen.

Zu jener Zeit kam unser damaliger Verleger seinen Zahlungsverpflichtungen nicht nach; wir und viele andere Autoren mußten auf ihre Tantiemen warten. Der Buchhalter des Verlegers sagte, wir bekämen noch 31.000 Dollar, was jener jedoch leugnete! Wir fanden einen anderen Verleger. Noch mehr Gefühle. Noch mehr Entscheidungen. Noch mehr Gebet auf Knien.

In diesen Monaten wurde noch dazu ein Buch außerordentlich populär, dessen Autor fast jeden Dienst attackierte, der irgend etwas mit Heilung zu tun hatte. Seine Art der Argumentation war schlichtweg eine Katastrophe! Wir und andere wurden total falsch dargestellt und zitiert. Doch zu unserer Enttäuschung hatten viel zu viele Leser nicht genügend Informationen, um die Irrtümer des Autors hinterfragen zu können, oder sie waren wegen mangelnder Unterscheidungsfähigkeit nicht in der Lage, hinter die Kulissen zu schauen. Der christliche Buchmarkt wurde durch diese Sache ganz allgemein in Mitleidenschaft gezogen.

Neben den Büchern, die noch direkter und ungerechtfertigter angegriffen wurden, gingen auch die Verkaufszahlen unserer Bücher, die vorher Bestseller waren, eine Zeitlang um zwei Drittel zurück. Doch am meisten hatten wir mit dem Schmerz und der Traurigkeit darüber zu kämpfen, daß sich nun so viele Menschen nicht mehr trauten, überhaupt bei irgend jemandem Hilfe zu suchen, weil sie Angst davor hatten, in etwas abzugleiten, das man als Irrlehre oder gar okkulte Lehre dargestellt hatte.

Wir wurden richtiggehend desillusioniert, als wir eins immer wieder feststellen mußten: Die meisten Christen, die etwas gegen die Lehre hatten, die wir und andere vertraten, taten dies lediglich auf Hörensagen hin und hatten das Material, das sie verunglimpften und ablehnten, selbst nie gelesen oder gehört! Wir waren auch sehr betrübt, daß dadurch die Spaltungen im Leib Christi nur noch schlimmer wurden.

Und wo war Gott?

Zugegeben, in all dem fragten wir uns wie die Psalmisten schon hie und da, wo der Herr war. Wir waren nach bestem Wissen und Gewissen auf seinem Weg geblieben. An Zeugnissen über wunderbare Heilungen, die der Herr durch unseren Dienst gewirkt hatte, fehlte es nicht. Kümmerte er sich um seine Herde? Natürlich kannten wir vom Verstand her die Antwort auf diese Frage, doch was unsere Emotionen betraf, war es wirklich ein Kampf.

Er erinnerte uns daran, daß er uns nicht verheißen habe, uns von allen Schwierigkeiten fernzuhalten und daß er sich durchaus um seine verletzten Kinder und seinen zerrissenen Leib kümmern könne. Die Bibel sagt ja auch, daß es verschiedene Prüfungen geben werde, aber Gott hat verheißen, er werde uns *in den Schwierigkeiten* beistehen (Ps. 91,15). Als wir den Herrn in unserer Stillen Zeit suchten, sagte er uns auch, er könne und werde aufgrund unseres freien Willens niemanden davon abhalten zu sündigen, aber dennoch jeden Menschen für sein Tun zur Rechenschaft ziehen.

– Wir beteten viel.

– Jedesmal, wenn unsere Gefühle hochkamen, stellten wir uns zu ihnen und gaben sie völlig ungeschminkt und ungeschützt dem Herrn (er ist groß genug, sich ein aufrichtiges Bekenntnis anzuhören, ohne deshalb gleich vom Thron zu fallen).

– Immer wieder baten wir ihn um Vergebung für unseren Zorn und Groll.

– Wir sagten ihm, wir wüßten nicht, wie wir den anderen ganz vergeben könnten, aber wir träfen trotzdem die dahingehend notwendigen Entscheidungen und würden darauf vertrauen, daß er diese Entscheidungen in „reale Vergebung" umwandeln würde.

– Gott gehorsam segneten wir unsere Feinde.

Gott war treu. Er hat uns über unsere Erwartungen gesegnet. Satan hat uns weder die Freude am Herrn geraubt, noch Jesu Erlösungsprozeß behindert. Unser Blutdruck ist nach wie vor normal, und wir haben keine Magengeschwüre.

Jeder hat Gefühle, doch Männer und Frauen gehen unterschiedlich mit ihnen um

In dieser stressigen Zeit lernte ich einiges über den Unterschied zwischen männlichen und weiblichen Emotionen. Ich hatte mich immer schon gefragt, warum so viele Männer in Krisenzeiten emotional distanziert wirken. Ich hingegen empfand manchmal so viel Schmerz, daß ich mein Innerstes buchstäblich schreien hörte. In der Fürbitte verspürte ich gelegentlich körperliche Schmerzen, so als ob ich die Endphase einer Entbindung durchmachte. Doch selbst bei der Geburt von sechs Kindern verdichteten sich die Schmerzen nicht so wie in der eben beschriebenen Zeit.

Jedesmal, wenn in dieser Serie von Schlägen ein weiterer Hieb dazukam, spürte ich eine neue Welle des Schmerzes und der Übelkeit über mich hinweggehen und weinte, zumindest innerlich. John erstarrte und zog sich die meiste Zeit zurück – so sah es auf jeden Fall aus. Nach außen hin kam er mir manchmal hart und gleichgültig vor. Aber ich wußte, daß er genauso sensibel war wie ich und sich auch große Sorgen machte.

Ich wollte zwar, daß er *wie* ein Fels in der Brandung wäre, jedoch nicht, daß er selbst zu einem Felsblock erstarrte. Ich wünschte mir, er würde mit mir weinen, aber er konnte oder wollte nicht. Ich konnte ihn nicht verstehen. Immer wenn ich versuchte, mit ihm über meine Gefühle zu reden, schien ihn mein Vorstoß nur noch weiter hinter die Grenzlinien seiner persönlichen Enklave oder in die Vergessenheit des Fernsehers zu drängen.

„John, es tut mir leid, daß ich nicht richtig sagen kann, was ich fühle. Mein Herz ist traurig und so schwer. Du bist unerreichbar für mich, aber wir müssen da gemeinsam durch."

Stille.

„John, wo bist du? Was machst du da drin ganz allein?"

„Nachdenken."

„Worüber denkst du nach?"

„Weiß nicht. Kann noch nicht darüber reden."

„Wenn du mir deine Gedanken nur einmal mitteilen könntest, ohne daß sie sauber geordnet und strukturiert sind! Laß mich doch daran teilhaben."

Stille.

Eins wußte ich: Würde ich John weiterhin drängen, wäre das so, als schlage man auf eine offene Wunde. Also beschrieb ich dem Herrn meine Gefühle und begriff, daß ich von John, der ganz genauso verletzt war wie ich, nicht erwarten konnte, was allein Gott für mich tun kann. Ich bat den Herrn um Trost und einen starken Geist für meinen Mann und sättigte mich mit dem Wort Gottes, das so unendlich viel Kraft und Wahrheit in sich birgt:

> Ich suchte den Herrn, und *er* antwortete mir; und aus allen meinen Ängsten rettete er mich. (Ps. 34,4)

> Entrüste dich nicht über die Übeltäter ... Denn wie das Gras werden sie schnell verdorren ... Vertraue auf den

> Herrn und tue Gutes ... so wird *er* dir geben, was dein Herz begehrt. Befiehl dem Herrn deinen Weg und vertraue auf *ihn*, so wird *er* handeln und wird deine Gerechtigkeit aufgehen lassen wie das Licht und dein Recht wie den Mittag. Sei still dem Herrn und harre auf *ihn*! Entrüste dich nicht über den, dessen Weg gelingt ... Laß ab vom Zorn und laß den Grimm! (Ps. 37,1-8)

Ich sagte zu mir:

> Was betrübst du dich, meine Seele, und stürmst so ruhlos in mir? *Harre auf Gott; denn ich werde ihm noch danken, ihm, meines Angesichts Hilfe und meinem Gott*. (Ps. 42,6; Menge)

Zunächst einmal ging ich rein mechanisch vor: Mit Selbstdisziplin entschied ich mich und harrte aus, weil ich wußte, daß ich keine andere Wahl hatte. Im Laufe dieses Prozesses wurde mir die Gegenwart Gottes sehr real. Ich wußte, daß John auf seine Art und Weise dasselbe tat.

Ungeachtet dessen, daß das Leben unserer Tochter ein Scherbenhaufen war, daß alle möglichen Dinge auf sie einstürmten und sie verwirrt war, mußte auch sie dasselbe tun. Sie konnte mit lieben Menschen, die ihr zuhörten, sie unterstützten und für sie beteten, über ihre Gefühle sprechen. Doch nur Gott konnte die tiefsten Tiefen des Schmerzes, der Verletzung, der Unsicherheit, der Einsamkeit und der Ängstlichkeit erreichen, die sie eine Zeitlang schier in den Wahnsinn trieben.

Trotz ihrer Gefühle rang sie darum, Disziplin zu wahren: Immer wieder entschied sie sich zu einem Verhalten, das sie in die Lage versetzen würde, etwas vom Herrn zu empfangen. Obwohl ihre Grundfesten zu wanken schienen und die Welt um sie herum unterging, besuchte sie weiterhin regelmäßig den Gottesdienst und den Hauskreis, lehrte sie ihre Sonntagsschulklasse, las sie in der Bibel, betete sie und entschied sie sich dafür, ihr Leben auf etwas zu gründen, das sie zu jener Zeit in ihren Erfahrungen nicht wiederfand. In all dem kümmerte sich Gott Vater um sie; er schenkte ihr Stärke, um standhaft zu sein, Gnade, um vergeben zu können und Barmherzigkeit, die Buße möglich macht, kurz, er nahm sich der Situation an und zeigte den Ausweg auf.

Dennoch blieb die Frage offen: Warum konnten Ami und ich Gefühle so viel leichter in Worte fassen als John? Warum verursacht dieser Unterschied zwischen Mann und Frau immer wieder schmerzliche Mißverständnisse und Frustration?

Wie ich es lerne, meinen „hirngeschädigten" Mann zu verstehen und wertzuschätzen

Wir bekamen einige Antworten, als wir uns eine Kassette mit einem aufschlußreichen Interview anhörten, das James Dobson mit Dr. Donald Joy führte; dabei ging es um die wissenschaftliche Untersuchung der beiden Gehirnhälften von Mann und Frau. Am Anfang fanden wir das Ganze recht amüsant, doch allmählich ging uns ein Licht auf. Im Folgenden zitiere ich aus einem Artikel von Gary Smalley und John Trent zum gleichen Thema:

> Medizinische Untersuchungen haben gezeigt, daß zwischen der 18. und der 26. Schwangerschaftswoche etwas geschieht, das den Unterschied zwischen den Geschlechtern ein für allemal festlegt. Wissenschaftler konnten mit wärmeempfindlichen Monitoren beobachten, wie eine chemische Lösung aus Testosteron und anderen geschlechtsrelevanten Hormonen das Gehirn eines männlichen Babys umspülte. Dadurch entstehen Veränderungen, die bei einem weiblichen Baby niemals auftreten. Für einen Laien könnte man folgendermaßen erklären, was geschieht, wenn diese Chemikalien mit dem Gehirn eines Jungen in Kontakt kommen:
>
> Das menschliche Gehirn hat zwei Hälften oder Hemisphären, die durch ein weißes, fasriges Gewebe (corpus callosum) miteinander verbunden werden. Die geschlechtsrelevanten Hormone, die das Gehirn eines männlichen Babys umspülen, bewirken einen leichten Schwund der rechten Hirnhälfte und zerstören einige Verbindungsfasern zwischen den Hemisphären. Das hat unter anderem zur Folge, daß das Gehirn eines Jungen schon am Anfang seines Lebens meist linkslastig ist.

Weil das Gehirn eines Mädchens dieser chemischen Lösung nicht ausgesetzt ist, geht es mit einer gleichmäßigen Nutzung beider Gehirnhälften ins Leben. Bei einem männlichen Baby werden elektrische Impulse und Botschaften zwischen den beiden Hemisphären hin und hergeschickt, doch genau dieselben Impulse können im Gehirn eines kleinen Mädchens schneller und ungehinderter weitergegeben werden.

Sie sagen sich vielleicht: „Moment mal! Heißt das etwa, Männer hätten im Grunde einen Hirnschaden?"

Nein, nicht wirklich. Was im Mutterleib geschieht, schafft lediglich die Grundvoraussetzung dafür, daß sich Männer und Frauen auf jeweils eine andere Art des Denkens „spezialisieren". Das ist auch einer der Hauptgründe, weshalb Mann und Frau einander so sehr brauchen.

Tendenzmäßig sind die logischen, analytischen, faktisch orientierten und aggressiven Denkzentren in der linken Gehirnhälfte angesiedelt. Die meisten Männer reservieren diese Gehirnseite für den Großteil ihres Wachzustands: Sie genießt es, beim Familienurlaub 800 Kilometer pro Tag zurückzulegen; sie bevorzugt mathematische Formeln anstelle von Liebesromanen; sie speichert die Lexikondefinition von Liebe und tendiert im allgemeinen zum sachlich-kühlen Schwarz-Weiß-Denken.

Die meisten Frauen verbringen hingegen den Großteil ihrer Tage und Nächte auf der rechten Gehirnseite. Dort befindet sich das Gefühl, sowie die primären Fähigkeiten, die für Beziehungen, Sprache und Kommunikation erforderlich sind. Diese Hemisphäre ermöglicht ihnen knifflige Detailarbeiten, regt die Phantasie an und macht einen Nachmittag mit künstlerischen und musikalischen Darbietungen zu einem echten Genuß. Vielleicht können Sie schon jetzt ansatzweise erkennen, weshalb die Kommunikation in einer Ehe schwierig ist ...

Da das männliche Gehirn linkslastig ist, konzentrieren sich die Männer in erster Linie auf die ausgesprochenen Worte und nicht auf die Emotionen, die zwischen den Zeilen durchscheinen.

(Gary Smalley und John Trent, „Why can't my spouse understand what I say?", *Focus on the Family*, November 1988, S.3)

Wir Frauen können uns so allein fühlen, wenn unser Gegenüber diese wichtigen Untertöne nicht registriert!

Ich erinnere mich noch gut an die Zeit, als unsere sechs Kinder langsam groß wurden und ich die Frau eines vielbeschäftigten Pastors war. Die Türklingel und das Telefon kämpften fast ununterbrochen mit den Kindern um meine Aufmerksamkeit. Ich wußte nie im voraus, ob ein krisengeschüttelter Mensch plötzlich auf der Matte stehen würde oder das Abendessen gestreckt werden müßte, um jemandem etwas zu geben, der hungrig war – nach etwas zu essen und/oder nach liebevoller Fürsorge.

In unserem Hof tummelten sich immer so viele Nachbarskinder, daß wir (meist) lachend damit drohten, ein Schild „Öffentlicher Spielplatz – Jedermann willkommen" aufzustellen. Ich mußte stets auf eine Invasion kleiner Hosenmatze gefaßt sein, die unendlich viel zu trinken brauchten und aufs Töpfchen mußten. Teenager aus unserer Gemeinde kamen häufig nach der Schule zu uns auf ein Schwätzchen.

Gebetstreffen und Jugendgruppen fanden in der Regel bei uns zu Hause statt, vor allem, weil wir uns keinen Babysitter leisten konnten. Der Sonntag war für uns alles andere als ein Tag der Ruhe; noch dazu hatten wir es noch nicht gelernt, zu jenen, die am Montag bei uns anriefen und flehten: „Ich weiß, daß ihr heute frei habt, aber ich sterbe" auch einmal nein zu sagen. Das Wort „Freizeit" fehlte in meinem Vokabular.

Manchmal kam John nach Hause, sah in meinem Gesicht einen Anflug von totaler Erschöpfung und sagte: „Schatz, du siehst müde aus. Vielleicht könnten wir heute abend ausgehen." Doch so pragmatisch und sparsam wie ich war, erwiderte ich nur: „John, das wäre toll, aber wir können es uns wirklich nicht leisten."

Wenn er an diesem Punkt lediglich hörte, was ich sagte, und antwortete: „Ja, du hast recht", und es dabei bewenden ließ, fand er sich rein logisch mit unserer offensichtlichen finanziellen Situation ab. Aber er übersah dabei das Wesentliche an meiner Aussage. Ich hatte dann mit vagen, verwirrten Gefühlen zu kämpfen, fühlte mich irgendwie mißverstanden, gefoppt und im Stich gelassen (fast wie ein keuchendes, hechelndes Hündchen, das dem Knochen zwar nachlief, ihn jedoch nie bekam); dann kamen noch Schuldgefühle dazu, weil ich selbst angesichts des unfairen Martyriums dieses Tages solchen Gefühlen überhaupt Raum gegeben hatte.

Was wollte ich ihm zwischen den Zeilen sagen? „Ich bin so froh, daß dir aufgefallen ist, wie müde ich bin." „Mir ist klar, daß wir knapp bei Kasse sind, doch ich hoffe so sehr, daß ich uns wichtiger bin als unser Budget (McDonalds hätte ja gereicht)." Ich wünschte mir, er würde sich als Zeichen seiner Liebe über meinen Protest hinwegsetzen und mich überreden, sein Geschenk anzunehmen.

Am Anfang unserer Ehe fragte John mich: „Warum sagst du nicht einfach, was du meinst?" Ich erwiderte: „Weil ich davon ausgehe, daß du es ohnehin weißt!" Dieser Satz war ihm völlig schleierhaft. Es war schwierig, ihm folgendes begreiflich zu machen: Müßte ich ihm sagen, was ich wollte, könnte dadurch der Segen in dem, was er mir schenkt, zunichte gemacht werden und ich mich infolgedessen ungeliebt oder nicht wertgeschätzt fühlen. Er ging davon aus, daß ich um seine Liebe weiß, ob er es mir nun sagt oder nicht!

Jeder von uns mußte erkennen, daß in unserem Denken und Fühlen oft die Haltung „Ich gehe davon aus, daß der andere das weiß o.ä." wiederkehrte; wir mußten unsere gegenseitigen Ansprüche aufgeben; jeder von uns mußte glauben, daß der andere ihn mag und schätzt, ungeachtet dessen, wie unterschiedlich wir Dinge wahrnehmen und darauf reagieren. Ich mußte es lernen, seine „lieblose" Logik, die bisweilen meine Empfindsamkeit niederwalzte, nicht als persönlichen Angriff zu betrachten. Im Laufe der Jahre habe ich Johns Hilfe dabei schätzen gelernt, meine manchmal übermächtige Flut von Empfindungen mit seinen ganz eigenen, männlichen Denkmustern zu sortieren und zu ordnen. Er hat es seinerseits gelernt, meine Wahrnehmungen, die in der Regel korrekt sind, mit Wertschätzung anzunehmen, obwohl ihnen hie und da eine rationale und erklärbare Grundlage fehlt.

Weil ich eine Frau bin, kann ich gleichzeitig kochen, telefonieren, ein Kind umarmen, das gerade an mir vorbeigeht, und trotzdem noch ein Auge auf das Baby haben, das gerade auf die offene Tür und die Treppe dahinter zukrabbelt. Mein geliebter, „hirngeschädigter" Mann tut in der Regel immer nur eine Sache auf einmal. In gewisser Hinsicht ist es ein Segen, daß er sich völlig abschotten kann und nichts mehr um sich herum wahrnimmt, wenn er mit äußerster Konzentration liest, betet, schreibt oder etwas Kreatives macht. Doch wäre ich nicht in der Nähe, um die unzähligen Signale, die er ausgeblendet hat, aufzufangen und zu verarbeiten, könnte unsere Familie eventuell ein Problem bekommen.

Ich war ziemlich beunruhigt, als John sich so sehr in seine momentane Aktivität versenkte, daß er nicht mehr hörte oder sah, was unsere kleinen Kinder taten. Ich war der Auffassung, er habe ein verdrehtes oder unvollständiges Verständnis von Prioritäten und sei deshalb nachlässig. Als Loren, unser Ältester, ein Jahr alt war, verzierte er unser Wohnzimmer üppig mit Talkumpuder, während sein Vater im selben Raum war und las! Als ich nach Hause kam, schrie ich auf: „John, wie *konntest* du so etwas nicht mitbekommen!" Als Großeltern sind wir heute älter und weiser. Wenn John auf die kleinen Enkel aufpaßt, dann paßt er wirklich auf sie auf.

Small talk!

Frauen reden miteinander oft über Dinge, die ohnehin schon jeder weiß, und wenn sie nicht endlos dauert, genießen sie so eine Unterhaltung. Männer können das nun überhaupt nicht verstehen. Sie fühlen sich womöglich sogar beleidigt, wenn eine Frau darauf besteht, ihnen Dinge mitzuteilen, die ihrer Denkweise nach nichts Neues oder Gewinnbringendes liefern. In ihren Augen ist das eine Zeitverschwendung oder eine endlose Wiederholung alter Geschichten, was schon stark in Richtung Ratsch und Tratsch geht. Vielleicht sagen sie das dann auch noch und verletzen damit die Empfindsamkeit der Frau, deren Wohlergehen ihnen am Herzen liegt.

Viele Männer neigen dazu, Langeweile und Ungeduld zu zeigen, wenn sie sich ausschmückende Worte anhören müssen, die mit dem Wesentlichen anscheinend gar nichts zu tun haben. Meistens begreifen sie nicht, daß Frauen beim Reden viel mehr vermitteln als nur verbale Botschaften. Vielleicht machen sie lediglich ihrem Streß Luft. Doch in der Regel stimmen sie sich quasi „zwischen den Zeilen" auf den Gesprächspartner ein, teilen gemeinsam eine bestimmte Nuance einer Empfindung, bauen emotionale Brücken und das Gerüst für eine Beziehung.

Worte können einfach nur ein Vehikel für das sein, was eigentlich von Herz zu Herz und von Geist zu Geist ausgesendet und empfangen wird. Ich habe meine Zweifel, ob vielen Frauen diese dynamischen Prozesse überhaupt bewußt sind. Sie tun, was sie tun, ohne groß darüber nachzudenken. Aber ich bin mir sicher, daß wir Frauen oft tief verletzt sind, wenn wir von Männern, die wir gerne haben, dem Anschein nach abgekanzelt oder ausgelacht werden, und sei es nur durch humor- und liebevolle, aber dennoch tendenziöse Kommentare. Die Einsicht, daß männliche Emotionen sich stark von weiblichen unterscheiden und daß viele unserer Charakterzüge ihnen schlichtweg ein Rätsel sind, sollte uns helfen, nicht gleich jeden Kommentar, der sich irgendwie negativ anhört, als persönliche Kritik und Ablehnung zu deuten.

Mit unseren Freunden Ken und Donna spielen John und ich so oft wie möglich Binokel (ein Kartenspiel; Anm.d.Übers.). Donna und ich können uns dabei angeregt unterhalten und verlieren auch nicht öfter als die Männer. Hie und da müssen wir auch ans Telefon, aber das regt uns weder auf, noch lenkt es uns ab.

Doch wenn Ken und John Karten spielen, *dann spielen sie Karten!* Unsere Unterhaltungen und das Telefongeklingel machen sie verrückt – besonders wenn wir reden und auch noch gewinnen! Also versuchen wir (manchmal mit Erfolg), unsere Konversation auf die Pausen zu beschränken, wenn die Karten gemischt und neu gegeben werden. Männer sind mehr dafür geschaffen, sich auf eine Sache zu konzentrieren; sie brauchen es, daß wir dies verstehen und sie so annehmen, wie sie sind.

Bei uns vieren trägt dieses Thema zur allgemeinen Heiterkeit bei und ist Anlaß dafür, daß wir uns gegenseitig in einer guten Art und Weise necken. Doch leider führt eine Situation, wie ich sie eben beschrieben habe, bei vielen Ehepaaren zu Komplikationen, die ihnen den Spaß verderben und die Spannungen, die durch andere Reizthemen bereits vorhanden sind, nur noch verstärken.

Donna und ich können nicht nur leichter auf verschiedenste Impulse reagieren, wir sind auch spontaner und emotionaler als Ken oder John. Das liegt nicht daran, daß es uns an Reife oder Selbstdisziplin fehlen würde, wir sind einfach so geschaffen. Wir brauchen unsere Männer; sie müssen uns ergänzen und bisweilen bestimmt und objektiv zurechtbringen, wenn unsere Fähigkeit, viele Signale auf einmal zu empfangen und weiterzugeben, überbeansprucht wird und unsere emotionellen Sicherungen dabei durchzubrennen drohen. Gott hat uns alle so geschaffen und ausgestattet, wie wir sind, nicht damit wir die Verschiedenartigkeit des anderen bekämpfen, sondern sie wertschätzen und uns durch sie gegenseitig segnen und ausgleichen. Wie geschieht das?

Disziplin ist erforderlich:

Wir müssen ...

... unsere grundlegenden Unterschiede erkennen, ohne sie zu werten.
Gott wußte, was er tat, als er uns so machte, wie wir sind.

... die Forderung aufgeben, andere müßten genauso denken und fühlen wie wir.
Gäbe es keinen Unterschied zwischen Mann und Frau, wäre das Leben vielleicht recht angenehm, aber sicherlich auch langweilig. Außerdem würden wir den Bonus des „Ausgleichsprinzips" verlieren.

... uns dazu entscheiden zu vergeben, wenn andere uns lieblos behandeln.
Wollen wir etwa nicht, daß uns unsere Männer vergeben? Letztlich bekommen wir, was wir selbst geben (Mt. 6,14-15; 7,1-2; Gal. 6,7).

Sie müssen erkennen, daß Sie Vergebung nicht bewerkstelligen können. Das ist Gottes Sache. Wir müssen uns nur immer und immer wieder dafür entscheiden. Ein Herz, das nicht vergibt, ist ein Gift, das andere verunreinigt und uns in letzter Konsequenz selbst zerstört. Noch dazu wird es alles aus einem verzerrten Blickwinkel sehen und uns blind dafür machen, daß der andere versucht, sich zu bessern. Schließlich ist es eine unheilbringende Saat, die uns eine nicht minder unheilvolle Ernte einbringen wird.

... Gott immer gleich sagen, was wir über eine Verletzung oder Kränkung empfinden.
Packen Sie dies in ein „Stoßgebet", noch bevor die Emotion Gelegenheit hat, in Ihrem Herzen Fuß zu fassen. Gott ist groß genug, um die volle Wucht unserer ersten, unzensierten, unsortierten und ungeschönten Emotionen bewältigen zu können, unser Partner, unsere Kinder, Freunde und Gemeindemitglieder womöglich nicht!

Vielleicht protestieren Sie jetzt: „Aber ich bin ja gar keine Christin! Ich bin mir nicht mal sicher, ob ich von der Realität Gottes überzeugt bin. Oder, wenn es ihn gibt, warum sollte er mir zuhören?"

Versuchen Sie es auf jeden Fall für einige Zeit, und Sie werden sehen, was es für einen Unterschied macht!

... Gott bitten, uns die bestmögliche Reaktion zu schenken.
Vielleicht bedeutet das Schweigen, vielleicht ein freundliches Wort, vielleicht auch ein strenges Wort. Womöglich werden wir uns entschuldigen, eine Erklärung liefern oder unser Gegenüber auf einen bestimmten Punkt ansprechen. Unter Umständen kann es sogar unsere Entscheidung sein, uns eine Zeitlang von ihm zu trennen.

Der springende Punkt hierbei ist folgender: Wenn wir unsere fleischliche Reaktion Gott unterordnen, ohne unsere Selbstgerechtigkeit zu verteidigen, hat er die Chance, durch uns Segen in Wort und Tat zu bringen; dieser Segen kann durch den Geist Gottes möglicherweise einen Beitrag zur Heilung, zur Versöhnung und zum Aufbau der Beziehung leisten.

... eventuell den Wurzeln zu Leibe rücken.
Wenn wir uns andauernd ohne Erfolg in denselben Bereichen abmühen, täten wir gut daran, mit einem Seelsorger über die möglichen *Wurzeln* zu sprechen und zu beten, die in unserem Leben immer wieder Frucht bringen.

> Denn es gibt keinen guten Baum, der faule Frucht bringt ... (Lk. 6,43a)

Vielleicht sind wir in der Prägephase unserer Kindheit verletzt worden (vor unserem sechsten Lebensjahr).
Dadurch haben sich Angst, Groll und Bitterkeit in unserem Herzen festgesetzt. Diese Faktoren können uns knechten und beeinflussen womöglich noch heute unsere Reaktionen auf Verletzungen. Sie können kindische Denkweisen, Empfindungen und Handlungen am Leben erhalten und uns so von den Entscheidungen, die wir gerne treffen möchten, sowie von den entsprechenden Taten abhalten.

Ein Beispiel:

George kommt müde nach Hause und will vor dem Abendessen noch ein wenig ausspannen. Er ruft seiner Frau Mary noch kurz „Hallo, was gibt's zum Abendessen?" zu, läßt sich in seinen Sessel fallen und schaltet den Fernseher ein. Mary sagt sich: „Das ist schon in Ordnung. Gut, ein Kuß wäre toll gewesen, aber er ist ja müde. Nach dem Essen wird er sich besser fühlen." Kein Problem (zumindest bis jetzt).

Das Abendessen ist fertig. Mary ruft die Kinder, die im Hinterhof spielen, und ihren Mann, der ganz hingerissen auf den Fernseher starrt. Vier hungrige Kinder stürmen lautstark durch die Hintertür; in diesem Tohuwabohu stolpert das kleinste von ihnen.

Mary tröstet das Kind und bläst auf die Schramme und die Beule an seinem Kopf; dann schickt sie die ganze Bande ins Bad zum Händewaschen. Vier Kinder sausen herbei und setzen sich an den Küchentisch. Eins von ihnen schafft es, beim Hinsetzen sein Glas Milch umzustoßen. Mary wischt die Sauerei auf und setzt sich. Alles ist fertig, und die Kinder warten ungeduldig darauf, daß endlich das Tischgebet gesprochen wird. Doch das Familienoberhaupt fehlt; wie hypnotisiert verfolgt es das Geschehen im Strafraum.

„George, Abendessen ist fertig."

„Gut, ich komme gleich."

„George, wir warten auf dich. Hast du mich nicht gehört?"

„Nein ... ich bin gleich da. Der schlägt gerade 'ne Flanke."

„George, die Kinder sind hungrig. Wir sitzen alle schon am Tisch, und das Essen wird kalt. Kommst du bitte – jetzt gleich?!"

George kommt, geht aber vorher noch ins Bad. Minuten vergehen.

„George, kommst du?! Sollen wir ohne dich anfangen?"

„Mary, laß' mich in Frieden. Ich bin müde, und du gehst mir auf die Nerven mit deinem Gequatsche."

George meint nun, er hätte Mary deutlich zu verstehen gegeben, was Sache ist, und sie sollte das verstehen und respektieren: Er ist müde, er hat sie nicht rufen hören und er kam, so schnell er konnte. Doch in der Zwischenzeit mußte Mary die unterschiedlichsten Signale verarbeiten:

1. Glaubt er vielleicht, er wäre der einzige, der den ganzen Tag gearbeitet hat? Ich würde mich gerne hie und da in den Sessel lümmeln und fernsehen, doch wer paßt dann auf die Kinder auf?

2. Ich habe ihn mehrmals gerufen. Die Kinder waren im Hinterhof und haben mich gehört. Ist er etwa taub?

3. Warum soll ich ein gutes, warmes Abendessen machen und es dann kalt werden lassen, bloß weil er sich noch ein Spiel ansehen möchte? In den Spätnachrichten werden sie sowieso alle nochmal gezeigt.

4. Ist ihm nicht klar, daß er mit diesem Verhalten den Kindern ein schlechtes Vorbild gibt?

5. Weiß er nicht, was er damit seinen Kindern vermittelt? Wie wichtig sind sie ihm überhaupt? Was ist mit seinen Prioritäten geschehen?

6. Warum mußte George mich vor den Kindern so anschnauzen?

7. Warum fehlt es den Männern immer an Einfühlungsvermögen?

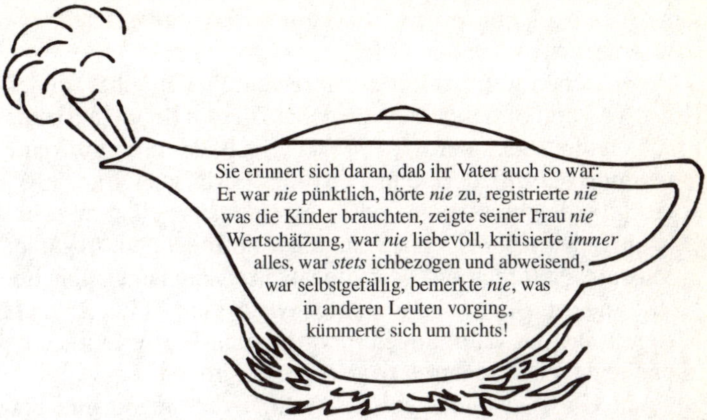

Daraufhin sagt Mary voller Zorn zu ihrem Mann: „Warum machst du *immer* ...? Warum kannst du *nie* ...?“ In diesen Worten entlädt sich der Druck ihres „inneren Teekessels“ – Urteile, mangelnde Vergebung und eine auf bitteren Wurzeln basierende Erwartungshaltung, die seit ihrer Kindheit in ihrem Herzen stecken. In diesem Augenblick wird sie von ihren Gefühlen so übermannt, daß sie ihre Überreaktion weder erkennen noch kontrollieren kann. Der Druck wird erst nachlassen, wenn sie dem Feuer unter dem Kessel zu Leibe rückt.

Einige Christen sind der Meinung, das höre sich wie Psychologie an. Wo finden wir diese Sicht der Dinge in der Bibel? Hat Jesus je etwas in diese Richtung gesagt?

Was wir in Lukas 6 lesen, sind Worte Jesu an seine Jünger. Er spricht vom *Schatz des Herzens* und davon, daß der Mund aus der Fülle des Herzens rede (vgl. Lk. 6,45). Dann rügt er seine Jünger, weil sie „Herr, Herr“ zu ihm sagen, jedoch nicht bereit sind, *tief hinunterzugraben*, um das *Fundament* auf Fels zu legen, damit das Haus inmitten der Fluten standhalten kann.

Grundhaltungen und Gefühle, die zwanghaften Charakter annehmen, entstehen durch Sprünge in unserem emotionalen und geistlichen Fundament. Die schlechte Nachricht: Wenn dieses defekte Fundament für längere Zeit Belastungen ausgesetzt ist, stürzt das Haus ein. Die gute Nachricht: Wenn wir es ihm erlauben, kann Jesus Christus unser Fundament neu legen bzw. erneuern.

Vergleichen wir uns mit einem Baum, der Früchte trägt. In Kolosser 3 und Epheser 4 ist von genau diesem Baum und seinen Früchten die Rede; hier wird er als der „alte Mensch mit seinen *Handlungsweisen*" bezeichnet (Kol. 3,9; Meister), die „ausgezogen" werden müssen, nachdem wir zu Jesus gekommen sind. Gewohnheitsmäßige Denkschemata, Empfindungen, Argumentationsmuster, Rede- und Verhaltensweisen kann man nicht über Nacht ändern. Sie sind das *„kindische Wesen"* (1.Kor. 13,11; Menge), das nur dann abgetan wird, wenn wir reifen und die alten Gewohnheiten durch neue ersetzt werden.

Viele Christen sind begeistert darüber, daß sie nun eine neue Schöpfung sind, und wehren sich gegen die Vorstellung, es sei noch irgend etwas in ihrem Herzen vorhanden, dem man den Garaus machen müsse. Dennoch mühen sie sich ab und schaffen es oft nicht, das Leben und den Glauben, zu dem sie sich bekennen, in die Praxis umzusetzen. Das Wort Gottes sagt hierzu klar und deutlich:

> Wir erkennen ja dies, daß unser alter Mensch deshalb (mit Christus) mitgekreuzigt worden ist, *damit der von der Sünde beherrschte Leib vernichtet werde*, auf daß wir hinfort nicht mehr der Sünde als Sklaven dienen. (Röm. 6,6-7; Menge)

Unser „von der Sünde beherrschte Leib" (nicht unser „sündhafter Leib") besteht nicht nur aus offensichtlich sündhaften Gedanken und Werken, sondern aus *allen* alten Gewohnheiten und Verhaltensweisen, die wir uns aneigneten, bevor wir eine neue Schöpfung wurden. Wir kennen nichts anderes als das, was wir erfahren haben. Die neue Schöpfung braucht neue Beweggründe und Verhaltensweisen, die geübt werden müssen. Wir sind wie Babys, die eben erst krabbeln gelernt haben.

Krabbeln ist manchmal frustrierend, man ist ständig auf den Knien und nimmt den ganzen Schmutz mit. Doch nur so können wir lernen, wie man dorthin kommt, wo man hin möchte. Wenn wir dann feststellen, daß wir laufen können, versuchen wir zwar unser Bestes, doch manchmal möchten wir ein Ziel so schnell wie möglich erreichen oder sind zu müde für den neuen aufrechten Gang. Dann erscheint uns das Krabbeln viel leichter (zumindest ist es uns vertrauter). Deshalb entscheiden wir uns wieder für die alte Art der Fortbewegung, die für uns sicherer und kalkulierbarer ist. Dennoch sind wir zum Gehen und Laufen geschaffen und sehnen uns nach der Freiheit, dies endlich tun zu können.

Der Apostel Paulus wußte, daß er wachsen und in die Fülle erst hineinreifen mußte:

> Nicht, daß ich es (das Leben in der Kraft der Auferstehung Christi) schon ergriffen habe oder schon vollendet sei; ich jage ihm aber nach, ob ich es auch ergreifen möge, weil ich auch von Christus Jesus ergriffen bin. (Phil. 3,12)

Ständig ermutigt er uns, Disziplin zu üben, immer wieder nein zu den alten, vertrauten und verführerischen Lebensweisen zu sagen und uns in der Hingabe an Gott von ihm die Kraft für jede neue Entscheidung schenken zu lassen. Lesen wir hierzu Römer 6,11-13:

> Ebenso müßt auch ihr euch als tot für die Sünde betrachten (EÜ: „haltet euch der Sünde für tot“), aber als lebend für Gott in Christus Jesus, unserm Herrn (Menge). *So lasset nun die Sünde nicht herrschen* in eurem sterblichen Leibe, ihr Gehorsam zu leisten in seinen Lüsten (LÜ). *Gebet auch nicht eure Glieder der Sünde hin*, als Waffen der Ungerechtigkeit, sondern *gebet euch selbst Gott hin*, als solche, die aus den Toten lebendig geworden sind, und eure Glieder Gott, als Waffen der Gerechtigkeit (Schlachter).

Diese Disziplin gehört zwangsläufig zum Alltag. Paulus sagte: „*Täglich sterbe ich ...*“ (1.Kor. 15,31).

Jesus hat es bereits für mich getan:

> *Ich bin mit Christus gekreuzigt*, und nicht mehr lebe ich, sondern Christus lebt in mir; was ich aber jetzt im Fleisch lebe, lebe ich im Glauben, und zwar im Glauben an den Sohn Gottes, der mich geliebt und sich selbst für mich hingegeben hat. (Gal. 2,19b-20)

Ich muß die Verantwortung ergreifen, um mir das, was er schon getan hat, anzueignen:

> Die aber dem Christus Jesus angehören, *haben das Fleisch samt den Leidenschaften und Begierden gekreuzigt*. (Gal. 5,24)

Wie ausgeglichen und ruhig unsere Emotionen doch werden, wenn wir die zwanghaften Impulse der Bitterkeit aus unserer Vergangenheit erkannt, bekannt und gekreuzigt haben!

7

Ein Leben mit einem Alkoholiker

Donnas Geschichte, wie sie sie mir erzählt hat

In meiner Familie zeigte man einander seine Liebe durch körperliche Nähe. Spontane Umarmungen und Küsse vermittelten meinem Herzen, wie meine Eltern über mich dachten und machten es mir leicht, in derselben Art und Weise herzlich und liebevoll auf andere Menschen zuzugehen.

Die Eltern meines Mannes Ken kümmerten sich auch um ihren Sohn, und er wußte das, aber die körperliche Nähe fehlte: keine Umarmungen, keine Küsse, die dem Kinderherzen die elterliche Liebe zugesichert hätten. Seine Mutter war sehr reserviert. Sein Vater war schon einmal verheiratet gewesen und hatte sich scheiden lassen; Ken war das einzige Kind aus zweiter Ehe. Sein Vater war nicht mehr der jüngste, weshalb er auch nur selten, wenn überhaupt, mit seinem Sohn spielte. An Ken sah man dieselbe Reserviertheit, die ihm seine Eltern vorgelebt hatten; er zeigte nie Gefühl und erzählte nie jemandem, was wirklich in ihm vorging.

In unserer Kennenlernphase stellte Ken fest, daß ich noch keine sexuellen Erfahrungen gemacht hatte, und war überwältigt. Ich war noch rein, und das faszinierte ihn. Wir waren beide recht scheu, und erst bei unserer dritten Verabredung kam es zum ersten Kuß.

Als wir befreundet waren, gingen wir leidenschaftlich gerne in Tanzbars. Wir wohnten in Wallace (Idaho), einer Bergarbeiterstadt, Bars waren dort der zentrale Treffpunkt, wenn man Zerstreuung und Unterhaltung suchte. Wir verbrachten viel Zeit miteinander, tanzten oder gingen etwas trinken. Ich war eine enthusiastische Tänzerin, vertrug jedoch nur wenig Alkohol. Damals schien Ken keine Probleme mit Alkohol zu haben.

Gleich nach unserer Hochzeit führten wir sozusagen eine Wochenendehe, weil ich bei meinen Eltern wohnte und zur Arbeit ging, während Ken auf dem College war. Finanziell hatte dies viele Vorteile, aber es war eben doch sehr einfach, sich von Mama und Papa umsorgen und alle Entscheidungen abnehmen zu lassen. Ich war sehr stark auf meine Eltern fixiert und legte Wert darauf, ihnen in allem zu gefallen. Noch dazu hatte ich den Hang, mich in die Probleme und Sorgen anderer Menschen zu verstricken und diese Lasten mit mir herumzuschleppen, ohne zu wissen, was ich damit anfangen sollte.

Ich hatte keine sehr gute Meinung von mir und haderte oft mit meinem Aussehen. Als ich zehn war, fingen meine Brüste zu wachsen an und wurden immer größer. Das war entsetzlich. Ich verstand nicht, weshalb sich mein Körper so veränderte. Alle anderen Mädchen in meiner Klasse entwickelten sich langsamer als ich – das war schlimm für mich. Ich hatte Hemmungen und verbrachte viel Zeit mit dem Versuch, meine mißliebigen Brüste und die peinlichen Pickel im Gesicht zu vertuschen, jedoch ohne Erfolg.

Als Kind war ich von männlichen Verwandten (nicht von meinem Vater) mißbraucht worden und fühlte mich in Gegenwart von Jungen nie recht wohl. Ich erkannte, daß ich meinen Vater gleichzeitig liebte und fürchtete, obgleich die Beziehung zu ihm im allgemeinen sehr gut gewesen war. Immer, wenn er mich wie ein riesiger Teddybär überschwenglich umarmte, kam in mir der Gedanke hoch: „Könnte er mir dasselbe antun, wie derjenige, der mich mißbraucht hat?“

Mit Jungs auszugehen (bevor Ken auftauchte) war schlichtweg eine Katastrophe. Ich hatte mich mit Haut und Haaren der Vorstellung verschrieben, daß Männer nichts taugen und immer nur das eine wollen. Als Teenager dachte ich ernsthaft darüber nach, ob ich nicht ins Kloster gehen sollte. Ich war zwar nicht katholisch, meinte jedoch, die Ordenstracht einer Nonne wäre hervorragend geeignet, um meinen Körper zu verstecken. Ich war nie in der Lage, unverkrampfte oder normale Beziehungen zu Jungen aufzubauen.

Als ich Ken kennenlernte, war er sanft und scheu, und er war überhaupt nicht auf meinen Körper aus. Am Anfang hatte ich Angst, aber er hat mir nie Gewalt angetan. Als wir dann verheiratet waren, freute ich mich immer darauf, daß er nach Hause kommen würde, doch wenn es dann soweit war, stellte ich fest, daß ich sexuell gehemmt war. Darüber war ich sehr unglücklich.

Ken machte seinen Collegeabschluß, und zum ersten Mal zogen wir weg von meinen Eltern in eine eigene Wohnung in der Nähe von Spokane (Washington). Doch Ken arbeitete als Vertreter, und seine Fahrten dauerten oft mehrere Tage. Ich fühlte mich einsam und unsicher und konzentrierte mich voll auf meinen Job als Zahnarzthelferin.

Ken investierte seine ganze Energie in den Verkauf von Computern und Rechenmaschinen. Ich liebte meine Arbeit. Wir blieben oft lange auf, und wenn wir dann einmal Zeit füreinander hatten, konnten wir kaum die Augen offenhalten. An den Wochenenden räumten wir die Wohnung auf und kümmerten uns um die Wäsche. Wir hatten keinen richtigen Gedankenaustausch, keinen Spaß miteinander, und unsere Kommunikation war dem Erliegen nahe. Ich wurde viel verletzbarer, als mir bewußt war.

Mein Chef war ein aalglatter Chauvinist, der jede Frau, die ihm über den Weg lief, verführen wollte. Dabei ging er sehr geschickt vor, und mit seiner Taktik nutzte er den Wunsch einer Frau nach Anerkennung, Trost und Bestätigung meisterhaft aus. Naiv wie ich war, fiel ich seinem Charme zum Opfer. Anfangs beging ich nur geistigen Ehebruch (d. h. ich suchte bei ihm die Anerkennung, die ich eigentlich von Ken bekommen sollte, und erzählte ihm, was ich zuerst bzw. ausschließlich meinem Ehemann erzählen sollte), doch schließlich kam es, wie es kommen mußte, und ich landete in seinem Bett. Die Affäre dauerte nicht lange.

Eines Tages, als ich zu ihm unterwegs war, hörte ich, wie eine Stimme sagte: *„Hebe dich weg von mir, Satan!"* Ich bremste und kehrte um. Ich beendete die Beziehung mit meinem Chef und wurde infolgedessen in unserem Büro in eine andere Abteilung versetzt. Kurz darauf bekam ich eine Lungenentzündung und mußte zwei Wochen zu Hause bleiben. In dieser Zeit trat ein junges Mädchen an meine Stelle.

Als Ken das erste Mal von meiner Untreue hörte, war er am Boden zerstört. Zunächst dachte er an Scheidung, doch dann sagte er: „Ich liebe dich – versuchen wir's doch nochmal miteinander." Wir versuchten es auch, aber unsere Anstrengungen waren sehr oberflächlich. Wir hatten keine Ahnung davon, wie sehr wir von tiefen Wurzeln der Angst und der Unsicherheit in unseren Herzen geknechtet wurden.

Wegen Kens Arbeit mußten wir häufig umziehen. Allmählich dachten wir daran, eine Familie zu gründen, und schließlich war ich mit Gregg schwanger. Inzwischen hatten wir auch unser eigenes Haus. Und dann zog eine Tante bei uns ein.

Gregg kam zur Welt, und die Tante blieb. Ich wollte ihr mehrmals sagen, was ich über ihre Schlampigkeit dachte, wie mir ihr Umgang mit Männern mißfiel und wie gerne wir mit unserem Neugeborenen allein sein wollten. Aber ich schaffte es nicht, was mich zutiefst frustrierte und unglücklich machte.

Einer von Kens Arbeitskollegen hatte eben seine Frau verloren. Ken wollte ihm ein guter Kumpel sein und ging eines Abends mit ihm etwas trinken. Als ich am nächsten Tag Kens Kleidung vom Boden aufhob und ausschüttelte, fiel sein Ehering aus der Hosentasche. Ich war schockiert!

Ken erklärte mir, sie wären in einen Nightclub gegangen, hätten getanzt, und er hätte den Ring abgenommen, damit die Leute glauben würden, er wäre noch ledig. Er schwor, es nie wieder zu tun. Ich wollte ihm glauben, fand jedoch in meinem Herzen keine Ruhe.

Bald darauf gab Ken seinen Vertreterjob auf und arbeitete nun für eine Spar- und Darlehenskasse in Coeur d'Alene (Idaho). Eine Zeitlang wohnte er dort in einem kleinen Häuschen, bis wir etwas finden würden, das für unsere Familie groß genug wäre (inzwischen war Laurel, unser zweites Kind, zur Welt gekommen). Ich zog in der Zwischenzeit mit den Kindern zu meinen Eltern nach Wallace. Von Ken getrennt zu sein gefiel mir überhaupt nicht. Ich wollte bei ihm sein. Noch dazu hatte ich stets Angst, er würde wieder mit jemandem herumziehen und zu viel trinken. Ich war erleichtert, als unsere Familie endlich wieder zusammen war, machte mir jedoch bald noch mehr Sorgen über Kens Alkoholkonsum.

Von seiner Firma bekam er ein Spesenkonto; er sollte gesellschaftliche Kontakte knüpfen und Organisationen wie der Handelskammer, dem Rotary Club oder dem „Elks' Club" beitreten, um Neukunden anzuwerben. Wie gesagt, trinken gehörte zum guten Ton; es war ein Lebensstil, und alle gesellschaftlichen Aktivitäten waren unmittelbar damit verbunden. Zu Hause tranken wir nicht, nur wenn wir ausgingen.

Die Clubs, in denen Ken nun Mitglied war, veranstalteten häufig spezielle Männerabende. Ich hatte kein gutes Gefühl dabei. Immer wieder dachte ich: „Warum zieht er andauernd mit den Jungs herum und trinkt so viel?“ „Ich bin allein, doch ihm ist das egal.“ „Er wird betrunken nach Hause kommen und mit mir schlafen wollen; ich werde mich ausgenutzt und mißbraucht fühlen.“ Wenn er dann meine Erwartungen erfüllte: „Er riecht nach Schnaps.“

Das rief Erinnerungen an meine Kindheit wach, weckte Ekel und Angst vor Sex und gab jedem Zorn und jedem Urteil, das ich seit Anfang meines Lebens über Männer gefällt hatte, neue Nahrung. Ich hatte zwar mit meinen Gefühlen zu kämpfen, schaffte es aber dennoch recht gut, meine Reaktionen zu steuern und halbwegs auf festen Beinen zu stehen.

Die zwei Kinder hielten mich auf Trab; in ihnen sah ich die Erfüllung und fand eine Zufriedenheit wie nie zuvor. Ich ging mit Ken auf Partys, und zumindest nach außen hin waren wir ein Herz und eine Seele. In den Augen der Welt, die nicht hinter die Kulissen schaut, waren wir die perfekte amerikanische Familie: Ken hatte beruflichen Erfolg, wir hatten materiellen Wohlstand und schienen glücklich, selbstzufrieden und grundsolide zu sein.

Als Laurel geboren wurde, beschlossen wir, eine Gemeinde zu besuchen. Wir brachten unseren zweieinhalbjährigen Sohn in die Sonntagsschule, doch an den Anbetungsgottesdiensten nahmen wir nicht teil. Unser Sonntagsschullehrer war der Präsident des North Idaho College und hatte einen erfrischenden Lehrstil. Der Herr begann, an uns zu arbeiten, indem er Fragen über unseren Glauben aufwarf, und wir fingen an zu wachsen.

Dann zogen wir wieder in die Stadt, in der wir aufgewachsen sind. Dort wurde Ken Manager einer Spar- und Darlehenskasse. Jetzt *mußte* er Mitglied in so vielen Clubs und Organisationen wie möglich sein, um sich in der Stadt einen Namen zu machen. Er arbeitete hart und war sehr erfolgreich. Doch dazu gehörte auch, daß „man“ mit Mitarbeitern und Kunden in eine Bar ging, um sich zu unterhalten. Doch schon bald wurde mehr daraus. Ken entwickelte allmählich eine Art „Belohnungssystem“: Er verausgabte sich völlig in seinem Beruf und „belohnte“ sich dann für seine harte Arbeit bei einem entspannenden Zwischenstop in der Bar. Doch mit der Zeit wurden diese Zwischenstops immer häufiger und länger, und Ken wurde sowohl von seinem eigenen System als auch vom Alkohol abhängig.

Unser drittes Kind kam zur Welt, und Ken trank *sehr viel.* Wie es mir dabei ging? Ich war zornig! Ich fühlte mich verlassen und verraten! Wie konnte er einerseits mich und die Kinder versorgen und andererseits unsere Not überhaupt nicht bemerken? Das war nicht fair!

Mein Zorn über ihn steigerte sich so, daß ich ihn schließlich haßte! Wenn ich mich in diesen Haßgefühlen badete, wünschte ich mir manchmal, er wäre tot. Dann hätte ich wenigstens ein Problem weniger. Ich müßte mich nicht mehr mit der Angst herumschlagen, wo er gerade wäre, mit wem, in welchem Zustand er sich befände und ob er irgendwann mal nach Hause käme. Ich müßte den Druck der Verantwortung nicht länger ertragen, seine Abwesenheit den Kindern gegenüber wettzumachen. Ich müßte mir keine Gedanken mehr darüber machen, was unsere Nachbarn mitbekommen und über uns denken. Ich platzte fast vor Zorn. Ich hätte wild um mich schlagen können, wußte jedoch nicht, wie und an wem ich meinen Ärger hätte abreagieren können.

In mir bohrte der Groll. Ich wollte nicht einmal mehr von Ken berührt werden. Doch wenn er dann schließlich in der Tür stand, war ich so erleichtert, daß wir gleich auch noch miteinander schliefen, so als ob damit alles geregelt wäre.

Als ich zweiunddreißig war, starb mein Vater. In einem Restaurant erstickte er an einem Stück Fleisch. Ich hatte gerade eben noch mit ihm getanzt, dann setzten wir uns, um etwas zu essen. Ich liebte ihn und konnte nicht verstehen, warum Gott ihn mir wegnahm. Was ich dabei fühlte?

Ich war maßlos zornig auf Gott!
Und Ken trank nach wie vor unmäßig.
Allmählich wurde ich ...

... depressiv.

Ich ging nicht mehr in die Gemeinde, weil ich dort in Gedanken immer noch Papas Sarg vor mir sah. Ich versuchte, meine Emotionen zu bändigen. Die Welt forderte mich auf, mich am Riemen zu reißen. Ich beschloß: „Ich bleibe zu Hause."

Ich bekam eine Frauenkrankheit und hatte wahnsinnige Angst, welche Konsequenzen diese Symptome haben würden.

In meiner Kindheit und Jugend war ich schon oft genug operiert worden: Vor meinem achten Lebensjahr hatte ich einen Blinddarmdurchbruch und bekam eine Bauchfellentzündung. Ich erlitt ein Trauma, als mir ohne Narkose ein Drain in den Magen eingeführt wurde. Ich hatte entzündete Mandeln und schreckliche Ohrenschmerzen; als ich elf war, wurden mir die Mandeln herausgenommen.

Nach Laurels Geburt mußte ein Riß der Bänder, die die Gebärmutter stützen, genäht und überdies noch einige große Hämorrhoiden entfernt werden. Nachdem Scott, unser drittes Kind, auf der Welt war, litt ich mehr und mehr an einem überaus schmerzhaften Frauenleiden. Neben all den Unannehmlichkeiten und Sorgen, die damit einhergehen, bekam ich noch dazu eine Sehnenentzündung in Händen und Armen (verbunden mit leichtem Brennen und Taubheit). Ich erinnerte mich, daß mein Großvater wegen Arthritis fünfundzwanzig Jahre lang im Bett liegen mußte.

Allmählich wurden meine anderen Gefühle durch die körperlichen Probleme verdichtet und somit nur noch schlimmer:

Angst, Zorn auf Ken, Frustration, Einsamkeit, immer wiederkehrendes Ringen mit Depressionen, Zorn auf Gott. Ich war aufgedunsen und immer und überall tat mir etwas weh. Meine Gebärmutter war so angeschwollen, als wäre ich im vierten Monat schwanger. Der Geschlechtsverkehr war schmerzhaft, aber ich ertrug es.

Meine Mutter versuchte, mich wegen der, wie wir alle wußten, unvermeidbaren Operation zu trösten, aber ich ließ mich nicht trösten. Ich war nicht bereit, mich der Tatsache zu stellen, daß ich nie wieder ein Kind haben könnte. Noch viel mehr beunruhigte mich die verwirrte, jedoch sehr hartnäckige Vorstellung, nach einer Totaloperation sei ich nur noch eine leere Hülle und werde in den nicht sehr erstrebenswerten Zustand eines Neutrums versetzt. Ich hatte es nie gemocht, ein Mädchen zu sein. Ich hatte mich nie wirklich als Frau gefühlt. Ich hatte immer mit meinem Frau-Sein zu kämpfen gehabt und es dennoch gewagt, zu träumen und zu hoffen.

Dann kam der Tag, vor dem ich mich so gefürchtet hatte. Ich wachte aus der Narkose auf und mir kam es vor, als hätte man mir etwas absolut Lebenswichtiges weggenommen, das ich nie wieder zurückbekommen könnte. Auch wenn ich es nie wirklich schaffte, zu meinem Frau-Sein zu stehen, schien ich jetzt der bloßen Möglichkeit, überhaupt einmal eine Frau werden zu können, ein für allemal beraubt worden zu sein; ich war am Boden zerstört. Ich war so töricht, mich im Krankenbett nicht zu bewegen, und bekam infolgedessen eine Lungenentzündung. Wenn ich Besuch bekam, fing ich an, hemmungslos zu weinen. Das war mir schrecklich peinlich, aber ich wußte nicht, was ich dagegen machen könnte.

Nach meiner Entlassung aus dem Krankenhaus wohnte ich eine Zeitlang bei meiner Mutter und Großmutter. Damals schien das ratsam und praktisch, solange ich noch nicht ganz genesen war. Ken mußte arbeiten, und ich konnte mich nicht darauf verlassen, daß er abends zu Hause sein würde. Heute begreife ich, daß ich gefühlsmäßig mein Elternhaus nie verlassen hatte.

Meine Individuation war nicht fortgeschritten; ich war nie selbständig geworden. Aus diesem Grund hatte ich mich auch nie der liebevollen Unterstützung und dem Schutz, den Gott mir durch meinen Ehemann schenken wollte, geöffnet. Ich nahm stark ab; daß ich nun schlank war, machte mich in gewisser Hinsicht glücklich. Ich war fasziniert von meiner neuen Figur, doch der Schmerz nach der Operation, emotionelle Pein und Angst aus meinem früheren Leben, für die ich noch keine Heilung empfangen hatte, sowie der Druck, schlank *bleiben* zu müssen, quälten mich. Ich schrieb mir selbst vor, ich dürfe nichts mehr essen.

1961 kauften Ken und ich ein Haus in Silverton, einem Vorort von Wallace. Ich mochte es sehr, fand jedoch schnell heraus, daß ein Haus nicht automatisch auch ein Heim ist. Ken engagierte sich stark im „Elks' Club", dem Dreh- und Angelpunkt des gesellschaftlichen Lebens von Wallace. Abends kam er oft nicht nach Hause.

Nach der Arbeit verspürte er den unwiderstehlichen Ruf, mit seinen Freunden Kegeln zu gehen und etwas zu trinken. Und ich saß zu Hause fest mit den drei Kindern! Ich dachte mir: „Er kümmert sich nicht um mich!" „Er läßt es krachen und verschleudert Geld, das wir gar nicht haben!" Immer wieder leierte ich in meinem Inneren diese Vorwürfe herunter. Schließlich lief ich emotionell auf Grund. Ich war ein nervliches Wrack, depressiv und ging zum Arzt.

Dieser verschrieb mir Beruhigungsmittel. Ich nahm stets eine höhere Dosis. Wenn ich nachdenken mußte, aber nicht wollte, schluckte ich eine Tablette. Ich wurde schläfrig, fiel in einen Dämmerzustand oder hielt ein Schläfchen. Aber ich hatte ja die Kinder bei mir ... ich kann mich nicht mehr genau erinnern ...

Ohne Erfolg versuchte ich krampfhaft, das Haus in Ordnung zu halten. Meine Mutter bot mir Hilfe an, aber ich konnte mich nicht mal mehr zu einem Gefühl der Dankbarkeit aufraffen. Deshalb war ich auch zornig auf mich selbst.

Wir gingen wieder in die Gemeinde, weil wir wußten, daß uns irgend etwas fehlte.

Aber ich steigerte mich mehr und mehr in alle möglichen Aktivitäten hinein und versuchte im Grunde, mir mein Heil zu verdienen. Ich war eine zerrissene Persönlichkeit, müde und depressiv; da ich versuchte, meine wegschwimmenden Felle zu halten, manipulierte ich andere Menschen.

Ich erinnere mich an den Sessel im Wohnzimmer mit einem Haufen Kleidung darauf.

Ich hatte eine Tablette genommen. Oder waren es zwei?

Berge aus schmutzigem Geschirr türmten sich chaotisch auf der Anrichte und der Spüle. Auf dem Boden lagen überall Zeitungen.

Ich war so müde, so fertig.

Wie sollte ich dieses Durcheinander bewältigen?

Ich fühlte mich so schwer. Verwirrung, wie ein Belagerungsring um mich herum. So konnte ich nicht weiterleben.

„Wie soll's nur weitergehen?"

Ich sah einen Fetzen Papier.

Ich starrte darauf.

„Wie soll ich das nur schaffen?" Dadurch, daß ich nicht hinsah, wurde die Arbeit nicht weniger. Ich könnte es schaffen, wenn ich eins nach dem anderen täte.

Das war der Anfang eines Neuanfangs.

In dieser Zeit wurden John und Paula Sandford Pastoren unserer Gemeinde in Wallace. Eines Nachmittags sagte John zu mir: „Als ich dich das erste Mal sah, wußte ich gleich, daß du Depressionen hast." Ich hatte Angst vor John. Er schien Röntgenaugen zu haben. Ich war mir sicher, daß er in mich hineinschauen konnte und all meine Probleme und Sünden sah.

Aber ich fürchtete mich auch vor John, weil ich in ihm eine Vaterfigur sah. Ich hatte ja auch vor meinem Vater Angst gehabt; normalerweise tat er keiner Fliege etwas zuleide, doch wenn man ihn reizte, wurde er zornig und tobte wie verrückt. Er explodierte, beruhigte sich dann aber schnell wieder. Ich liebte ihn. Doch weil ich diese zornigen fünfzehn Sekunden um alles in der Welt vermeiden wollte, tat ich alles, was man von mir wollte. Ich hatte mich immer angestrengt, brav zu sein, damit er mich nicht anschrie. Als ich John Sandford sah, repräsentierte er für mich väterliche Autorität. Er jagte mir einen Schrecken ein, und ich dachte, ich mache besser einen Bogen um ihn.

Eines Abends stand ich nach der Chorprobe im Gang des Gemeindehauses und wollte gerade gehen. John rief aus seinem Büro: „Wer ist da?"

„Donna."

„Komm' doch rein. Setz' dich, und wir plaudern ein wenig."

„Es ist schon spät."

Aber ich ging trotzdem in sein Büro, und wir redeten über Familien und Kinder. Ich sagte zu mir: „Sei vorsichtig. Bleib auf Distanz. *Vielleicht* ist er ja ganz in Ordnung, aber wer weiß ..." Diese Unterhaltung setzte den Heilungsprozeß in Gang, der sich mit vielen Gesprächen und Gebeten über die folgenden Monate und Jahre erstreckte.

Ken trank weiter. Unsere Kinder wurden größer und waren nicht mehr von mir abhängig. Als ich noch Babys großzuziehen hatte, fühlte ich mich wohler und sicherer. Larry und Jean Hansen, Freunde aus unserer Gemeinde, berichteten voller Freude vom Pflegefamilien-Programm, an dem sie teilnahmen; die Idee begeisterte mich, und ich wollte ihrem Vorbild folgen: Ich könnte mich um Kinder kümmern, die viel Liebe und Gebet brauchten; ich könnte ihnen helfen, Gott dienen und mir dabei noch ein paar Dollar dazuverdienen! Ich war mir nicht sicher, aber vielleicht versuchte ich nach wie vor, mir meinen Zutritt zum Himmel zu verdienen. Aber ich weiß ganz sicher, daß ich einen ganz neuen Lebenssinn bekam, als ich Pflegemutter wurde.

Mein erstes Pflegekind war ein Mädchen im Teenageralter. Ich hatte in romantischen Idealvorstellungen einer Pflegemutter geschwelgt, doch die fielen zusammen wie ein Kartenhaus: Das Mädchen machte nur Scherereien, war eine furchtbare Schülerin und stellte mich andauernd auf die Probe. Ich mußte ständig auf der Hut sein, um nicht in eine ihrer gedanklichen und emotionellen Fallen zu tappen.

Genau die Freunde, die in meinen Augen verwahrlost und gemeingefährlich waren, brachte sie mit nach Hause, und ich verbrachte die meiste Zeit damit, sie darauf hinzuweisen, daß man auch anders leben könne. Bei dem Gedanken, sie schlafe vielleicht schon mit ihrem Freund, brach in mir Verzweiflung aus. Ich beschäftigte mich so sehr mit ihr, daß ich nicht mehr mit meinen eigenen Kindern redete; als ich dies feststellte, sagte ich den Verantwortlichen des Pflegeeltern-Programms, ich würde ab sofort nur noch Kinder bis drei Jahre nehmen. Ich war der Meinung, in dieser Altersgruppe würde ich alles halbwegs unter Kontrolle haben.

Ich liebte jedes Baby, das ich aufnahm, und fühlte mich sicher. Sie herumzutragen, sie zu wiegen, sie auf die süßen

Wangen zu küssen, an ihren Ohren zu knabbern und für ihren kleinen verwundeten Geist um Heilung zu beten – all das erfüllte mich ganz. Viele Babys waren am Anfang extrem angespannt und steif wie ein Bügelbrett. Mitanzusehen, wie sie sich allmählich entspannten und es lernten, Liebe zu empfangen, machte mir viel Freude. Es war nicht leicht, sie dann wieder gehen zu lassen, doch gleichzeitig war es überaus befriedigend zu wissen, daß ich ihre kleinen Herzen auf die Liebe ihrer Adoptiveltern vorbereiten konnte. Überdies hatte ich in der Heilung der Babys auch für mich eine positive Identität gefunden.

Ken trank immer mehr. Mit unserer Sexualität ging es zusehends bergab, worüber ich im Grunde froh war, weil er immer so streng roch, wenn er betrunken war.

Immer wieder bereitete ich ein schönes Abendessen vor, und er kam nicht nach Hause. Ich war sauer! Habe ich mir etwa für nichts und wieder nichts so viel Mühe gemacht?! Nur für die Kinder hätte ich auch etwas *Einfacheres* machen können! Ich stellte sein Essen in den Kühlschrank und warf es dann schließlich weg.

Meine negativen Emotionen wurden immer stärker; je schlimmer der vom Groll erzeugte Streß wurde, desto schlechter ging es mir auch gesundheitlich. Meine Arthritis war sehr schmerzhaft, und ich hatte andauernd Migräne. Manchmal legte mich die Migräne drei Tage hintereinander lahm. Gregg, unser ältester Sohn, kümmerte sich dann um die Kleinen und kochte, damit ich mich hinlegen konnte.

Schließlich war ich absolut nicht mehr in der Lage, meine Gefühle zu unterdrücken. Wenn Ken betrunken nach Hause kam, brannte in mir die Sicherung durch. Oft schrien wir uns so an, daß die Kinder wach wurden.

„Komm bloß nicht ins Bett. Du stinkst! Du weckst mich andauernd auf, und ich kann dann nicht mehr einschlafen!“

Also schlief Ken auf der Couch.

Meine Mutter starb 1968. In der Seelsorge stellte sich heraus, daß sie noch immer mein Leben bestimmte, weil ich mich nie abgenabelt hatte. Ich hatte der Aufforderung der Bibel nie gehorcht: „Höre, Tochter, sieh und neige dein Ohr: Vergiß dein Volk und dein Vaterhaus! Den König verlangt nach deiner Schönheit ...“ (Ps. 45,10-11a; LÜ). Das Trennende zwischen uns war nicht nur Kens Alkoholkonsum. Dieses einander „*Anhangen*", diese „Ein-Fleisch"-Beziehung des gegenseitigen Gebens und Nehmens fehlte uns, weil ich Mutter und Vater nicht *verlassen* hatte, um dies überhaupt möglich zu machen (vgl. 1.Mos. 2,24; Eph. 5,31).

Nach dem Tod meines Vaters hatte ich den Eindruck gehabt, ich müßte seinen Platz einnehmen. Ich saß ständig zwischen zwei Stühlen und fühlte mich zwischen Ken und meiner Mutter hin- und hergerissen. Ich konnte es nicht beiden gleichzeitig recht machen. Ich nahm den Schmerz der beiden in mich auf und versuchte, die Wünsche von jedem zu erfüllen, was mich total frustrierte. Meine Mutter war krank, und ich mußte mit ihr andauernd zum Arzt fahren.

Weil Ken nicht allzuoft für mich da war, rächte ich mich an ihm, indem ich mich immer wieder mal mit einem ausgiebigen Einkaufsbummel belohnte. Wenn ich ein Problem hatte und Ken mich nicht tröstete, rief ich meine Mutter an; wir packten den kleinen Bill (unser adoptiertes Pflegekind) ein, fuhren nach Spokane und taten den ganzen Tag nichts anderes als Geld ausgeben. Ich sagte Ken nicht, wann oder wohin wir gefahren waren. In gewisser Hinsicht fühlte ich mich schuldig, aber das war mir egal. Unser Familienleben war sowieso dahin.

Doch diese „Rachefeldzüge" brachten mir keine echte Befriedigung. Ich versuchte, die Leere in mir durch Diäten auszufüllen, um attraktiver zu werden. Fast kam es mir vor, als würde ich meinen Körper verkaufen, um Ken nach Hause zu locken. Dann stopfte ich mich wieder voll und redete mir ein, die Welt brauche dicke Menschen. Ich war ein Fähnchen im Wind.

Stundenlang saß ich am Fenster und wartete darauf, daß Ken heimkommen würde.

„Warum trinkt er und gibt unser Geld aus?"

„Mit wem ist er zusammen?"

„Er interessiert sich nicht mehr für mich. Vielleicht gibt es jemanden, den er lieber mag als mich."

„Warum bin ich hier? Was soll ich hier eigentlich?"

„Wie würde es den vier Kindern ergehen, wenn ich alles stehen und liegen ließe?"

Ich saß in der Falle. Ich konnte nicht weg. Ich konnte nirgendwohin. Ich hatte keine Eltern mehr, zu denen ich fliehen konnte.

Nach wie vor ging ich zu John Sandford in die Seelsorge und versuchte, Jesus an die Wurzeln meiner Probleme heranzulassen. Dienstag nachmittag gingen Ken und ich gemeinsam zu den Sandfords zur Bibelarbeit. 1966 empfing ich die Geistestaufe.

Ich versuchte, mich zu ändern: treu in die Seelsorge zu gehen, das Haus in Ordnung zu halten, gute Mahlzeiten zu kochen, so pflichtbewußt wie nur irgend möglich zu sein.

Ich nahm mich zusammen, um alles zu tun, was John Sandford mir geraten hatte, um meinen Mann aufzuerbauen. Ich schlief mit ihm, um ihn aufzupäppeln, und manchmal war es so schön wie nie zuvor! Kens Hemmungen ließen nach, und er wurde ein immer besserer Liebhaber. Doch manchmal dachte ich nur: „Warum muß er nur so betrunken sein!", und nichts ging mehr. Ich fühlte mich wieder einmal verletzt. Dabei hatte ich andauernd Schmerzen wegen der Arthritis und der Migräne.

Eines Tages sagte John zu mir:

„Donna, kannst du deine Depressionen loslassen?"

„Ich weiß nicht. Warum?"

„Es wird nie mit dir aufwärts gehen, wenn du es nicht tust."

„Ich fürchte mich aber."

„Kannst du es dem Herrn zuliebe tun?"

„Ja, in Ordnung. Ich glaube, daß der Herr immer für mich da sein wird."

John betete für mich. Ich kam mir vor, als säße ich in einem tiefen Loch, und John strecke sich nach mir aus. Ich richtete meine Augen auf den Herrn. John stellte das Kreuz zwischen mich und die Depressionen. Ich war sauer auf John. Er hatte mir meine Depressionen weggenommen, und ich konnte mich nun nicht mehr hinter ihnen verstecken. Das Kreuz stand „im Weg", ich mußte mich dem stellen, was außerhalb lag, und konnte nicht mehr zurück in meine elende, doch so vertraute, finstere Höhle.

Inzwischen fühlte ich mich emotionell zu John hingezogen. Er war sympathisch, hörte zu, zeigte Erbarmen und Liebe. Ich dachte: „Mensch, das ist ein toller Mann!" (ich war dabei, einer sogenannten „Übertragung" zum Opfer zu fallen). In John sah ich alles, was ich an Ken nicht finden konnte. John hingegen war sehr darauf bedacht, meinen Blick immer wieder auf den Herrn zu lenken.

Nach meinem Bekehrungserlebnis und der Taufe im Heiligen Geist betrachtete ich mir mein Lieblingsbild von Jesus ganz genau; ich stellte mir vor, wie es wohl wäre, den Stoff seines Gewandes zu spüren oder seinen Bart zu berühren. Jesus begegnete mir in diesen kindlichen Gedanken, weitete meinen Blick über dieses Bild hinaus und wurde in meinem Herzen sehr real.

Ken ging zu John in die Seelsorge. Ken hatte, als er betrunken war, mit zwei Frauen geschlafen, und John riet ihm, es mir zu sagen. Doch ich nahm sein Bekenntnis nicht sonderlich gut auf. Irgendwie hatte ich es geschafft, die Sünden meiner Vergangenheit zu vergessen, und es stand nur noch ein Gedanke im Vordergrund: Ken hat mich mißbraucht. Er hatte das, was mir gehört, einer anderen gegeben. Ich denke, ich hatte es in meinem Geist bereits geahnt, und als er es mir dann sagte, war es in gewisser Hinsicht eine Erleichterung, endlich Gewißheit zu haben. Gleichzeitig kamen meine Gefühle arg ins Trudeln:

„Wie schneide ich im Vergleich zu ihnen ab? Bin ich genauso gut im Bett wie sie?"

Ken erwiderte: „Es hat mir überhaupt nichts bedeutet. Ich war betrunken. Ich hab' die Kontrolle verloren."

Seine Versuche, mich zu beruhigen, fruchteten nur wenig. Für mich waren Sex und Liebe untrennbar miteinander verbunden!

In den Zeitungen und im Fernsehen bekam man alle möglichen Ratschläge zum Thema Sex. „Tun Sie dies und tun Sie jenes, um eine erfüllte Sexualität zu genießen!" Ich fragte mich: „Erlebe ich einen Rausch der Sinne? Habe ich einen Höhepunkt?" Ich dachte: „Vielleicht sollte ich mit einigen Dingen, von denen da die Rede ist, herumexperimentieren. Vielleicht muß ich so was tun, damit Ken kein Verlangen mehr nach anderen Frauen hat."

Ich hatte ja darum gekämpft, schlank zu bleiben, und diesen Kampf verloren. Ich ging ein wenig in die Breite und plagte mich mit allen möglichen Diäten herum. Ich versuchte wirklich alles! Ich konnte mich nicht schön fühlen und sah immer nur meinen Bauch, meine überschüssigen Pfunde und meine Schwangerschaftsstreifen. Hie und da hatte ich einen Anflug von Deprimiertheit, doch der Weg in die Depression an sich war verschlossen. Ununterbrochen redete ich mit Gott. Immer und immer wieder bombardierte ich ihn mit meinen Fragen. John reagierte auf meine Fragen oft mit den Worten: „Du fängst ja schon wieder an. Hör' auf damit." Also ging ich mit den meisten Fragen zu Gott.

Ken zog immer noch umher und betrank sich, während ich nach Antworten forschte. Manchmal stellte ich ihm meine Fragen, und er versuchte auch zu antworten; aber in diesem Moment trommelte auch schon ein wahrer Kugelhagel auf ihn nieder. Eine Salve nach der anderen kam aus meinem Inneren. Kein Mann wird mit so etwas fertig. Ken reagierte darauf, indem er einfach ging.

Meine Gefühle schrien: „Ich werde abgelehnt und bin hier allein mit den Kindern; ich brauche Antworten; ich gehe zu Gott!" Ich rief zu ihm: „Gott, hörst du mir zu?!"

In dieser Zeit festigte sich mein Wandel mit Gott. Mühsam brachte ich Schritt für Schritt wichtige Punkte auf die Reihe. Ich *mußte* alles auf den Herrn werfen. Ich fing an zu beten: „Gott, ich vertraue dir", wußte jedoch, daß mein Herz nicht mitzog. „Ich werde dir auf jeden Fall vertrauen." Mir fiel ein Buch über Lobpreis in die Hand, **und ich fing an, Gott zu preisen,** obwohl alles nur noch schlimmer wurde.

Immer und immer und immer wieder mußte ich neu anfangen.

Ich suchte Hilfe und Hoffnung wie ein Ertrinkender den Rettungsring.

Die Seelsorge half.

Kostbare Augenblicke hielt ich fest.

Tatsache war: Unsere Familie funktionierte nicht mehr, und wir saßen alle im selben Boot.

Was die Sexualität betraf, überwog der Schmerz die Lust bei weitem. Das war schwierig für Ken und machte ihn empfänglich für „Quasi-Affären", die mit seiner Trunksucht im Zusammenhang standen. Gelegentlich ging er mit seinen Kumpels in „Freudenhäuser", nur um dort Partys zu feiern und zu trinken. Diese Häuser veranstalteten manchmal sogenannte „Goodwillpartys", zu denen jeder aus der Geschäftswelt eingeladen war.

Wenn es um die Unterstützung von gemeinnützigen Projekten und Spendenaufrufe ging, zeigte sich die Bordellwirtin immer sehr großzügig. Gelegentlich wurden sogar Kirchen oder

Gemeinden mit Spenden bedacht. Ich hatte immer Angst, Ken würde auf den Partys in dieser Umgebung der sexuellen Verlockung zum Opfer fallen.

Ich war wütend! Ich suchte nach Möglichkeiten, wie ich mich in den kleinen Dingen des täglichen Lebens über Ken lustig machen und ihn vor den Kindern abkanzeln konnte. Am Eßtisch legte ich für ihn kein Gedeck auf. Mit abgrundtiefer Verachtung verkündete ich: „Wenn er nicht nach Hause kommt, ist uns das auch egal." Ich war rachsüchtig und launisch, worunter die Kinder sehr litten.

Doch zur selben Zeit ging unsere Familie in die Gottesdienste, arbeitete im Vorstand und im Diakonatskreis mit, sang im Chor, ging zu den Bibelarbeiten und – machte Ausflüge mit der Familie Sandford. Nach außen hin waren wir untadelig, doch unser Innerstes war eine Räuberhöhle.

Im Dezember 1973 reagierten die Sandfords auf den Ruf des Herrn, zogen von Wallace weg und gründeten „Elijah House", einen überkonfessionellen Seelsorge- und Lehrdienst.

Im Frühjahr 1978 war meine Arthritis so schlimm geworden, daß ich mich wegen starker Kalziumablagerungen an der Wirbelsäule operieren lassen mußte. Meine Knochenstruktur war geschwächt, dazu kam noch die Beschädigung eines Nervs.

Später wurde durch meinen Rachen hindurch eine Knorpelwucherung am Hals entfernt; überdies wurde dem Oberschenkel ein Stück Knochen entnommen und als Stütze am Hals eingesetzt. Später wurde ich an den Handgelenken wegen einiger Gewebewucherungen operiert, durch die meine Finger taub geworden waren und die Funktionsfähigkeit meiner Hände stark eingeschränkt wurde. Ich lag flach auf dem Rücken und hatte von Kopf bis Fuß unerträgliche Schmerzen. Rund um die Uhr nahm ich Schmerzmittel und Kodein.

Ich war drauf und dran, erneut depressiv zu werden. Ich hatte keine Antworten. Mit Ken wurde es immer schlimmer. Unsere Kinder wurden groß und zogen aus. Wir hatten gravierende finanzielle Probleme. Unsere Sexualität war ganz zum Erliegen gekommen. Wir lebten einfach nur nebeneinander her. Ich fühlte mich so allein!

An den Wochenenden, an denen Ken immer auf seine Tour verzichtete, fühlte ich mich sicherer. Ich versuchte, alles in diese beiden Tage hineinzupacken und sie festzuhalten, als wären sie mein ganzes Leben! Ich wußte, daß Ken am Montag abend nicht nach Hause kommen würde.

Ich lag flach auf dem Rücken vor Schmerzen. Ich konnte mich um nichts kümmern und das Haus nicht verlassen.

Immer wieder sagte ich zu Gott: „Wird das etwa so bis in alle Ewigkeit weitergehen? Wann sehe ich endlich einen Hoffnungsschimmer?"

Wir stellten eine Haushälterin an.

Nach zwei Jahren ununterbrochener Schmerzen war ich nach wie vor gehandikapt. Ich wollte wieder am Gemeindeleben teilnehmen. Die Schmerzmittel halfen mir, so halbwegs über die Runden zu kommen, doch weil ich so ungelenk war, fiel es mir schwer, das Gleichgewicht zu halten. Damals schrie ich zu Gott:

„Ich möchte sterben! Hol' mich zu dir! Soll sich Ken doch um die Kinder kümmern (die inzwischen groß waren). Er kann im Restaurant essen und seine Kleidung im Waschsalon waschen."

Doch ich hatte nicht den Mut zu sterben. Eines Tages, als ich dabei war, im Sitzen den Vogelkäfig sauber zu machen, sagte ich: „Okay Gott, heile mich, oder ich gehe wieder ins Bett, bleibe liegen und stehe nie wieder auf!"

Kurz darauf rief mich eine Freundin an und erzählte mir, Billy Graham komme ins Albi Stadion in Spokane, und das Planungskomitee brauche noch Leute, bei denen zu Hause vorbereitende Gebetstreffen abgehalten werden könnten. Sie meinte, es wäre gut, wenn ich mitmachen würde; sie wußte auch, daß meine Haushälterin immer samstags kam, um das Haus auf Vordermann zu bringen; bis zu dem Treffen am Montag würde deshalb die Wohnung noch ordentlich aussehen, und ich müßte lediglich Kaffee machen und einen Teller mit Keksen hinstellen.

Ich sagte zu. Ich rüstete mich mit Schmerzmitteln aus, um an der Informationsveranstaltung in Coeur d'Alene teilnehmen zu können. Dort stellte sich heraus, daß es viel aufwendiger sein würde, ein Gebetstreffen bei sich zu Hause abzuhalten, als ich vorher gedacht hatte. Man erwartete von mir, in der Nachbarschaft Werbung für diese Großveranstaltung zu machen! Jedes Haus in Silverton hatte etliche Stufen zur Eingangstür. Wegen der Arthritis war ich kaum in der Lage, zehn Schritte auf ebenem Boden zu gehen, ohne mich ausruhen zu müssen.

Ich sagte: „Es ist absolut unmöglich, daß ich von Haus zu Haus gehe. Da müssen Sie leider auf mich als Mitarbeiterin verzichten."

Meine Freundin erwiderte: „Dann machen wir's eben gemeinsam. Du bist die Gastgeberin, und ich lade die Leute ein."

„Okay."

Später rief sie mich an und sagte, sie könnte ihr Versprechen nicht halten. Ich dachte: „Was soll ich tun? Wenn ich das nicht durchziehe, lasse ich Gott im Stich. Wie könnte er mir das je verzeihen?"

Einige Tage darauf rief mich der Pastor unserer damaligen Gemeinde im nahegelegenen Kellog an, um mir zu sagen, in der Stadt Idaho Falls fände eine charismatische Konferenz statt. Er meinte, es wäre wichtig, daß ich daran teilnähme. Wo auch immer bis dahin Heilungsgebet angeboten worden war, hatte ich es in Anspruch genommen, aber es war noch nichts passiert. Ken versprach, er würde mich hinfahren, sagte jedoch in letzter Minute ab. Also fuhr ich mit zwei Leuten aus unserer Gemeinde mit.

Als ich dort ankam, war ich total steif und hatte Schmerzen. Als man Leute, die Gebet wollten, nach vorne rief, blieb ich sitzen. Doch dann nannte man meinen Namen: „Donna Campbell". Man betete für mich, und nichts geschah. Wie sollte ich nur meine Nachbarn einladen? Ich sagte zum Herrn: „Ich weiß nicht, wie ich das schaffen soll, Gott. Du wirst es für mich tun müssen."

Dann kam der Tag, an dem ich von Tür zu Tür gehen sollte. Ich sagte zu Ken: „Bitte bete mit mir um Kraft, damit ich wenigstens ein paar einladen kann." Er betete für mich, und ich sagte zu Gott: „Ich will das für dich tun. Ich muß mich auf dich verlassen und dir vertrauen."

Um zehn Uhr vormittags fing ich bei meinen Nachbarn an. Als es Abend wurde, war ich in zweiunddreißig Häusern gewesen und jedesmal die Treppe rauf und runtergegangen! Bis dahin war ich nicht einmal in der Lage gewesen, in den Keller hinunterzugehen!

Ich war erschöpft und hatte große Schmerzen. Ich legte mich ein paar Minuten hin. Mit einem Mal fiel mir auf, **daß ich keine Schmerzen mehr hatte!**

„Mein Gott, ich bin geheilt!“ Ich weinte, sang und dankte Gott – alles auf einmal. Gott hatte ein Wunder vollbracht – an mir!

Ken arbeitete nicht mehr bei der Bank, sondern verlegte sich auf Immobilien. Er hatte zwei Büros und alles lief sehr gut, als sich im Silver Valley eine wirtschaftliche Katastrophe ereignete. Eine große Firma hatte eine der größten Galenit- und Zinkminen der Gegend sowie eine Schmelzhütte aufgekauft, ausgebeutet und schließlich geschlossen. Aus diesem Grund mußten auch viele kleinere Minen in der Umgebung schließen, weil sie es sich nicht leisten konnten, ihr Erz zu weiter entfernten Schmelzhütten zu transportieren.

Der Silberpreis war damals sehr niedrig und auch für die Holzindustrie, dem anderen Stützpfeiler der Wirtschaft in dieser Gegend, sah es nicht gut aus. Die Wirtschaft der Region erlebte eine gewaltige Talfahrt, und Immobilien konnte man kaum mehr verkaufen. Ken kämpfte ums Überleben, konnte jedoch sein Unternehmen nicht mehr halten und sah sich schließlich gezwungen, Konkurs anzumelden. Er war am Boden zerstört und fühlte sich gedemütigt. Er hatte versagt.

Seine Verluste beeinträchtigten auch das Wohlergehen von Freunden und Mitarbeitern, die von ihm abhingen, und es gab keine Möglichkeit, sie irgendwie zu entschädigen. Sein Leben war ein Mißerfolg und eine Enttäuschung für seine Familie, seine Freunde und für Gott. Noch dazu war er ein elender Trinker und Ehebrecher. Immer und immer wieder quälte er sich mit der Frage: „Warum hat Donna mich nicht schon vor Jahren verlassen?“ Ken fing an, aus dem tiefen Loch, in das er gefallen war, aufrichtig zu Gott zu schreien.

Wir mußten unser Haus verkaufen und das Silver Valley verlassen. Wir kamen bis nach Coeur d'Alene. Dort fand ich eine Stelle in einem Country Club und später dann in einem Feinkostgeschäft. Ken verkaufte eine Zeitlang Immobilien und Lebensversicherungen. Seine Mutter griff uns finanziell unter die Arme, und wir bekamen einen staatlichen Zuschuß für ein Kind unter achtzehn Jahren. Auch Essensmarken waren uns eine Hilfe.

Noch dazu bekam ich eine Art Behindertenrente (meine Bewegungsfähigkeit war nach wie vor eingeschränkt, und auch meine Hände waren zum Teil immer noch taub). Aber wir erlebten ein schnelles Glaubenswachstum.

Ich war froh, daß wir nicht mehr im „Valley“ waren. Der Gedanke, daß Ken sich nicht mehr mit seinen alten Kumpanen treffen konnte, machte mich froh. Wir fanden ein Zwei-Zimmer-Apartment. Eines Abends betrank sich Ken, und ich war am Ende! Jetzt fing alles wieder von vorne an!

Ich fühlte Zorn, Ekel, Frustration, Verzweiflung ...

Er gab Geld aus, das wir gar nicht hatten! Was fiel ihm nur ein?!

Ich stellte ihn zur Rede: „Ich gehe zur Arbeit und bringe regelmäßig Geld nach Hause. Warum *du* nicht?“

Kens Niedergang und Zerbruch näherten sich seinem Höhepunkt.

Eines Tages brachte ihn die Polizei um fünf Uhr früh nach Hause. Man hatte ihm den Führerschein genommen und ihn noch dazu bei Gericht vorgeladen. Ich dachte: „Ohne Führerschein ist's mit seinen Touren vorbei. Preis dem Herrn!“

Doch in unserer unmittelbaren Umgebung war eine Kneipe. Die konnte er problemlos zu Fuß erreichen. Das alte Lied begann von vorne. Ken schlief auf der Couch, und ich stand frühmorgens auf, um zur Arbeit zu gehen. Doch damals war Kens Alkoholkonsum schon nicht mehr mit früher zu vergleichen. Er betrank sich nur noch gelegentlich.

Ken mußte seine Wochenenden im Gefängnis verbringen, und Gott veränderte etwas in ihm während dieser Zeit. Ich habe Ken darüber nie Fragen gestellt. Ich wußte, daß der Herr irgendwie zu ihm durchgedrungen war, weil man Veränderung sehen konnte. Ab diesem Zeitpunkt ging er nicht mehr aus, um sich zu betrinken. Er hatte keine Kumpels mehr, mit denen er herumzog, und kein Geld mehr. Aber wir waren glücklich! Wir fingen an, miteinander zu reden.

Dann erlitt Ken einen schweren Herzanfall. Das war die letzte Phase seines Zerbruchs. Sechs Wochen lang lag er auf der Intensivstation (Jahre zuvor hatte er gesagt: „Herr, wenn du mich sechs Wochen lang einsperren könntest, würde ich diese Gewohnheit loswerden.“) Gott hatte seine Bitte gehört.

Während Ken im Krankenhaus lag, fiel mir auf, wie sehr ich ihn eigentlich liebte. Der Gedanke, ihn zu verlieren, war entsetzlich! Dem Zorn, der Frustration und Selbstgerechtigkeit, die sich in mir aufgestaut hatten, wurde der Todesstoß versetzt, und mit einem Mal sah ich unsere Beziehung aus einem völlig neuen Blickwinkel. Ehrlichen Herzens betete ich inständig: „Herr, sei ihm gnädig. Du hast doch sicher noch etwas viel Schöneres für uns geplant als das, was wir bisher erlebt haben."

Kens Herz wurde geheilt! Ich meine damit sowohl körperliche als auch emotionale und geistliche Heilung. Doch damit nicht genug: Ohne irgendwelche Entzugserscheinungen zu haben, hörte er auf zu trinken und zu rauchen (er hatte mehrere Schachteln am Tag geraucht).

In Übereinstimmung mit Gottes Zeitplan schlossen wir uns den „Elijah House" Mitarbeitern an. Ich war Telefonistin, begrüßte die Ratsuchenden, spielte telefonische „Gebets- und Seelsorgefeuerwehr", vereinbarte Termine mit Menschen, die aus aller Welt kamen und bei unseren Mitarbeitern oder professionellen Seelsorgern Hilfe suchten. Ich beantwortete auch einen Teil der Post, die im Elijah House einging, d. h., ich gab Antworten auf Ehe- und Familienprobleme, verwies die Leute auf einschlägige Literatur oder an Menschen, die ihnen helfen könnten und die in ihrer Gegend wohnten etc.

1988 beantwortete ich handschriftlich 697 solcher Anfragen, 1989 waren es 775. 1990 werden es sicher noch viel mehr sein. Ich stehe stundenlang am Kopierer, bin ständig im Haus unterwegs und genieße es, wenn ich den Vorstand und die Mitarbeiter in dem Teil von Elijah House bewirten darf, den Ken und ich heute unser Zuhause nennen.

Gott benutzt Kens Erfahrungen und Fähigkeiten als Geschäftsmann, Bankangestellter und Immobilienmakler für seinen Dienst; er ist heute Vorsitzender und Geschäftsführer von Elijah House. Ken koordiniert die Arbeit von vierzehn Mitarbeitern sowie alle Lehrtermine der Sandfords in aller Welt.

Er kümmert sich um die Instandhaltung der Gebäude und sucht gemeinsam mit dem Vorstand praktische Wegweisung vom Herrn, wie die Vision, die Gott den Sandfords am Anfang des Dienstes gegeben hatte, umgesetzt werden kann. John und Paula Sandford sagen, sie könnten jetzt getrost auf Reisen gehen, weil sie wüßten, daß zu Hause alles in Ordnung wäre. Und – ich bin stolz auf meinen Mann!

Die Zeit des Zerbruchs für Ken und mich dauerte vierunddreißig Jahre. Ich war zweiundzwanzig, als ich Ehebruch beging; ich war sechsundfünfzig, als wir all dies hinter uns gelassen hatten. Ich würde nichts von all dem noch einmal erleben wollen, aber andererseits all diese Erfahrungen nicht für eine Million Dollar eintauschen.

Ken weiß, daß er von vielen Dingen, nur nicht von Gott, abhängig war, und der Herr hat ihm durch sein Gericht und seine Gnade alles weggenommen. Ich weiß, daß ich es mir nicht leisten kann, auch nur einen Augenblick lang Groll zu hegen. Alles, was die Heuschrecken im Laufe dieser Jahre auffraßen, ist in einem unbeschreiblichen Maße wiederhergestellt worden (vgl. Joel 2,25). Gott ist gnädig und treu.

Heute kann ich auf eine gesunde Art und Weise mein Gewicht kontrollieren: Ich achte auf meine Ernährung, weil ich meinen Körper nun als Tempel des Heiligen Geistes betrachte (vgl. 1.Kor. 6,19). Ich nehme lediglich noch entzündungshemmende Mittel, Beruhigungstabletten und Schmerzmittel brauche ich nicht mehr.

Wenn wir unter Streß stehen, geben wir ihn im Gebet an den Herrn ab. Wenn ich mich ärgere, weiß ich, daß ich für meine Reaktionen verantwortlich bin, und bete: „Zeig' mir meine Sünde. Gott, nimm' in meinem Leben mehr Raum ein." Mein Selbstbild ist heute besser als je zuvor, weil meine Identität auf Christus gegründet ist und ich sie nicht mehr aus eigener Kraft aufrechterhalten oder verteidigen muß.

Ken und ich sind in gewisser Hinsicht traurig darüber, was unsere Kinder leiden mußten. Aber wir wissen, daß Gott uns vergeben hat; wir konnten sie an ihn abgeben und ihnen zugestehen, daß sie selbst die Verantwortung für ihr Leben vor dem Herrn übernehmen. Da wir geheilt wurden und mehr und mehr im Herrn wachsen, glauben wir auch, daß der Segen Gottes, der durch Eltern fließen soll, immer reiner und mächtiger auf unsere Kinder kommen wird.

Der Feind möchte, daß wir uns an Schuldgefühlen festbeißen. Wir wissen hingegen, daß wir nicht in der Vergangenheit leben sollen. Wir haben uns voll und ganz zu unserer Vergangenheit gestellt und über alles Buße getan. Jetzt sollen wir uns auf die Erlösungskraft des Herrn konzentrieren.

Ich kann nicht beschreiben, was ich heute fühle. Es ist phantastisch, großartig ... mir fehlen die Worte. Ich weiß, daß Gott mir göttliche Kraft schenkt, um alles zu bewältigen. Vergeben tut weh. Ich kann und muß mich immer dazu entscheiden zu vergeben, aber ich kann es nicht bewirken. Das übernimmt der Herr. Die Beziehung zwischen Ken und mir ist tiefer und schöner, als wir es je für möglich gehalten hatten. Ich gehöre zu Gott. Ken gehört zu Gott.

Jeden Tag, wenn ich von meinem Schreibtisch im Elijah House aus am Telefon mit Frauen spreche, die tief verletzt sind, weil ihre Männer alkoholabhängig sind oder in Ehebruch leben, sage ich ihnen:

„Ich hab' das hinter mir. Auch Sie **können** geheilt werden."

Annas Geschichte – Kindheitserinnerungen
(Anna ist keine fiktive Person, sondern eine Freundin von mir. Ich erzähle ihre Geschichte so, wie sie sie mir erzählt hat. Auf ihre Bitte hin habe ich jedoch ihren Namen geändert.)

An vieles aus meiner Kindheit kann ich mich nicht mehr genau erinnern. Das liegt zum Teil daran, daß ich schon Mitte siebzig bin, zum Teil daran, daß ich als kleines Mädchen viele schmerzhafte Dinge unterdrückte, und zum größten Teil daran, daß ich im Laufe der Jahre schon viel Heilung erlebt habe.

Mein Vater war Alkoholiker, auch wenn er es nie zugab. Mutter sagte, er hätte immer schon getrunken. Er sprach so auf Schnaps an, daß er manchmal schon einen Schwips bekam, wenn er ihn nur roch. Seine Schwestern waren auch alle alkoholabhängig; sein Bruder hätte sich wohl auch in die Familienlinie eingereiht, wäre er nicht ein zutiefst überzeugter Baptist gewesen.

Mama vertuschte Papas Abhängigkeit. Auch wenn er betrunken und völlig fertig im Bett lag, sagte sie, er hätte starke Kopfschmerzen; oder wenn er nicht heimkam, erzählte sie uns, er sei deshalb noch nicht zu Hause, weil draußen auf der Weide eine Kuh in den Graben gefallen wäre. Wenn er beim Abendessen vom Stuhl fiel, brachte sie ihn ins Schlafzimmer, ohne viel

Aufhebens davon zu machen. Sie verhielt sich immer so, als ob alles in Ordnung wäre, und niemand verlor darüber je ein Wort.

Wir gingen immer gleich wieder zur Tagesordnung über, so als ob nichts geschehen wäre. Ich machte mir vor, er sei ja gar nicht betrunken. Ich kann mich an kein Weihnachten, Ostern oder einen anderen Feiertag erinnern, an dem Papa nicht sturzbetrunken gewesen wäre. Er verzog sich in ein Zimmer, und der Rest der Familie feierte ohne ihn weiter, so als ob nichts Ungewöhnliches vorgefallen wäre. Ich nehme an, meine Mutter dachte, es sei leichter, das Problem mit stoischer Ruhe zu ignorieren, als ein großes Drama daraus zu machen, noch dazu mit einem Ehemann, der seine Schwäche kategorisch leugnete. Ich weiß, daß ich ihrem Vorbild folgte und es mir angewöhnte, meine Gefühle rigoros zu unterdrücken.

Papa hat nie jemanden aus der Familie geschlagen. Er vergötterte meine Mutter. Sie kamen aus sehr unterschiedlichen Familien. Er war auf einem Bauernhof groß geworden. Sie hatte eine ausgezeichnete musikalische Ausbildung in Chicago genossen, mit Lilly Pons gesungen und war drauf und dran, ihre eigene Karriere als professionelle Sängerin zu beginnen, als sie meinen Vater kennenlernte und sich in ihn verliebte. Wer damals ihre Wahl mit einer provokanten Bemerkung in Zweifel zog, bekam von ihr ausnahmslos, spitz und prompt eine Retourkutsche.

Papa sah sich als Selfmademan. In vielen Lebensbereichen war er ein aufrechter Mann mit Moral. Er bezeichnete sich selbst als Christ. In der Gemeinde war er Leiter des Begrüßungsteams und Ältester. Doch zu Hause war er oft so betrunken, daß er in unserer Scheune mit der Flasche an den Lippen im Kuhmist lag.

Irgendwie vereinte er zwei völlig unterschiedliche Personen in sich. Wenn er nüchtern war, konnte er sehr charmant und liebenswert sein. Wenn er betrunken war, konnte ich ihn nicht ausstehen! Ich *mochte* ihn überhaupt nicht, und das machte mir Sorgen. Ich betete darüber, und der Herr sagte zu mir, das sei schon in Ordnung, solange ich ihn *liebte*. Auch heute noch werde ich sauer, wenn jemand ein anderer zu sein vorgibt, als er in Wirklichkeit ist!

Mein Vater war sehr gewalttätig gegenüber Tieren! Vermutlich ließ er seine ganze Frustration und Feindseligkeit an ihnen aus. Er war richtiggehend bösartig, wenn er ohne ersichtlichen Grund unsere Hunde mit den Füßen trat. Unsere Kühe hatten immer gebrochene Schwänze. Warum? Wenn er zornig war, packte er eine Kuh beim Schwanz und bog ihn so lange hin und her, bis er schließlich brach!

An eine Begebenheit kann ich mich noch sehr lebhaft erinnern: Als ich ungefähr acht Jahr alt war, ging ich einmal in die Scheune und ertappte meinen Vater dabei, wie er eine Kuh mit der Mistgabel malträtierte! Ich war so zornig, daß ich ihm die Gabel aus der Hand riß, mich zwischen ihn und die Kuh stellte und ihn anschrie: „Du verschwindest jetzt hier, oder ich ramme dir dieses Ding in den Bauch!“

Als ich etwas älter war, stellte ich mich noch einmal zwischen ein Tier und ihn, doch diesmal schlug ich ihn rasend vor Zorn nieder. Es war schrecklich, den eigenen Vater niederzuschlagen, doch wenn er betrunken war und wild um sich schlug, konnte ich in ihm einfach nicht meinen „Vater“ sehen. In solchen Situationen änderte sich seine Persönlichkeit von Grund auf. Mir kam es vor, als stoße ich jemand anderen weg, eine völlig andere Person, die für uns alle eine Bedrohung darstellte und von irgend jemandem zur Räson gebracht werden mußte.

So oft mußte ich zusehen, wie mein Vater in die Scheune ging und als Mann ohne Rückgrat wieder herauskam; er fiel vor meinen Augen in sich zusammen. Was fühlte ich dabei?

Ich war verwirrt, fragend, verletzt ...

Vielleicht schämte ich mich, aber ich kann mich nicht mehr erinnern.

Meine Mutter nahm alles hin, ohne mit der Wimper zu zucken.

Es war mir nicht bewußt, daß ich Angst gehabt hatte. Vielleicht überdeckte der Zorn meine Angst.

Wo wir auch hingingen – ich war *heilfroh*, wenn er nicht mitkam!

Als ich erwachsen war, behauptete mein Vater steif und fest, er habe mit dem Trinken ganz und gar aufgehört. Aber er machte nach wie vor seine „Touren“, und ich wußte, daß er immer noch vom Schnaps abhängig war. Mein Verdacht bestätigte sich, als ich eines Tages in seinem Garten arbeitete und Wein-, Whisky- und Spiritusflaschen fand, die er zwischen den Blumen hatte verschwinden lassen. Ich konnte ihm nie vertrauen und kam in seiner Gegenwart nie innerlich zur Ruhe.

Welche Auswirkungen hatte all dies auf mein Leben?

Was das Trinken anbetrifft, achte ich immer peinlich genau darauf, nichts anzufangen, was ich nicht im Griff habe. Ich weiß, daß ich für den Reiz des Alkohols vielleicht genauso empfänglich bin wie jeder andere aus unserer Familie, und entscheide mich bewußt dagegen.

Ich hatte immer schon Probleme mit Streß. Ich bin ein sehr kreativer, vielseitiger und aktiver Mensch, neige jedoch dazu, mich zu verzetteln. Ich übernehme zu viel emotionale Verantwortung, bekomme infolgedessen schlimme Kopfschmerzen und einen Ausschlag am ganzen Körper.

Mit dem Thema Ehe verbinde ich eine Aneinanderreihung von Enttäuschungen und Katastrophen. Als meine jüngste Tochter acht oder neun Jahre alt war, erlitt ich einen Nervenzusammenbruch und bekam eine Schockbehandlung. Nach diesen Behandlungen sah man zwar Heilungserfolge, doch mein Arzt sagte mir, mein Glaube habe mich gesund gemacht. Noch heute habe ich hie und da Alpträume; dabei geht es immer irgendwie um die Angst, die ich während dieser Behandlungen erlebte. Ich kann mir auch keine Science-Fiction-Filme wie „Raumschiff Enterprise“ anschauen, weil die Lichtblitze und Geräusche eben diese Erinnerungen in mir wachrufen.

Ich liebe den Herrn, und er hat treu, manchmal sogar wunderbar, in mein Leben eingegriffen, um mich zu heilen. Einmal hielt man mich schon für todkrank, doch ich überraschte jeden, meinen Arzt eingeschlossen, mit einer vollständigen und „unmöglichen“ Genesung. Gott muß noch das eine oder andere mit mir auf Erden vorhaben.

Meine Tochter war für mich immer eine Gabe Gottes zu meiner Heilung. Sie kam mir eigentlich nie wie ein Kind vor. Schon als kleines Mädchen und auch die ganze Kindheit und Jugendzeit über hatte sie in besonderem Maße Weisheit, Einfühlungsvermögen und Mitgefühl, das sie mir liebevoll schenkte. Ich suchte nach einer guten Gemeinde, in der ich eine enge, persönliche Beziehung zum Herrn und seinem Volk pflegen konnte.

Als meine Tochter heiratete, erwiesen sie und ihr Mann mir einen großen Dienst. Ich kann mich nicht mehr erinnern, was geschah, als sie für mich beteten (ich glaube, ich fiel in Ohnmacht), aber auf jeden Fall war es ganz gewaltig! Danach ergoß sich Heilung über mich wie ein Wasserfall; mir kam es vor, als würde die Güte Gottes schaufelweise über mich geschüttet. Überdies spürte ich in einer sehr lebhaften geistlichen Erfahrung, wie ich auf dem Schoß Gottes saß. Noch nie hat mich jemand so in seinem Arm gehalten.

Ich bin dankbar für den Überfluß an Heilung, der mir zuteil wurde. Doch Gott ist noch nicht fertig mit mir. In seiner Weisheit gab er mir einen Gradmesser und Schutz durch liebe Menschen. Denn wenn ich zu aktiv bin, mir zu viele Sorgen mache und mein empfindsames und überanstrengtes Nervensystem heißläuft, baut sich Spannung auf und ich spüre den Zwang, meine auseinanderdriftende Welt in halb wahnsinnigen Manövern zusammenzuhalten.

Ich achte auf die Symptome und ziehe mich in die Stille zurück. Dort verbringe ich heilsame Stunden mit meinem himmlischen Vater, der gestern, heute und morgen ausnahmslos und unerschütterlich dieselbe verständnisvolle, sanfte und auferbauende Person ist. Sollte ich die Signale einmal übersehen, werde ich von meiner Familie mit liebevoller, aber sanfter Strenge erinnert: „Oma, es ist wieder Zeit für die Stille."

> Sogar mein Vater und meine Mutter haben mich verlassen, aber der Herr nimmt mich auf. (Ps. 27,10)

> Der Herr ist für mich unter denen, die mir helfen ... (Ps. 118,7a)

8

Singles: ihre Suche, ihre Sorgen, ihr Trost

Brenda arbeitete etliche Jahre lang für uns im Elijah House. Sie war eine schöne, intelligente und verständige junge Frau um die Dreißig, die vielen mit ihren Gaben der Seelsorge und des Gebets zum Segen wurde. Fast jeder wunderte sich darüber, daß sie noch ledig war.

Sie hatte ein hübsches Gesicht und eine gute Figur; mit ihrem glänzenden rotbraunen Haar hätte sie sich ausgezeichnet für eine Shampoowerbung geeignet. Sie war attraktiv und geschmackvoll gekleidet. Sie war ein kluger Kopf, eine echte Persönlichkeit und noch dazu sehr charmant. Man konnte sich mit ihr über die unterschiedlichsten Themen gut unterhalten. Mehrere Ratsuchende meinten, sie könnten einfach nicht verstehen, warum die Männer an Brendas Tür nicht Schlange stünden.

Ich spreche nicht von einer Überfrau mit makelloser Persönlichkeit, mit der sich niemand hätte identifizieren können. Wie wir alle hatte auch sie Wunden in ihrem Herzen, die der Heilung bedurften, und Gewohnheiten, die noch umgestaltet werden mußten. Damals war sie irgendwie unnahbar, deshalb war es auch nicht einfach, sie näher kennenzulernen. Selbstverständlich stand nicht auf ihrer Stirn geschrieben, man solle auf Distanz bleiben.

Weil Brenda eine ausgezeichnete Lehrerin war und sich als Single gut in die Gefühle von Singles hineinversetzen konnte, baten wir sie, auf einem Seminar zum Thema Single-Sein zu sprechen. Ich werde nie die Reaktion der Zuhörer vergessen, als sie leidenschaftlich ausrief: „Es *gibt* ein Leben nach der Pubertät!" Schallendes Gelächter durchbrach eine schmerzende Kruste. Mit großem Interesse hörten sich die Leute an, was Brenda zu sagen hatte. Immer und immer wieder betonte sie, unsere Sicherheit, unsere geistige und emotionale Gesundheit, unser Selbstwert und unsere Brauchbarkeit hänge von unserer Beziehung zu Jesus Christus ab, die sich ständig weiterentwickelt; das gelte für Verheiratete wie für Ledige.

Sie sagte: „Er ist es, der uns die Kraft schenkt, sich schmerzlichen und/oder lähmenden Lebensumständen zu stellen und sie zu überwinden; er ist es, der Schwachheit in Stärke und eine Wüste in einen Garten verwandeln kann. Auch wenn Sie ledig sind und verschiedene Kämpfe und Frustrationen Sie ständig begleiten, ist das kein Zeichen von Ablehnung und – Sie sind nie allein."

Heute ist Brenda eine glückliche Ehefrau und Mutter und lebt in einem anderen Bundesstaat. Nach wie vor macht sie auf der Grundlage eines stetig wachsenden und sich vertiefenden Vertrauens auf Gott Seelsorge. Nicht weil sie einen Ehepartner gefunden hat, ist sie eine vollständige Persönlichkeit. Vielmehr kann sie eine gute Ehepartnerin sein, weil ihre Persönlichkeit durch Christus immer vollständiger wird.

Schmerzerfüllte Schreie lediger Frauen:

„Ich bin über vierzig – meine Zeit wird knapp. Meine Chancen, doch noch Mutter zu werden, schwinden dahin."

Die meisten Frauen, denen dieser Schrei aus dem Herzen kommt, finden sich schlicht und einfach mit der Enttäuschung ab und entwerfen Strategien, wie sie mit dieser Situation zurechtkommen können. Einige werden zur lieben „Tante" oder zur „besten Freundin" der Kinder ihrer Freunde. Unsere Kinder hatten nicht oft Gelegenheit, ihre Großeltern zu sehen, weil sie hunderte von Kilometern entfernt wohnten. Doch ihre „Ersatzomas" aus der Gemeinde, die ihnen mit großer Freude ihre Liebe schenkten, waren eine Schau.

Einige ledige Frauen werden begabte Lehrerinnen oder machen eine gute Jugendarbeit. Gott hat viele Möglichkeiten, um aus einer kinderlosen Frau eine fröhliche Mutter zu machen (vgl. Ps. 113,9). Wenn Sie bereits viele Kinder „adoptiert" und unterstützt haben und immer noch ein Schmerzensschrei aus der Tiefe Ihres Herzens aufsteigt (die ungestillte Sehnsucht nach einem *eigenen* Kind), dann müssen Sie wissen, daß solche Gefühle ganz normal sind. Gott versteht Sie und will Ihnen Trost schenken.

Das natürliche Verlangen einer Frau, Leben hervorzubringen, ist so stark, daß heute überall auf der Welt immer mehr Singles ganz bewußt auf eine Schwangerschaft abzielen, eben weil sie es sich so sehr wünschen, Mutter zu werden. In vielen Fällen sind sie selbst abgelehnt und verletzt worden und ihre Herzen sind verhärtet, so daß es ihnen relativ egal ist, von wem sie das Kind bekommen. Es war ohnehin nie ihre Absicht, mit dem Vater in einer dauerhaften Beziehung zu leben.

Der Schmerz, kinderlos zu sein, ist so groß, daß sie sich dafür entscheiden, nur deshalb ein Kind zur Welt zu bringen, weil sie selbst Trost und Erfüllung finden wollen; sie denken überhaupt nicht daran, welche tiefen Wunden diese Einstellung im Geist ihres Babys hinterlassen kann. Jedes Kind braucht Vater und Mutter. Kinder, die unter diesen Voraussetzungen empfangen werden, beginnen ihr Leben mit dem Gefühl, im Grunde doch nur abgelehnt oder für andere Ziele benutzt zu werden.

Solange diese Wunden nicht geheilt werden, werden jene Kinder nur schwer die Liebe der Mutter empfangen können, die diese ihnen unbedingt schenken wollte. Und solange die Mutter nicht erkennt, wie selbstsüchtig ihre Motive waren, darüber Buße tut und dafür Vergebung empfängt, wird die Art der Liebe, die sie ihrem Kind schenken möchte, ein Zerrbild ihrer selbst sein, weil sie ja eigentlich nur ein Selbstzweck ist.

„Ich trauere über den Verlust meiner Babys, die ich nie hatte, so als ob sie zur Welt gekommen und danach gestorben wären.“

Ich war den Tränen nahe, als ich diesen Schrei hörte. Mir gegenüber saß eine hübsche Frau Anfang Vierzig. Sie war attraktiv und vereinte Sanftheit und Stärke in sich, was relativ selten ist. Sie hatte sich jahrelang in einen Dienst investiert, in dem Leute ein erfülltes Leben finden konnten; somit wußte sie recht gut, was Liebe ist, in dem Sinn, daß man sich um anderer Menschen willen aufopfert.

Zweifellos war sie die Mutter vieler geistlicher Kinder. Aber sie trauerte über ihre *eigenen*. Mein Herz brach, als ich mich in ihr Gefühl des Verlustes hineinversetzte. In ihrer Phantasie, in ihren Träumen, in ihrer tiefen Sehnsucht hatte sie ihre Kinder bereits empfangen, in sich getragen und geboren; aber sie wurden tot geboren und sie hatte sie nie in ihren Armen halten können. Sie hatte Angst, dieser Traum würde nie Wirklichkeit werden.

Sie wollte nicht zornig werden, doch immer wieder kam in ihr der Gedanke hoch: „Was für eine Verschwendung, daß ich alle Organe habe, die man zum Kinderkriegen braucht! Wie sinnlos, nach einem biologischen Zyklus zu leben, der nichts als Scherereien und Unannehmlichkeiten bringt!" Ich dachte mir immer wieder, was für eine tolle Mutter aus ihr werden könnte, und fragte mich, was wohl mit dem Mann geschehen war, den Gott vielleicht für sie im Auge gehabt hatte. „O Gott, wenn er da draußen irgendwo herumläuft, dann laß' die beiden schnell zusammenfinden."

„Ich liebe den Herrn. Ich liebe meine Arbeit. Ich habe viele Freunde. Aber ich wollte immer eine eigene Familie gründen. Es gibt nichts, was dieses Loch in mir wirklich ausfüllen kann."

Diese Klage hören wir am häufigsten von Singles, die in der Mission tätig sind. In der Regel sind sie attraktiv, talentiert und engagiert; sie geben sich nicht mit einem normalen Beruf zufrieden, bei dem nichts als ein regelmäßiges Gehalt rausspringt. Aufrichtigen Herzens möchten sie ihr Leben investieren, um dem Herrn zu dienen und andere in Freiheit zu führen. Die meisten von ihnen fühlen sich in irgendeiner Hinsicht von Gott dazu berufen.

Doch nur selten begegnen wir Frauen, die nicht zugeben, daß sie immer davon geträumt haben, genau diese Arbeit zusammen mit einem Mann zu tun – gemeinsame Arbeit, gemeinsames Spiel, gemeinsame Freude, gemeinsames Leid, gemeinsame **Kinder**.

Einige, die in die Mission gingen, hatten anfangs vielleicht keine „Berufung" dazu, in dem Sinne, daß Gott ihnen die klare Anweisung zu missionieren gegeben hätte. Vielmehr sahen sie sich nach dem Tod des Ehepartners oder nach einer Scheidung dazu veranlaßt, nach einer Möglichkeit zu suchen, wie sie sich anderweitig sinnvoll engagieren könnten. Dann begegnete Gott ihnen dort, wo sie waren, und öffnete eine Tür. Und dennoch spüren sie ihre Sehnsucht nach Liebe „mit Haut drumherum".

Es gibt Frauen, die sich von Anfang an dafür entscheiden, sich in ihre Karriere zu investieren und nicht in eine Familie. Sie haben einen übervollen Terminkalender und engagieren sich total, um in der Geschäftswelt, als Malerin, Lehrerin, Wissenschaftlerin oder Journalistin etc. Erfolg zu haben, so daß sie jahrelang nicht darauf achten, was unbewußt in ihnen verborgen liegt.

Wenn es dann auf die Rente zugeht, erkennen sie allmählich, daß ein Teil von ihnen noch nie die Chance hatte, sich zu entfalten. Einige scheinen sich dennoch wohl zu fühlen, so wie sie sind. Andere stellen fest, daß ihnen bei allem Erfolg und allen Auszeichnungen die menschliche Wärme fehlt. Eine überaus intelligente und talentierte ledige Frau zeigte mir bei sich zu Hause an der Wand ihr Doktordiplom und sagte mit Tränen in den Augen: „Je älter ich werde, desto schwerer fällt es mir, damit zu kuscheln."

„Ich sehne mich so nach körperlicher Nähe! Ich rede nicht von Sex (obwohl das auch ein Problem sein könnte), sondern nur von einer Berührung oder einer Umarmung von jemandem, der mich festhält, mit dem ich reden kann, mit dem ich herumstreunen kann, dem ich wichtige Dinge erzählen kann, mit dem ich beten kann, mit dem ich alt werden kann."

Die Frau, von der dieser Kommentar stammt, war verheiratet gewesen und hatte mehrere Kinder großgezogen. Doch dann wurde sie geschieden, ihre Kinder waren inzwischen groß und zogen von zu Hause weg. Sie befürchtete, sie würde sich in eine unangemessene und/oder verfrühte Beziehung stürzen, weil der Mangel in ihr so groß war.

Wenigstens erkannte sie, wie anfällig sie war, und suchte Hilfe. Viele Frauen tun das nicht. Sie lassen sich von ihren Gefühlen leiten und schalten ihr Urteilsvermögen aus. Noch mehr Frauen holen sich keinen Rat, weil sie Angst davor haben, mißverstanden oder angeklagt zu werden.

Anklage oder Verurteilung sind absolut unangebracht. Die Gefühle dieser Frauen sind völlig normal. Die Frau wurde von Gott so geschaffen, daß sie nicht nur Liebe *braucht*. Sie wurde auch geschaffen, um ihrem Mann Erfüllung zu schenken und seinem Herzen Nahrung und Schutz zu geben. „Ihr vertraut das

Herz ihres Mannes, und an Ausbeute wird es ihm nicht fehlen" (Spr. 31,11). Wenn sie diese Gelegenheit nicht hat, ist es ihr auch nicht möglich, diesem Teil von ihr Ausdruck zu verleihen. Ob sie sich dessen voll bewußt ist oder nicht – ihr Gefühl, zutiefst wertvoll zu sein, erleidet Schaden.

Die ledige Frau, die noch nie die Auserwählte eines Mannes war, leidet im Prinzip unter demselben Schmerz und derselben Frustration wie die ledige Frau, die zwar schon die Auserwählte war, ihren Mann jedoch verlor, und wie die verheiratete Frau, der ihr Mann das Versprechen gab, seine Auserwählte zu sein, die jedoch aus seinem Herzen ausgeschlossen wurde (weil er nicht in der Lage war, eine innige Beziehung und Gemeinschaft mit ihr einzugehen).

Sie werden davon abgehalten, das Maximum dessen, wozu sie geschaffen wurden, zu erreichen. Mann und Frau wurden dazu geschaffen, Gemeinschaft miteinander zu haben. Mir scheint jedoch, daß Frauen im allgemeinen und ganz natürlich dazu neigen, eine innige Beziehung einzugehen, während Männer eher die Flucht ergreifen.

„Ich sehe offenbar nicht gut aus – niemand hat mich gewollt." Diese Bemerkung rutschte einer außergewöhnlich attraktiven Frau heraus, kurz vor ihrem vierzigsten Geburtstag. Mit großem Geschick und Kompetenz arbeitete sie an verantwortlicher Stelle in einer überaus renommierten internationalen Dienstleistungsfirma. Sie wurde nicht nur respektvoll und mit Hochachtung behandelt, viele nannten sie eine „gute Freundin".

Aber sie fühlte sich häßlich, weil ihr noch nie ein Mann einen Antrag gemacht hatte. Sie war zwar schon hie und da mal mit jemandem ausgegangen, aber es hatte sich nie eine ernste Beziehung daraus entwickelt. Mein Mann und ich versuchten, ihr zu versichern, daß sie wirklich schön sei, denn es war ohnehin offensichtlich.

Sie wußte unsere Mühe zu schätzen, doch keine noch so intensive Überzeugungsarbeit hätte in ihren Augen die „Tatsachen" ungeschehen machen können, die sie für die Wahrheit hielt. Niemand hatte sie gewollt, obwohl sie so anerkannt war und so viele positive Eigenschaften hatte. Deshalb „wußte" sie intuitiv, daß es nur an ihrem Aussehen liegen konnte, daß sie bisher noch nie jemand heiraten wollte.

Mögliche Antworten auf oft gestellte Fragen

Wenn es da draußen einen Mann für mich gibt, warum habe ich ihn dann noch nicht gefunden?
Unser Sohn Mark studierte am Theologischen Seminar von Denver. Maureen, die schließlich seine Frau wurde, wohnte in Calgary (Kanada). Mark war ungeduldig und irgendwie auch zornig, weil er schon fast neunundzwanzig war und immer noch nicht die Frau fürs Leben gefunden hatte. Seine drei Brüder hatten alle schon mit neunzehn, zwanzig und einundzwanzig geheiratet. Er freute sich für sie, fragte sich jedoch, warum er nicht so gesegnet war.

Mark hatte viele Freunde, die zufällig Freundinnen waren, doch in diesen Beziehungen keimte nichts Romantisches auf. Seine Familie und seine Freunde ermutigten ihn: „Mensch Mark, sie wartet irgendwo da draußen auf dich. Ich weiß es ganz genau." Doch er erwiderte: „Das hab' ich schon mal gehört und ich würde es ja gerne glauben!" Daß er immer zorniger und verzweifelter wurde machte mir Sorgen; als ich eines Tages für ihn betete, forderte mich der Herr klar und deutlich auf, Psalm 128,2-3 zu lesen:

> Denn essen wirst du die Arbeit deiner Hände. Heil dir! Gut steht es um dich. Deine Frau gleicht einem fruchtbaren Weinstock im Innern deines Hauses, deine Söhne den Ölbaumsprossen, rings um deinen Tisch.

Ich schrieb die Stelle ab, gab sie Mark und sagte, ich glaubte, der Herr hätte sie für ihn bestimmt. Er steckte den Zettel in seine Bibel.

In der Zwischenzeit ging auch Maureen schon auf die Dreißig zu, und obwohl es für sie sehr ermutigend war, Heilung für frühe Wunden zu erfahren, war auch sie ungeduldig und frustriert und fragte sich, ob sie je den richtigen Mann finden würde.

Dann flog mein Mann John nach Calgary, um dort zu lehren; Maureen war unter den Zuhörern. Sie bat Gott, ihr einen Mann wie John zu schicken.

Etwas später ging Maureen zu Janet, einer damaligen Mitarbeiterin von uns, in die Seelsorge; im Laufe ihrer Gespräche erwähnte Janet so nebenbei Marks Namen. Maureen wußte in ihrem Geist, daß sie diesen Mark eines Tages heiraten würde (sie wußte damals noch nicht, daß Mark in vielerlei Hinsicht John ähnlicher ist als er sich selbst).

Bald darauf machte Maureen in einer Gemeinde ein Seminar mit, in dem unsere Bücher durchgearbeitet wurden. Sie wurde nach ihrem Namen und dem Grund für ihre Teilnahme gefragt. Sie erwiderte: „Ich bin hier, weil Gott mich darauf vorbereitet, Mark Sandford zu heiraten." Die Leute erschraken ein wenig, stellten sie jedoch nicht in Frage. Ich weiß jedoch nicht, ob das daran lag, daß sie das im Brustton der Überzeugung gesagt hatte, oder weil die Leute dachten, sie sei schon eine komische Person.

Maureen kam nach Coeur d'Alene in die Seelsorge. Mark war zu Hause, weil er damals bei Elijah House sein medizinisches Praktikum machte. Wir schickten ihn zum Flughafen, um sie dort abzuholen. Zwei verlorene und einsame Herzen fanden sich an jenem Abend – Mark wußte nichts davon, Maureen schon. Bis um zwei Uhr früh redeten sie miteinander. Das war der Anfang einer Beziehung, die sie in den darauf folgenden neun Monaten größtenteils per Post und per Telefon fortsetzten.

Maureen besuchte uns noch einmal. Sie wollte eigentlich nur kurz bleiben, wir überredeten sie jedoch, ihren Besuch zu verlängern. Lange bevor wir Maureen kennenlernten, sah John in einem Traum die Frau, von der er wußte, daß sie eines Tages Marks Frau werden würde. Doch Maureen sah anders aus als das Mädchen aus dem Traum. Als John eines Tages betete, hörte er, wie eine Stimme sagte: „Hilf mir, Marks Herz zu erreichen." Mit einem Mal erkannte er, daß die Stimme Maureens Stimme und auch die Frau aus dem Traum Maureen war; sie hatte lediglich eine andere Frisur.

Eines Nachmittags, als sie allein im Arbeitszimmer saß, fragte John sie: „Was denkst du über Mark? Möchtest du ihn heiraten?" Mit Tränen in den Augen sagte sie: „O ja." Ihr zukünftiger Schwiegervater betete mit ihr, sagte jedoch Mark nichts davon.

Einen oder zwei Tage später erzählte Mark uns, er hätte Maureen einen Heiratsantrag gemacht („Ich glaube, Gott wollte, daß ich sie frage"), und sie hätte ja gesagt. Maureen ging nie wieder nach Kanada zurück. Seit sie verheiratet sind, dürfen wir miterleben, wie beide aufblühen und das Beste im anderen zum Vorschein bringen. Inzwischen haben sie auch schon zwei süße Ölbaumsprossen rings um ihren Tisch, ein Mädchen und einen Jungen, und man darf auf mehr hoffen.

Und die Moral von dieser Geschichte? Gottes Zeitplan! Mark war ein „Spätzünder". Als kleines Kind war er sexuell mißbraucht worden (vgl. *Opfer des Sexualmißbrauchs*, Verlag Gottfried Bernard). Tief in ihm steckten Erinnerungen, die er völlig verdrängt hatte. In den ersten Ehewochen machte ihm der Heilige Geist diese Erinnerungen bewußt.

Auch Maureen hatte tiefe Wunden, die der Heilige Geist heilen mußte. Die Liebe des Herrn zwischen ihnen hatte ihre Herzen darauf vorbereitet, einander zu dienen. Genau zum richtigen Zeitpunkt ihres Reife- und Heilungsprozesses brachte Gott sie zusammen. Hätten sie einander früher gefunden, wäre keiner von beiden bereit gewesen, sich einfühlsam auf den anderen einzustellen; Probleme, die von Wunden aus der Vergangenheit herrührten, hätten ihre innige Gemeinschaft nachhaltig beeinträchtigt. Unter diesen Voraussetzungen wäre aus ihrer Ehe wahrscheinlich eher eine Katastrophe als eine glückliche Gemeinschaft geworden.

Wenn es oft den Anschein hat, als antworte der Herr nicht auf die sehnsüchtigen und ungeduldigen Gebete seiner Kinder, dann sind es meiner Meinung nach seine Güte und Gnade, die uns seine Antwort vorenthalten. Wenn Sie in der Lage sind, etwas zu riskieren, und bereit, das zu tun, was Sie tun, zu warten und auf Gott zu vertrauen, dann wird er zur rechten Zeit den Knoten lösen.

Und wenn nun etwas in mir ist, das mich davon abhält, meinen Partner zu finden?

Es könnte durchaus sein, daß Sie innerlich blockiert sind. Zu den häufigsten Blockaden gehören:

1. Wunden, die Sie erlitten haben
2. Lügen, die Sie geglaubt haben
3. Urteile, die Sie gefällt haben
4. Erwartungshaltungen, die Sie aufgebaut haben
5. Mauern, die Sie gebaut haben
6. innere Schwüre, die Sie getan haben
7. unbewußte Botschaften, die von Ihnen ausgehen

Sie müssen jedoch nicht den Rest ihres Lebens unter diesen Dingen leiden.

1. Welche Wunden?

Seit der Zeit Ihrer Empfängnis wohnt Ihr Geist in ihnen; er ist sensibel und weiß, ob Sie gewollt oder nur ein „Mißgeschick" waren. Die aufrichtige Liebe ihrer Eltern zueinander schenkt Ihnen innere Ruhe; andererseits wachsen Angst, Schmerz und Anspannung in Ihnen, wenn sie sich streiten.

Angesichts dessen, wie Ihre Eltern auf Ihre Not reagieren, (freudig oder vorwurfsvoll) verstehen Sie sich selbst schon sehr früh entweder als Segen oder als Eindringling und Belastung. Sie fühlen sich als „Auserwählte", wenn Ihre Eltern gerne mit Ihnen zusammen sind, oder erleiden tiefe Verletzungen, wenn Sie vernachlässigt, geschlagen oder beschimpft werden.

Wenn Sie von Ihren Eltern körperliche Nähe bekommen, die von keinerlei Zweideutigkeit oder Hintergedanken durchsetzt ist, werden Sie mit Liebe erfüllt, und Ihr Geist erstarkt, so daß es ihm leicht fällt, ja zum Leben zu sagen. Wenn bedingungslose Liebe und angemessene Zucht Hand in Hand gehen, findet die Frage nach Ihrer Zugehörigkeit in den tiefen Schichten Ihres Geistes ihre Antwort. Sie bekommen Mut und Sicherheit, um sich etwas zuzutrauen, um Fehler zu machen und sich für einen neuen Versuch immer wieder aufzurappeln.

Ohne diese fundamentalen Voraussetzungen – angenommen sein und Nahrung jeder Art zu bekommen – verwelkt Ihr Geist wie eine Pflanze, die zu wenig Wasser und Licht hat. Wenn Sie immer wieder beißender Kritik ausgesetzt sind, ziehen Sie sich innerlich zusammen, und Ihre Emotionen sterben ab; Sie werden ein Häufchen Elend, das die Spuren der Ablehnung trägt, und entschuldigen sich andauernd dafür, daß Sie auf der Welt sind. Es besteht andererseits die Möglichkeit, daß Sie von Schmerz und Zorn getrieben ausrasten und es sich zum Ziel setzen, es allen zu zeigen und sie in den Schatten zu stellen.

Ist Ihre Mutter glücklich, lebenslustig und mit Leib und Seele Frau, dann fällt es Ihnen wahrscheinlich leicht, sich mit ihr zu identifizieren und ja dazu zu sagen, daß Sie selbst eine Frau sind. Wenn sie jedoch eine permanent mies gelaunte Schlampe ist, oder zumindest von Ihrem Vater wie eine behandelt wird und dies duldet, werden Sie sie als Vorbild vermutlich ablehnen. Wenn Sie als Kind und Jugendliche von Ihren Eltern, besonders von Ihrem Vater, immer wieder hören, was Sie doch für ein Wonneproppen sind und wie stolz sie doch auf Sie sind, dann „wissen" Sie auch, daß Sie schön sind, ob das nun der Realität entspricht oder nicht.

Sie sehen in sich einen Schatz, ein Geschenk, das dem Herzen eines Mannes zum Segen wird. Wenn Ihnen niemand sagt, wie hübsch Sie sind und wie schön es ist, daß Sie da sind oder wenn Sie von Ihren primären Bezugspersonen beleidigt oder lächerlich gemacht werden, fühlen Sie sich womöglich häßlich und schämen sich, auch wenn Sie mit Ihrem Aussehen jeden Schönheitswettbewerb gewinnen würden.

2. Welche Lügen?

Sie hätten kein Recht zu leben. Sie müßten sich Liebe verdienen, wenn Sie welche wollten. Sie wären nur dann liebenswürdig, wenn Sie alles richtig machten. Sie wären ein „Versehen", ein Eindringling, eine Belastung. Sie gehörten nirgendwo dazu. Sie hätten eine ganz schreckliche Macke. Sie wären häßlich, und niemand wollte Sie haben. Sie gehörten in der Tat in die letzte Ecke gestellt. Sie wären irgendwie für die Sünden Ihrer Eltern verantwortlich, und deshalb hätten Sie auch keinen Segen verdient.

3. Welche Urteile?

Es ist eine Sache zu erkennen, daß man von einem Elternteil vernachlässigt oder mißhandelt wurde, und sich diese Verletzung einzugestehen (vielleicht verurteilen Sie etwas oder jemanden mit Recht, es oder er sei unmoralisch, ungerecht und habe Sie verletzt). Es ist jedoch etwas ganz anderes, sich in Haß und Zorn zu suhlen und infolgedessen über jemanden ein Verdammungsurteil auszusprechen. Ob man diesen Haß nun offen zeigt oder nicht – er tötet den, gegen den er sich richtet.

> Richtet nicht, damit ihr nicht gerichtet werdet! Denn *mit welchem Gericht ihr richtet, werdet ihr gerichtet werden*, und mit welchem Maß ihr meßt, wird euch zugemessen werden. (Mt. 7,1-2)

Sie können mit Recht davon ausgehen, daß sich bestimmte schmerzliche Muster in Ihrem Leben andauernd wiederholen werden, wenn Sie sich eine Zeitlang in Haß gebadet und Ihren Ängsten ständig neue Nahrung gegeben haben. Wir sind nicht verantwortlich für die Sünden unserer Eltern. Aber wir tragen die Verantwortung für unsere Reaktionen darauf und für die Herzenshaltung, an der wir festhalten, auch wenn wir uns nicht erinnern können oder uns nicht bewußt ist, je so ein Urteil gefällt zu haben.

4. Welche Erwartungshaltungen?

Es würde ohnehin nie jemanden geben, der Sie liebt, ja zu Ihnen sagt, sensibel auf Sie eingeht oder Ihr Verlangen restlos stillt. Sie würden sich immer um sich selbst kümmern müssen. Selbst wenn Sie alles richtig machten, würden sie ja doch nur kritisiert werden. Niemand wäre in der Lage, Ihre Not zu verstehen. Man würde Sie immer links liegen lassen. Niemand würde Sie besuchen oder sich für das interessieren, was Sie haben. Niemand würde Sie als Person wertschätzen. Vermutlich würden Sie hart arbeiten müssen, um sich die Zugehörigkeit zu irgend jemandem zu verdienen, und dann dennoch verstoßen werden. Es würde nie einen Ort geben, an dem Sie Ruhe finden könnten.

5. Welche Mauern?

Wenn wir verletzt sind, gewöhnen wir uns an, Mauern zu bauen, um unsere Gefühle zu schützen. Wir verhärten unser Herz und weigern uns (oftmals unbewußt), andere Menschen über ein bestimmtes Maß hinaus an uns heranzulassen. Dennoch können wir anderen mit frohem Herzen dienen und ihrer Not Abhilfe leisten. So haben wir nämlich die Sicherheit, die Zügel wenigstens halbwegs in der Hand zu haben.

Aber wir bleiben unnahbar und zurückgezogen; wir verstecken unsere Sehnsüchte, Schmerzen und Ängste, denn sobald wir unser Herz aufmachen, könnten wir ja durch die Unvollkommenheit anderer Menschen verletzt werden. Wir entscheiden uns für den Schmerz der Einsamkeit und Isolation und gegen das Risiko, eventuell verletzt oder verraten zu werden.

Doch eine Mauer ist eine Mauer – leider. Eine Mauer schützt nicht nur vor dem Bösen, sie hält auch das Gute ab. In Hesekiel 11,19 und 36,26 heißt es, Jesus werde das „steinerne Herz" aus uns herausnehmen und uns statt dessen ein „fleischernes Herz" schenken. Er bietet uns den Schutz seines „Brustpanzers der Gerechtigkeit" an (vgl. Eph. 6,14). Aber wir haben soviel Angst davor, die Sicherheit unseres eigenen Schutzwalls zu verlassen; so kann es sein, daß wir uns wohl fühlen und liebe Menschen allmählich unser Herz weich machen, wir jedoch inmitten dieser neu entdeckten Freiheit und Gemeinschaft auf die Bremse steigen und wieder in unser altes, vertrautes Gefängnis fliehen.

6. Welche Schwüre?

„Ich hab' mein Herz schon mal jemandem geöffnet und ihm vertraut, aber ich wurde verraten. Ich werde *nie wieder* einem Menschen vertrauen."

„Es tut so weh, abgelehnt zu werden. Ich werde andere ablehnen, bevor ich selbst abgelehnt werde."

„Ich habe anderen Leuten von meinen Gefühlen erzählt, und sie haben sie gegen mich eingesetzt. Ich werde meine Gefühle verbergen."

„Meine Mutter war der Fußabstreifer meines Vaters. Ich werde es niemals zulassen, daß irgend jemand so mit mir umspringt."

Solche kraftvollen Schwüre aus früher Kindheit sind wie eine Programmierung des Computers in unserem Inneren. Wenn dann später im Leben durch ähnliche Umstände eine bestimmte „Taste" gedrückt wird, wird ein Befehl aktiviert, der in uns eine zwanghafte Reaktion auslöst.

7. Welche unbewußten Botschaften?

„Du magst mich nicht." „Du würdest dich nie für mich entscheiden; das hat noch nie jemand getan." „Du wirst mich ablehnen." „Du wirst mich im Stich lassen; das haben bisher alle getan." „Ich kann dir nicht vertrauen." „Ich werde dich nicht brauchen." „Schlag mich doch; ich werde ganz bestimmt nicht weinen." „Ich komme allein klar."

Was können Sie tun, um diese Blockaden loszuwerden (insofern Sie davon betroffen sind)?

In Jakobus 5,16 heißt es: „Bekennt nun einander die Vergehungen und betet füreinander, damit ihr geheilt werdet.“ Und im Grunde ist es wirklich so einfach. Beten Sie zunächst mit anderen und disziplinieren Sie sich dann, selbst im Gebet dranzubleiben:

(zu 1.) Beten Sie, daß der Herr seine Liebe in die Tiefe des Geistes dieses verletzten Kindes ausgießt, das Sie selbst sind, und diese Liebe dort als heilige, heilende Medizin ihr Werk tut.

(zu 2.) Beten Sie, daß die Lügen über Sie, denen Sie geglaubt haben, zum Tod ans Kreuz gebracht werden und Sie Freiheit erlangen, um sich selbst so zu sehen und anzunehmen, wie Jesus Sie sieht und annimmt.

(zu 3.) Tun Sie Buße über jedes Verdammnisurteil, das Sie gefällt haben, besonders Ihren Eltern gegenüber. Entscheiden Sie sich dafür zu vergeben und erwarten Sie von Jesus, daß er aus dieser Entscheidung eine erlebbare Realität macht.

(zu 4.) Weisen Sie die Erwartungshaltungen, denen Sie Raum gegeben haben, von sich. Bitten Sie um einen neuen Geist und die richtige Haltung.

(zu 5.) Beten Sie, daß der Herr die Mauern um Ihr Herz niederreißt und Ihren fleischlichen Verteidigungswall zum Einsturz bringt, damit Sie von nun an von seinem Brustpanzer und seinem Schild geschützt werden, wenn Sie sich öffnen, verletzbar machen und dadurch Neuland betreten.

(zu 6.) Ergreifen Sie im Gebet Autorität über Ihre inneren Schwüre und brechen Sie ihren Einfluß auf Sie.

(zu 7.) Beten Sie, daß die alten Botschaften, die die Sehnsucht Ihres Herzens falsch darstellten und Gottes Plan für Sie behinderten, ausgelöscht werden und daß neue Botschaften unter der Anweisung des Heiligen Geistes in Form von Segen und Einladung zur Gemeinschaft von Ihnen ausgehen.

Und: Seien Sie beharrlich in Ihren Gebeten!

Familienerfahrung in Kleingruppen

Es gibt unterschiedlich strukturierte Kleingruppen, in denen Singles Freundschaft und Auferbauung finden können. Die wertvollsten Erfahrungen kann man manchmal in Gruppen machen, die von ihrer Vielfalt leben und in denen Alte und Junge, Männer und Frauen, Ehepaare und Singles beisammen sind.

In einer solchen Gruppe wird einem Single „Familienatmosphäre“ vermittelt. Wenn eine ledige Frau dies in ihrer eigenen Familie nicht erlebt hat, steht diese Gruppe zur Verfügung, vorausgesetzt, die Frau ist bereit und in der Lage, das Angebotene auch anzunehmen. Wenn sie von ihrer leiblichen Familie verletzt wurde, besteht für sie nun die Möglichkeit, durch Gebet Heilung zu erfahren und mit Menschen etwas Neues zu erleben; Menschen, die in der Lage sind, ein Vorbild für gesunde Beziehungen zu sein, die ledige Frau im Gebet zu tragen und sie durch ihre Liebe zu echtem Leben zu führen. In ihrer christlichen Familie findet sie nun Ergänzung und Ermutigung. Diese Familie kann ihr mit bedingungsloser Liebe die christliche Identität und das Selbstwertgefühl vermitteln, das sie braucht, um wirklich Frau sein zu können.

Wenn sie Kinder hat, werden in der Gruppe höchstwahrscheinlich Vater- und Ehevorbilder sein, von denen die Kinder lernen können und auferbaut werden. Immer wieder wird die Gemeinde in der Bibel mit Nachdruck aufgefordert, sich für die Sache der Witwen und Waisen einzusetzen und sich um sie zu kümmern.

Vorteile und Gefahren von Singletreffs

Im Idealfall sollten Singletreffs eine Gelegenheit bieten, zusammenzukommen, Leute kennenzulernen und Erfahrungen auszutauschen; die Erquickung und Auferbauung in dieser Gemeinschaft soll die Last der Einsamkeit leichter machen. Solche Gruppen sollten ein gewisses Zugehörigkeitsgefühl und damit auch Sicherheit vermitteln und jenen einen Heilungsdienst anbieten, die ihn brauchen.

Wenn Singletreffs eine gute Atmosphäre schaffen, wenn man miteinander Spaß hat und Abenteuer erlebt, tiefe Gespräche miteinander führt, die Freizeit miteinander verbringt, sich gemeinsam mit bestimmten Themen befaßt und/oder einen Dienst tut, können daraus ohne weiteres dauerhafte Beziehungen entstehen.

Alle Gruppen, nicht nur Singletreffs allein, müssen von sich selbst wegschauen, denn es ist so leicht, eine eingeschworene Gruppe zu werden und sich nur um sich selbst oder die eigenen Probleme zu drehen. Wenn dem so ist, hängt die Gruppe nur noch von der Sicherheit, dem Selbstwertgefühl und der Stabilität ihrer Mitglieder ab.

John und ich kennen einige sehr auferbauende Singletreffs. Wir durften an etlichen wunderschönen Hochzeiten teilnehmen und das positive Wachstum von Ehen miterleben, die bei solchen Treffs ihren Anfang fanden. Aber wir haben uns auch oft Geschichten enttäuschter und desillusionierter Singles angehört: „Gibt's da draußen keine anständigen Männer mehr? Ich lernte im Singletreff meiner Gemeinde einen Typen kennen. Ich dachte, ich könnte mich wirklich für ihn interessieren. Doch gleich bei unserer ersten Verabredung wollte er schon ins Bett mit mir!"

Fast genauso oft hören wir ähnliche Kommentare von Männern: „Gibt's auf der Welt keine Frauen vom alten Schlag mehr, die etwas auf sich halten? Ich ging mit einem Mädchen zum Essen und ins Kino, doch da ich keine Annäherungsversuche machte, behandelte sie mich wie einen absonderlichen Spinner." „Ich ging zu einem christlichen Singletreff, weil ich hoffte, dort ein nettes Mädchen kennenzulernen, das das Zeug zu einer guten Ehefrau hätte. Doch im Endeffekt war dieser Treff die reinste Kuppelei." (Worte wie „Kuppelei" und dergleichen mögen bei manchen Lesern Anstoß erregen, aber wir müssen der Realität ins Auge schauen und erkennen, daß so etwas in unserer heutigen Kultur allzuoft die Regel ist).

Eine große Gemeinde, in der mein Mann und ich öfters dienten, sah sehr deutlich, in welchen Bereichen ihre Mitglieder Probleme oder Nöte hatten und verwirrt waren. Im Laufe des Jahres hatte man mehrere hervorragende Seminare über Familie, Beruf, die Identität eines Christen und gesunde Beziehungen angeboten. Dann präsentierte man eine Reihe mit dem Schwerpunkt Sexualität.

Um dieses Seminar publik zu machen, entwickelte man einen Slogan, der verdeutlichen sollte, daß es definitiv nicht in Richtung Partnervermittlung gehen würde: „Vorsicht! Keine Kuppelei! Doch gute Kumpels sind sicher dabei!"

Als einer unserer Söhne auf dem Theologischen Seminar war, beschloß er, den Singletreff einer sehr großen und renommierten Gemeinde zu besuchen. Die Gemeinde hatte den Ruf, sehr begeistert und lebendig zu sein, und er suchte die auferbauende Gemeinschaft mit Freunden, die vielleicht nicht so in akademische Studien versunken sein würden wie die Leute in seinem Seminar. Doch seine Hoffnungen wurden jäh enttäuscht. Er war desillusioniert und berichtete uns davon:

„Sie kommen jeden Sonntag, heben die Hände, um den Herrn mit Liedern anzubeten, klatschen eifrig, um dem Herrn für seine großen Taten zu applaudieren – und gehen nach Hause, um für den Rest der Woche ohne große Gewissensbisse Unzucht zu treiben!“

Die Eltern einer jungen Frau, die ein Singletreff einer der größten Gemeinden Amerikas besuchte, klagten uns ihr Leid; sie machten sich große Sorgen, weil man ihre Tochter nach dem Treffen auf dem Weg quer über den Parkplatz zwölfmal mit zweideutigen Angeboten aufgehalten hatte.

Ich möchte hier kein überkritisches Horrorbild von Singletreffs malen. Wie gesagt, haben wir schon erleben dürfen, wieviel gute Frucht daraus entstanden ist. Ein Mädchen wird sicher viel, viel öfter an der Universität, auf einer Party oder in einer Bar zweideutige Angebote bekommen als im Singletreff einer Gemeinde. Wir haben schon mit hunderten von jungen Männern und Frauen, die ernsthaft auf der Suche nach einer gesunden und dauerhaften Beziehung waren, gebetet, sie mögen doch irgendwo in der Unwirtlichkeit unserer modernen Zivilisation ihren Partner fürs Leben finden.

Wir müssen uns einfach der Realität stellen, daß wir in einer Welt leben, in der man sich über die Absolutheit der Gesetze Gottes hinweggesetzt hat und in der unerlaubte Sexualität in Filmen und Zeitschriften immer wieder als erstrebenswerte Norm dargestellt wird. Unzählige Jugendliche zwischen 16 und 18 und auch einige jüngere haben uns erzählt, daß sie von vielen Gleichaltrigen ausgelacht werden, wenn sie in ihrem Alter noch keine sexuellen Erfahrungen aufweisen können.

Die ältere Generation kann den immensen Druck, unter dem die jungen Leute heute stehen, kaum nachvollziehen. Wir gaben den jungen Menschen eine ausgezeichnete Ausbildung in den schönen Künsten und den Wissenschaften; traurigerweise haben wir es jedoch versäumt, ihnen im gleichen Maß das Handwerkszeug für eine christliche Ehe und Familie mitzugeben.

Allzuoft geschieht es, daß Christen unseren Kindern und Teenagern sexuelle Tabus auferlegen, ohne ihnen in nachvollziehbarer Weise zu vermitteln, wie gesegnet und heilig die eheliche Sexualität ist. Ein diktatorisches „Das tut man nicht" bekommt im Leben eines Teenagers, der dabei ist, eine eigenständige Person zu werden und sich von seinen Eltern abzunabeln, eine solche Macht, daß es ihn/sie in Rebellion treiben kann und gleichzeitig auch für die Maxime und Ideale Gleichaltriger extrem anfällig macht.

Wenn die Welt weiterhin so lautstark und geschickt wie bisher die trügerische Botschaft verbreitet, Sex sei immer wünschenswert und erstrebenswert, gleichgültig in welcher Situation oder Beziehung, und wenn niemand unseren jungen Leuten davon erzählt, wie herrlich die Sexualität ist, die Gott für sie innerhalb des von ihm gesteckten Rahmens bestimmt hat, wie sollen sie dann die Wahrheit erkennen? Wie sollen sie verstehen, daß sie ihr Erstgeburtsrecht für ein elendes und ihrem Wohlergehen abträgliches Linsengericht verkaufen?

Die säkulare Sexualerziehung versucht, die Schüler darüber zu informieren, wie sie ihre körperliche Gesundheit schützen können. Doch Gott ruft die Christen auf, die Beziehung zwischen Sexualität und dem geistlichen Zustand eines jeden Menschen zu begreifen und klar und deutlich darüber zu sprechen (besonders darüber, inwieweit wir die Voraussetzungen mitbringen, eine wirklich innige und intime Beziehung mit einem Menschen einzugehen).

Gott erfand die Sexualität

Wenn es seine Idee war, warum haben wir dann so viele Probleme damit?

Die Leute begreifen die Wechselbeziehung zwischen Körper und Geist nicht. Es ist unmöglich, einen anderen Menschen lediglich auf der körperlichen Ebene zu berühren. Der Geist des Menschen ist nicht in den Körper „hineingegossen" worden wie Wasser in ein Glas. Unser Geist gibt dem Körper Leben (vgl. Jak. 2,26) und durchströmt alle seine Zellen. Wenn wir also einen anderen Menschen berühren, hat auch unser Geist Anteil daran.

> Oder wißt ihr nicht, daß, wer der Hure anhängt, *ein Leib mit ihr ist*? 'Denn es werden', heißt es, '*die zwei ein*

Fleisch sein.' Wer aber dem Herrn anhängt, ist ein Geist mit ihm. Flieht die Unzucht! Jede Sünde, die ein Mensch begehen mag, ist außerhalb des Leibes; wer aber Unzucht treibt, sündigt gegen den eigenen Leib. Oder wißt ihr nicht, daß euer Leib ein Tempel des Heiligen Geistes in euch ist, den ihr von Gott habt, und daß ihr nicht euch selbst gehört? Denn ihr seid um einen Preis erkauft worden; verherrlicht nun Gott mit eurem Leib. (1.Kor. 6,16-20)

Gott schuf (Ehe-)mann und (Ehe-)frau, damit sie in einem heiligen Bund eins würden (vgl. 1.Mos. 2,24; Eph. 5,31). Er schuf den Mann so, daß sich sein Geist in der Vereinigung mit seiner (Ehe-)frau nach ihr ausstreckt, um sie zu umarmen, zu beschützen und ihr geistliche Nahrung zu geben. Die Frau ist dazu geschaffen, ihren (Ehe-)mann innerlich zu umarmen und ihm geistliche Nahrung zu geben.

Wenn zwei Menschen in einer außerehelichen Vereinigung ein Fleisch werden, hängt sich auch der Geist des einen an den Geist des anderen, denn dazu wurde er ja geschaffen. Ehebrecher und Unzüchtige vereinigen sich in einer sündhaften Perversion der ursprünglichen Absicht Gottes. Sie haben weder seine Erlaubnis noch seinen Segen durch die Ehe und können einander nicht in heiliger Gemeinschaft ergänzen. Ihre „Einheit" vermittelt ihnen ein falsches Bild ihrer eigentlichen Identität und stiftet infolgedessen innerlich Verwirrung.

Wenn jemand häufig wechselnde Sexualpartner hat, werden die Energien seines/ihres Geistes in viele Richtungen verstreut; er ist zerrissen und sucht nach allen Partnern, mit denen dieser Mensch zusammen war. Aus diesem Grund ist es ihm auch unmöglich, sich nur an eine einzige Person zu binden. Deshalb ist es bei allen Formen außerehelicher Sexualität und, noch schlimmer, bei einer Vergewaltigung notwendig, dafür zu beten, daß der Herr selbst sein Schwert der Wahrheit ausstrecken und den Geist des einen vom Geist des anderen trennen möge, damit jeder wieder die Freiheit erlange, sich seinem/ihrem Ehepartner uneingeschränkt hinzugeben, nicht nur körperlich, sondern mit Geist, Seele und Leib.

Im Gehorsam gegenüber der Weisung des Heiligen Geistes haben wir im Gebet auch schon mal den Geist eines Menschen angewiesen, im Namen Jesu diese Verbindung zu vergessen. Der Sinn wird sie nie vergessen (das hält uns demütig und erinnert uns an Gottes Erbarmen), doch der Geist muß befreit werden, um diese Umklammerung zu vergessen. Viele Menschen, für die wir nach diesem Muster gebetet haben, riefen nach dem Gebet: „Ich fühle mich wieder *wie ein ganzer Mensch*. Mir ist gar nicht aufgefallen, wie zerrissen ich war."

Viele Singles gehen davon aus, sie würden durch sexuelle Aktivitäten vor der Ehe die notwendigen Erfahrungen machen, um nachher in der Ehe super im Bett zu sein. Doch als Seelsorgerin kann ich Ihnen sagen, daß genau das Gegenteil passiert: Wenn sie dann heiraten, haben sie mit unzähligen Problemen zu kämpfen:

Durch ihr Verhalten haben sie das Vorrecht eingebüßt, unter dem Segen Gottes das Wunder der körperlichen Vereinigung zu entdecken; sie haben sich selbst des unbefleckten Schatzes der intimen Gemeinschaft beraubt; sie haben die Möglichkeit verwirkt, einander das zu geben, was nur ihnen und ihnen allein gehört.

Ihre Fähigkeit, eine echte Bindung einzugehen, hat großen Schaden erlitten. Solange keine Buße getan wird und der Herr den Geist eines jeden befreit, ziehen sie stets die Schatten jeder früheren sexuellen Verbindung mit sich, wenn sie mit jemandem schlafen.

Doch der vielleicht größte Schaden besteht darin, daß sie aufgrund ihrer Erfahrungen mit Geschlechtsverkehr nun bestenfalls körperliche Lust assoziieren. Wie toll dieses Erlebnis auch gewesen sein mag, es *kann unmöglich* den Glanz und das Glück widergespiegelt haben, die Gott Mann und Frau in der Sexualität schenken möchte.

Wenn ein Ehepaar die geschlechtliche Vereinigung erlebt, wenn eine echte *Begegnung* stattfindet, wenn sie sich *umarmen*, auf körperlicher, geistiger und geistlicher Ebene, wenn sie eine harmonische und innige Gemeinschaft erleben, dann wirkt der Heilige Geist und singt durch jeden der beiden jeweils dem anderen sein Lied zu: zunächst an die Adresse des Geistes, dann durch den Geist in jede Zelle des Körpers und schließlich in den anderen hinein – ein berauschendes Geschenk, geheiligte, gesegnete Liebe. *Doch wo Unmoral herrscht, verstummt das Lied des Heiligen Geistes!*

Gott möchte, daß wir den Sex genießen. Seine Gesetze über Moral und Unmoral sind Richtlinien, die zu unserem Schutz dienen, damit wir seine guten Gaben nicht in den Schmutz ziehen, pervertieren oder verlieren.

> Trinke Wasser aus deiner eigenen Zisterne und was aus deinem Brunnen quillt. Sollen nach draußen verströmen deine Quellen, auf die Plätze die Wasserbäche? Dir allein sollen sie gehören, doch keinem Fremden neben dir. Deine Quelle sei gesegnet, *erfreue dich an der Frau deiner Jugend! Die liebliche Hirschkuh und anmutige Gemse – ihre Brüste sollen dich berauschen jederzeit, in ihrer Liebe sollst du taumeln immerdar!* Warum solltest du, mein Sohn, an einer Fremden taumeln und den Busen einer anderen umarmen? – Denn vor den Augen des Herrn liegen eines jeden Wege, und auf alle seine Bahnen gibt er acht. Seine eigenen Sünden fangen ihn, den Gottlosen, und in den Stricken seiner Sünde wird er festgehalten. Ein solcher wird sterben aus Mangel an Zucht, und in der Größe seiner Narrheit taumelt er dahin. (Spr. 5,15-23; Hervorhebungen von der Autorin)

Es ist nicht leicht, ein Single zu sein. In unserer heutigen Gesellschaft werden die Hormone schon einige Jahre bevor man seinen Partner gefunden hat aktiv. Doch bei vielen verhält es sich leider so, daß das Gehirn abschaltet, wenn sich die Hormone regen, und sie folgen ihren Leidenschaften in einen Sumpf aus Verwirrung und Schmerz. Wie bereits erläutert, gibt es durch die Vergebung und heilende Kraft Jesu einen Weg zurück zu einem intakten und geheiligten Leben. Doch die Gnade ist niemals billig, weder für den Herrn, noch für Sie.

Einige praktische Vorschläge

1. Setzen Sie sich Grenzen, die Sie nicht überschreiten. Wie weit gehen Sie mit einem Mann, der nicht Ihr Ehemann ist? Wenn die Leidenschaft aufzuwallen *beginnt* – **Stop**. Der Weg der Leiden-

schaft führt in eine Bündnisbeziehung, und ein Bündnis hält ewig.

2. Fallen Sie nicht auf folgende „Argumente" herein:

„Wenn du mich liebst, dann wirst du auch ..." Wenn er Sie wirklich liebt, dann wird er auch warten und Sie respektieren. Wenn Sie nachgeben, er sich jedoch zurückhält, prallen Sie am Ende einer Sackgasse auf eine Mauer, und das tut sehr weh!

„Mir kommt es vor, als wären wir ja im Geiste ohnehin schon verheiratet." Großartig. Doch warten Sie, bis auch der Rest noch verheiratet ist, und ziehen Sie die Verlobungszeit nicht in die Länge.

3. Gott hat wohl den richtigen Mann für Sie in petto. Segnen Sie ihn, beten Sie, daß er offenbar wird, und bitten Sie um offene Augen, damit Sie ihn erkennen, wenn er vor Ihnen steht. Halten Sie sich rein um seinetwillen. Ein Käufer darf die Ware auch nicht benutzen, bevor er den Scheck dafür unterschrieben hat.

Mein Mann erinnert sich noch daran, wie ihm auf dem Gymnasium beim Anblick eines Mädchens oft ganz heiß und kribbelig wurde. Aber er sagt, er habe sich zum Abkühlen immer folgendes gedacht: „Sie ist ja nicht mein Mädchen. Ich kann mir nicht das nehmen, was eines Tages vielleicht rechtmäßigerweise einem anderen gehören wird."

4. Auch wenn Sie sicher sind, den richtigen Mann gefunden zu haben, dann nehmen Sie sich fest vor, nichts zu überstürzen, um so der Hochzeitsnacht nicht ihren Reiz und ihre Faszination zu nehmen. Ich kenne eine junge Frau, die schon seit einem Jahr mit ihrem Freund zusammenlebt. Jetzt planen sie eine Hochzeit im großen Stil. Ich wünsche ihnen alles Gute, doch gibt es für die beiden noch Überraschungen?

Für unseren Sohn Tim und seine Frau war ihre lange Verlobungszeit eine schwierige Prüfung und stellte Anforderungen an ihre Entschlossenheit und Standhaftigkeit. Sie gingen, so oft sie konnten, gemeinsam mit Freunden aus. Sie schauten fern und unterhielten sich im Gemeinschaftsraum von Victorias Internat. Wenn dort kein Platz mehr war und sie in ihr Zimmer gingen, ließen sie immer die Tür offen.

Wenn ein hilfsbereiter Freund vorbeiging und für sie die Tür schloß, machten sie sie immer wieder auf. Sie schafften es bis zum Altar, und es war erstaunlich, wieviel Unschuld sie sich bewahrt hatten. Wenn man sie fragt: „War es das wert?", dann lautet ihre Antwort: „Ja!" Heute sind sie verliebter als je zuvor; ihre Ehe steht auf festen Füßen und sie haben drei süße Kinder.

5. Meiden Sie abendliches Geplauder im Auto und andere schlecht beleuchtete Winkel. Falls Sie es noch nicht bemerkt haben: Wir Mädchen können einen Mann ziemlich lange umarmen, ohne daß wir gleich die Kontrolle über uns verlieren; bei Jungs ist das anders. Werden sexuelle Handlungen gegen den Willen der Frau beim ersten Rendezvous etwa deshalb immer häufiger, weil wir unter anderem unsere Biologiehausaufgaben nicht gemacht haben? Fahren Sie Rad, spielen Sie Tennis oder Handball ... John und ich führen seit über vierzig Jahren eine glückliche (und immer noch romantische) Ehe. Bevor wir uns liebten, waren wir Freunde.

6. Wenn sich bei Ihnen scheinbar gar nichts tut, dann schwelgen Sie nicht in Phantasien und baden Sie sich nicht in Ihrem Frust oder in Ihren unerfüllten Träumen. Schauen Sie weg von sich selbst. Treffen Sie sich mit Leuten. Machen Sie sich Freunde, indem Sie selbst ein Freund sind. Engagieren Sie sich in einer Kleingruppe. Nutzen Sie jede Gelegenheit, Ihr Leben in vollen Zügen zu genießen (doch das hat nichts damit zu tun, daß man bei Seenot jeden beliebigen Hafen anläuft. Gott möchte, daß Sie sein Bestes bekommen.)

7. Beten Sie für eine *Gabe* der Ehelosigkeit (die selbstverständlich zeitlich begrenzt ist). Das ist ein gangbarer Weg und eine gute Gabe. Heutzutage wären die Alternativen dazu womöglich AIDS oder eine Geschlechtskrankheit. Denken Sie darüber nach. Ohne eine Gabe der Ehelosigkeit folgen viele der Lust und der Versuchung, landen schließlich bei außerehelichem Sex und bekommen am Ende vielleicht sogar noch AIDS. Bei jenen, die ehelos bleiben wollen, ohne die Gabe dazu zu haben, kann das womöglich dazu führen, daß nicht mehr alles richtig funktioniert oder daß sie zumindest Angst davor haben.

9

Scheidung und die Gnade Gottes

> Seid nun barmherzig, wie auch euer Vater barmherzig ist. (Lk. 6,36)

Scheidung ist nicht die Sünde, für die es keine Vergebung gibt. Wenn dem so wäre, würde der Mord am Ehepartner ein möglicher Ausweg aus einer katastrophalen Ehe sein! Denn die Frau könnte für die Sünde des Mordes Vergebung erlangen und von da an als Witwe weiterleben, was in diesem Fall ja erstrebenswerter wäre, als verheiratet zu sein. Als Witwe hätte sie das Recht, noch einmal zu heiraten, und vielleicht würde sie jemand eines Tages bitten, in einem christlichen Frauenkreis ihr Zeugnis zu erzählen.

Es liegt mir ferne, die Ernsthaftigkeit des Eheversprechens oder die Absolutheit der Gesetze Gottes auf die leichte Schulter zu nehmen. Gott haßt Scheidung (vgl. Mal. 2,16), aber er haßt die Geschiedene nicht! Er haßt den Schmerz und die Qual, die nicht nur die Geschiedene, sondern die ganze Familie und auch enge Freunde durchmachen müssen! Er weiß, wie vernichtend diese Pein ist, weil er selbst unsere Leiden getragen und unsere Schmerzen auf sich geladen hat (vgl. Jes. 53,4).

Die zweite Hälfte des Verses aus Maleachi lautet: „... ebenso wie wenn man sein Gewand mit Unrecht bedeckt." Zugegeben, es gibt viele, die sich nicht wirklich bemühen, eine Ehe, die ins Schlittern geraten ist, wieder auf Vordermann zu bringen; sie lassen sich auf eine Beziehung nach der anderen ein, doch es fehlt an Erkenntnis und Buße über sündhafte und fehlerhaft funktionierende Bereiche ihres eigenen Herzens.

Unsere heutige Kultur erleichtert dem Menschen ein solches Verhalten, weil sie uns unsensibel dafür macht, wie betrüblich ein derart egoistisches Handeln für andere Menschen, besonders für Kinder, aber auch für Gott ist. Den Satz „Wie wenn man sein Gewand mit Unrecht bedeckt" könnte man in Anlehnung an die Gedankenbollwerke unserer Zeit auch wie folgt umschreiben: „Ich habe mir etwas Glück verdient." „Er/sie versteht mich nicht.“ „Meinen Kindern ginge es doch besser, wenn ich nicht mehr da wäre.“ „Ich muß frei sein, damit ich zu mir selbst finden kann.“

Doch es sei mir erlaubt, die Frage zu stellen: „Findet man diese Sünde, d. h. diese leichtfertige und ichbezogene Einstellung, bei *allen*, die eine Scheidung durchgemacht haben?“ Ganz sicher nicht! Und wenn dies so wäre, könnten sich dann Christen, die ihr eigenes Gewand mit Unrecht bedecken, indem sie Geschiedene verurteilen und richten, damit rechtfertigen?

Jesus selbst fordert uns auf: „Seid nun barmherzig, wie auch euer Vater barmherzig ist“ (Lk. 6,36). Im selben Atemzug fügt er hinzu: „Richtet nicht, so werdet ihr auch nicht gerichtet. Verdammet nicht, so werdet ihr nicht verdammt. Vergebet, so wird euch vergeben“ (Lk. 6,37; LÜ). Und dennoch gibt man Geschiedenen in vielen Gemeinden das Gefühl, sie seien Ausgestoßene oder Menschen zweiter Klasse, anstatt daß ihnen der Leib Christi, der von Gott dazu geschaffen und berufen wurde, Heilung zu bringen, die dringend erforderliche Hilfestellung gibt.

Der Tod einer Ehe bringt in der Regel viel von dem Kummer mit sich, den man auch erfährt, wenn ein geliebter Mensch stirbt. Eine Scheidung kann jedoch noch verheerendere Konsequenzen haben, weil Gefühle des Versagens, der Ablehnung und des Verratenseins mitspielen.

Obgleich man sich manchmal unglaublich erleichtert fühlt, wenn man den Klauen der Boshaftigkeit und des Mißbrauchs jeglicher Art entronnen ist, und man sich somit der wiederholten, blindwütigen Verwundung des eigenen Herzens endlich entziehen kann, bleiben höchstwahrscheinlich vielschichtige emotionale Verletzungen und Defekte zurück:

1. Ich habe die falsche Wahl getroffen. Kann ich meinem Urteil in Zukunft überhaupt noch trauen? Warum habe ich das Warnlicht nicht gesehen, als ich vielleicht noch etwas dagegen hätte unternehmen können?

2. Ich kam nicht mit ihm aus. Aber wie soll ich ohne ihn leben? Der Gedanke, den Rest meines Lebens allein zu sein, ist unerträglich.

3. Ich bin verletzlich und fürchte mich vor meiner eigenen Bedürftigkeit. Ich bin klug genug, um zu wissen, daß ich nur

Schwierigkeiten bekomme, wenn ich mich in meiner Not irgendeinem x-beliebigen Mann an den Hals werfe; andererseits weiß ich nicht, was ich täte, wenn mich irgendein Charmeur mit zärtlichen Worten einwickeln und ich dabei schwach werden würde.

4. Was soll ich mit meiner Lust auf Sex tun? Manchmal habe ich Lust, auch wenn ich dabei an niemand besonderen denke. Es ist nur so ein Gefühl. Ich fühle mich schuldig, weil ich so fühle, weiß jedoch nicht, was ich dagegen tun soll, und fühle mich schmutzig. Manchmal fürchte ich, die anderen Leute könnten in mich hineinschauen; dann will ich mich nur noch verstecken.

5. Vielleicht *sollte* ich mich wirklich verstecken. Mein Mann mochte mich nicht. Vielleicht habe ich *tatsächlich* eine Macke. Auf jeden Fall fühle ich mich nicht besonders attraktiv.

6. Manchmal wünsche ich mir, ich würde sterben und gleich in den Himmel kommen. Hier unten fühle ich mich nicht zu Hause. Sogar einige *enge* Freundinnen von früher verkrampfen sich in meiner Gegenwart, so als ob ich eine potentielle Rivalin wäre und ihnen ihren Mann wegschnappen könnte. Oder sie gehen mir aus dem Weg, weil sie früher oder später Stellung beziehen müßten, wenn sie länger mit mir zusammen wären.

7. Doch was am Wichtigsten ist: Was habe ich bloß meinen Kindern angetan? Kann ich das je wiedergutmachen? Und wenn sie mich nun hassen, weil ich ihnen kein sicheres Zuhause geboten habe? Hoffentlich meinen sie nicht, es sei ihr Fehler gewesen!

8. Wie soll ich mich nur um meine Kinder kümmern? Die staatliche Unterstützung allein reicht nicht aus, um meine Einkünfte aufzustocken. Vielleicht müssen wir auch umziehen? Und wenn dabei das Auto kaputtgeht? Wenn mir etwas zustößt? Was sollen dann die Kinder tun?

9. Meine Kinder brauchen einen Vater. Darf ich nochmal heiraten? Was sagt die Bibel dazu? Was sagt die Gemeinde dazu? Was würden die Leute über mich denken?

Diese Fragen hören nie auf. Immer wieder kommen neue dazu – bis zur totalen Erschöpfung. Wie soll man dabei noch Ruhe finden?

Was sagt die Bibel über Scheidung?
Ich glaube, wir müssen dieses Thema vor dem Hintergrund der Kultur des Nahen Ostens betrachten, wo die Bibel ja entstand; andernfalls drehen wir uns nur um Gebote und Verbote und übersehen dabei, zu welchem Zweck Gott das Gesetz gegeben hat. Das Gesetz soll uns in erster Linie schützen, nicht bestrafen.

> „Seit Jahrhunderten kann sich ein Mann in einem arabischen Land durch ein gesprochenes Wort von seiner Frau scheiden lassen. Die so geschiedene Frau ist berechtigt, ihre Kleidung mitzunehmen, und der Mann kann ihr nichts von dem nehmen, was sie am Leib trägt. Deshalb bekommen Münzen im Kopfschmuck, Ringe und Halsketten in diesem Augenblick der Not für die geschiedene Frau eine so große Bedeutung. Das ist ein Grund, weshalb in diesen Ländern so großer Wert auf den Schmuck der Braut gelegt wird. Zweifellos waren in nichtjüdischen Ländern zur Zeit des Alten Testaments derlei Scheidungsbräuche gang und gäbe. Deshalb schränkte das mosaische Gesetz die Macht des Ehemannes, sich von seiner Frau ohne weiteres scheiden zu lassen, ein, indem es von ihm forderte, ihr einen *schriftlichen* Scheidebrief zu geben (vgl. 5.Mos. 24,1). Deshalb haben die Juden im Vergleich zu den Arabern fortschrittlichere Scheidungsbräuche.
>
> Es ist wichtig, daß nach jüdischem Gesetz die Sünde des Ehebruchs nichts mit dem Thema Scheidung zu tun hatte. Diese Sünde wurde mit dem Tod durch Steinigung bestraft (vgl. 3.Mos. 20,10; 5.Mos. 22,22). Wenn ein Mann an seiner Frau irgend etwas Ungebührliches fand, konnte er ihr einen schriftlichen Scheidebrief geben, der es der Frau ermöglichte, einen anderen Mann zu heiraten (vgl. 5.Mos. 24,2). Einen Mann, der der ehelichen Untreue für schuldig befunden wurde, betrachtete man nur insofern als Kriminellen, als er dadurch die rechtliche Stellung eines anderen Mannes verletzt hatte. Eine Frau durfte sich nicht von ihrem Mann scheiden lassen. Der Prophet Maleachi lehrte, daß Gott das „Verstoßen“ hasse, und verurteilte jeden Mann aufs schärfste, der an der Frau seines

> Bundes treulos handelte (vgl. Mal. 2,14-16). So dachten die Hebräer über das Thema Scheidung. Der Herr Jesus entzog einer Scheidung nach dem Gesetz die Grundlage, indem er die Untreue zur einzigen Rechtfertigung einer Scheidung nach christlichem Maßstab erklärte (vgl. Mt. 5,31-32)."
>
> Fred H. Wight, *Manners und Customs of Bible Lands*, Moody Press, 1989, S.125.

Beachten Sie, wie in fortschreitendem Maße Frauen vor der Willkür und der Laune der Männer geschützt werden, die sie wie ein Ding behandeln und ohne weiteres entlassen konnten, wenn die Augen des verärgerten Ehemannes an ihnen etwas „Ungebührliches" zu finden schienen.

Jesus sagte in Matthäus 19,9: „Ich sage euch aber, daß, wer immer seine Frau entlassen wird, *außer wegen Hurerei* (griech. *porneia*, was eigentlich 'Ehebruch' heißt), und eine andere heiraten wird, Ehebruch begeht" (Hervorhebung von der Autorin). Dasselbe können wir Matthäus 5,31-32 entnehmen; hier finden wir jedoch noch die zusätzlich Aussage, daß ein Mann, der sich von seiner Frau wegen irgendeines anderen Grundes außer Hurerei scheiden läßt, ihr „*Anlaß gibt*" (ZÜ), Ehebruch zu begehen, und daß jeder, der eine geschiedene Frau heiratet, Ehcbruch begeht.

Sogar die Jünger, die tief im traditionellen Denken verwurzelt waren, erhoben ihre Einwände gegen diese neue Beschränkung der Macht des Mannes: „Seine Jünger sagten zu ihm: Wenn die Sache des Mannes mit der Frau so steht, so ist es nicht ratsam zu heiraten" (Mt. 19,10).

Kann man sich Worte mit größerer Abschreckungswirkung vorstellen, die es verhindern sollen, daß eine Frau das Opfer eines Mannes wird, der (vor allem wegen seiner kulturellen Prägung) sie nicht wirklich als Person betrachten kann, sondern mehr als ein Ding, das zu seinem Vergnügen da ist?! Würde sie entlassen werden, müßten sie und ihre Familie die Schmach tragen. Und obwohl sie verpflichtet wäre, noch einmal zu heiraten, könnte sie unter diesen Voraussetzungen weder auf gute, noch auf ehrenvolle Art und Weise heiraten.

Wie ich bereits im zweiten Kapitel erwähnte, fing Jesus an, das ursprüngliche, göttliche Bild der Beziehung zwischen Mann und Frau wiederherzustellen. Paulus folgte diesem Vorbild. Heute ist es einer Frau in vielen Ländern der Welt gestattet, aus denselben Gründen wie ihr Mann die Scheidung einzureichen.

Je mehr Mann und Frau im Heiligen Geist leben, desto mehr sollten sie auch in der Lage sein, die einzigartige Persönlichkeit des anderen zu respektieren und sich an ihr zu freuen. Ebenso sollte das Volk Gottes auch viel mehr Ehrfurcht vor den ewigen Gesetzen Gottes zeigen; und die Ehrfurcht vor dem Gesetz Gottes ist meilenweit von dem entfernt, was man landläufig als „Gesetzlichkeit" bezeichnet!

Der Buchstabe des Gesetzes tötet

Wir müssen begreifen, daß der Gott, der uns das Gesetz gab, uns auch „... tüchtig gemacht hat zu Dienern des neuen Bundes, nicht des Buchstabens, sondern des Geistes. Denn der Buchstabe tötet, der Geist aber macht lebendig" (2.Kor. 3,6).

Unser Herr ist von seinem Wesen her ein barmherziger Gott.

> Gott aber, der reich ist an Barmherzigkeit, hat um seiner vielen Liebe willen, womit er uns geliebt hat, auch uns, die wir in den Vergehungen tot waren, mit dem Christus lebendig gemacht – durch Gnade seid ihr errettet! (Eph. 2,4-5)

Gott schuldet uns keine Erklärung für sein barmherziges Handeln.

> Ich werde begnadigen, wen ich begnadige, und werde mich erbarmen, wessen ich mich erbarme ... (Röm. 9,15)

Gottes Volk ist aufgerufen, seine Barmherzigkeit weiterzugeben.

> Seid nun barmherzig, wie auch euer Vater barmherzig ist. (Lk. 6,36)

> Denn das Gericht wird ohne Barmherzigkeit sein gegen den, der nicht Barmherzigkeit geübt hat. Die Barmherzigkeit triumphiert über das Gericht. (Jak. 2,13)

Wenn unser Herz genauso barmherzig ist wie das Herz Gottes, werden wir auch keine Schwierigkeiten haben zu akzeptieren, was Paulus sagt:

> Denn der ungläubige Mann ist durch die Frau geheiligt und die ungläubige Frau ist durch den Bruder geheiligt; sonst wären ja eure Kinder unrein, nun aber sind sie heilig. *Wenn aber der Ungläubige sich scheidet, so scheide er sich. Der Bruder oder die Schwester ist in solchen Fällen nicht geknechtet; zum Frieden hat uns Gott doch berufen.* Denn was weißt du, Frau, ob du den Mann erretten wirst? Oder was weißt du, Mann, ob du die Frau erretten wirst? *Doch wie der Herr einem jeden zugeteilt hat, wie Gott einen jeden berufen hat, so wandle er*; und so verordne ich es in allen Gemeinden. (1.Kor. 7,14-17; Hervorhebungen von der Autorin)

Wie können wir „gläubig" von „ungläubig" unterscheiden?
Glaube umfaßt natürlich mehr als das, was wir mit unserem Mund bekennen. Jesus sagte: **„Dieses Volk ehrt mich mit den Lippen, aber ihr Herz ist weit entfernt von mir"** (Mt. 15,8; Mk. 7,6).

Vor etlichen Jahren kam ein Ehepaar zu uns in die Seelsorge. Beide sagten, sie wären bekennende Christen, doch um ihre Ehe stand es nicht gut. Als wir ihnen so zuhörten, wurde es immer offensichtlicher, daß die Frau mit allem Nachdruck die alleinige Gerechtigkeit für sich beanspruchte und fortwährend auf ihrem Mann herumhackte – nicht nur direkt, sondern überall in der Gemeinde, wo ihr gerade jemand Gehör schenkte. Er gestand sich seine Sünden ein und tat Buße darüber; sie hatte keine.

In unserer Gebetszeit wies der Heilige Geist John und mich auf eine Schriftstelle hin, die uns damals förmlich entgegensprang:

> ... Eine Generation, die in ihren Augen rein ist und doch nicht gewaschen von ihrem Unflat; eine Generation – wie hochmütig ihre Augen und überheblich ihre Wimpern –; eine Generation, deren Zähne Schwerter sind und Messer ihr Gebiß, um wegzufressen die Elenden von der Erde und die Armen weg aus der Mitte der Menschheit! (Spr. 30,12-14)

Wir beide riefen gleichzeitig: „Da haben wir's! Das ist die Frau!" „*Ihre* Wimpern", „*ihre* Augen" und „*ihre* Zähne" – das braucht man nur auf sie zu beziehen!

Daß sie ununterbrochen auf ihm herumhackte und kein gutes Haar an ihm ließ, verursachte nicht nur tiefe Verletzungen in ihm; vielmehr lag er emotionell wie geistlich im Sterben, und mit seiner körperlichen Gesundheit ging es allmählich auch bergab. Aber er war fest entschlossen, den Weg der Versöhnung zu gehen. Wir taten, was wir konnten, um den beiden zu helfen, doch sie nahm nichts von all dem an.

Schließlich ließ er sich von ihr scheiden und heiratete etwas später eine Frau, die weiß, wie sie sein Herz auferbauen und erquicken kann. In seiner Barmherzigkeit segnet der Herr ihre Beziehung, ihre Finanzen, ihre Gesundheit und den Dienst, zu dem er sie berufen hat, im Übermaß.

Und was wurde aus seiner Exfrau? Sie ist immer noch in der Gemeinde und tut, was sie immer getan hat. In Römer 3 finden wir eine treffliche Beschreibung ihres Verhaltens:

> **Ihr Schlund ist ein offenes Grab; mit ihren Zungen handelten sie trügerisch. Otterngift ist unter ihren Lippen. Ihr Mund ist voll Fluchens und Bitterkeit. Ihre Füße sind schnell, Blut zu vergießen; Verwüstung und Elend ist auf ihren Wegen, und den Weg des Friedens haben sie nicht erkannt. Es ist keine Furcht Gottes vor ihren Augen.** (Röm. 3,13-18)

Bis auf den heutigen Tag ist sie fest davon überzeugt, daß sie in der ganzen Geschichte als einzige gerecht war und daß Gott ihren Mann wieder zu ihr zurückbringen wird!

Wäre es Gottes Wille gewesen, diese Ehe wiederherzustellen? Selbstverständlich. Doch in einem solchen Fall, wenn ein Partner rücksichtslos und ohne Buße zu tun an seinem aggressiven und destruktiven Verhalten festhält und damit das Leben des anderen buchstäblich zerstört, hätte es wahrscheinlich keinen Weg zur Versöhnung mehr gegeben. Gott respektiert den freien Willen eines Menschen. Gott kann seiner Barmherzigkeit auch dadurch Ausdruck verleihen, daß er den erschöpften und verwundeten, doch aufrichtig bußfertigen und vergebungsbereiten Kämpfer aus dem Kriegsgebiet abzieht.

Wurde aus der Hochzeit je eine Ehe?
Jesus zitiert 1.Mose 2,24: „**Darum wird ein Mann seinen Vater und seine Mutter verlassen und seiner Frau anhangen, und sie werden zu einem Fleisch werden**." Und wenn nun dieses „Anhangen" nie geschehen konnte, weil zuvor das „Verlassen" nicht stattfand? Das „Verlassen" ist notwendigerweise die Voraussetzung für das „Anhangen".

Hat sich der Ehemann von seinen Eltern abgenabelt? Nimmt er Abstand von jeder Treueverpflichtung, die mittlerweile ihre Berechtigung verloren hat? Vor dem Altar gibt man sich zwar das Eheversprechen, doch ist diese eheliche Ein-Fleisch-Beziehung schon Wirklichkeit geworden? Oder lebt der Mann in geistigem Ehebruch mit seinen Eltern und verteidigt blind und starrsinnig diese Position?

Ich hörte schon oft traurige Geschichten von Frauen, die jahrelang mit „Ehemännern" zusammenlebten, die mit ihnen sexuell überhaupt nie verkehrten oder nur kurz nach der Hochzeit, nur um sich danach aus diesem Bereich ganz zurückzuziehen.

Diese Frauen waren früher selbst schon in der Seelsorge gewesen, doch ihre „Partner" weigerten sich stur anzuerkennen, daß es in ihrer Ehe überhaupt ein Problem gebe. Die Frauen waren tief verletzt, weil sie nun zwar „Frau" soundso hießen, aber im Grunde doch nur als Köchin, Haushälterin, Gastgeberin, Damenbegleitung und Wäscherin gut waren. Sie fühlten sich abgekanzelt, abgelehnt und ausgenutzt und waren dennoch vom Gesetz her an etwas gebunden, das man nie wirklich „Ehe" nennen konnte.

Warum verharrten sie dann in so einer Beziehung? „Ich weiß nicht, wie er reagieren würde und habe Angst davor." „Er ist so angesehen bei uns in der Stadt, und ich scheue mich vor dem Gerede der Leute." „Meine Gemeinde ist gegen Scheidung, und deshalb würde man mich ausschließen." „Ich habe Angst, ich könnte mein Heil verlieren."

Jesus sagte: „Was nun Gott zusammengefügt hat, soll der Mensch nicht scheiden" (Mt. 19,6b). Doch die Frage ist: Hat Gott in den genannten Fällen überhaupt etwas *zusammen*gefügt? Man sprach einen bestimmten Text, und etwas begann, das nicht einmal ansatzweise der Art von Beziehung entsprach, die Gott für Mann und Frau geplant hat. Womöglich weiß der Herr in seiner Weisheit, daß es keinerlei Hoffnung auf Veränderung gibt.

Ich bin der festen Überzeugung, daß Gott in seiner Gnade etwas entzweien kann und bisweilen auch entzweien *wird*, was Mann und Frau in ihrer Leichtfertigkeit, Naivität und Torheit zusammengefügt haben. Überdies liegt es meiner Meinung nach nahe, daß der Herr unter der Voraussetzung echter Buße und göttlicher Vergebung auch Gnade für einen Neuanfang schenken kann.

Die Worte des Psalmisten waren schon oft lindernder Balsam für so manches gebrochene Herz:

> Gedenke an deine Erbarmungen, Herr, und an deine Gnadenerweise; denn sie sind von Ewigkeit her. An die Sünden meiner Jugend und meine Vergehen gedenke nicht; nach deiner Gnade gedenke du meiner, um deiner Güte willen, Herr! (Ps. 25,6-7)

Manchmal rebellieren kleine Mädchen und büxen, von Schmerz, Angst und Verwirrung getrieben, von zu Hause aus. Sie haben keine Ahnung, was sie da draußen in der Welt erwartet, doch den schrecklichen Mißbrauch, der daheim ihr tägliches Brot war, können sie nicht länger ertragen. Sie laufen und laufen und laufen bis zur totalen Erschöpfung und stürzen ins Nichts.

Wo soll eine Dreizehnjährige Arbeit finden? Wo soll eine mittellose Dreizehnjährige etwas zu Essen und ein Dach über dem Kopf herbekommen? Sie ist davon überzeugt, daß es überall besser ist als zu Hause. Eine Rückkehr dorthin ist undenkbar. Aber sie ist hungrig, sie friert und ist sehr, sehr einsam.

Wer schützt sie vor Zuhältern? Vor Dealern? Vor anderen, die ihre Schwäche ausnutzen wollen? Ihr Urteilsvermögen ist noch nicht so weit entwickelt, daß sie Schwierigkeiten, die in unbekannter Verkleidung auftreten, identifizieren und meiden könnte; sie ist noch nicht reif genug, um vorausschauend handeln und die möglichen Konsequenzen ihrer Entscheidungen abschätzen zu können.

Ihre Emotionen spielen verrückt. Sie ist eine leichte Beute für jedermann, der ihr irgendeinen realen, greifbaren Trost anbietet. Wenn sie einen Mann findet, der ihr recht glaubhaft zu versichern scheint, er würde sich um sie kümmern, bleibt sie vermutlich aus ihrer Not heraus bei ihm; irgendwann heiratet sie ihn sogar. Angenommen, sie stellt später fest, daß das Leben mit ihm ein Alptraum ist, der die früheren Erfahrungen zu Hause bei weitem in den Schatten stellt. Entspräche es unserem liebevollen und barmherzigen Gott, sie für immer und ewig an diesen Bund zu ketten?

Jeannie war dreizehn, als sie den Alptraum bei sich daheim verließ, auf der Suche nach einem Traum und der Einlösung eines Versprechens.

Ihre Mutter starb, als ihre Tochter zwei Jahre alt war; Jeannie konnte sich kaum an sie erinnern, und niemand wollte ihr erzählen, was geschehen war. Ihr Vater war oft gewalttätig und so betrunken, daß er sich nicht mehr auf den Füßen halten konnte. Ihre Brüder waren aggressiv und mißhandelten sie, ohne daß sie jemand aufgehalten hätte.

Hie und da, wenn ihr alles zu viel wurde, schaffte sie es, sich aus dem Haus zu schleichen, und sie machte lange Spaziergänge in ihrer Gegend, obwohl sie wußte, daß sie geschlagen werden würde, wenn sie wieder nach Hause käme. Manchmal träumte sie davon, bei jemand anderem zu leben.

Ihr war aufgefallen, daß andere Kinder froh und glücklich bei sich zu Hause im Garten spielten und gelegentlich von Mama in die Küche gerufen wurden, wo sie ein Bonbon oder eine andere Leckerei bekamen. Wenn bei ihr zu Hause die Haustür aufging und jemand nach ihr rief, wußte sie nie, was geschehen würde. Sie wünschte sich jemanden, mit dem sie reden könnte.

Einige Häuserblocks weiter wohnte ein Mann, dem das traurige kleine Mädchen aufgefallen war. Wenn sie vorbeiging, machte er oft eine kleine Pause, um mit ihr zu plaudern. Manchmal fragte er sie, ob sie sich nicht zu ihm auf die Veranda setzen und ein wenig ausruhen wolle. Er war so verständnisvoll und mitfühlend, daß sie für kurze Zeit nicht mehr an ihre Einsamkeit und Angst dachte. Er schien alles zu haben, was ihrem Vater fehlte. Immer häufiger besuchte sie ihn, und Jeannie fing an, ihm ihr Herz auszuschütten.

Eines Tages machte ihr der nette Mann einen Vorschlag, der ihr wirklich wie ein Traum vorkam: Er hätte eine neue Arbeitsstelle und würde sehr bald in eine andere Stadt umziehen, in ein Haus, das noch schöner wäre als sein jetziges. Er fragte sie, ob sie nicht mitkommen wolle. Er wäre allein; sie wäre dann seine Familie, und er würde sich ganz toll um sie kümmern.

Jeannie jagte ihrem Traum nach. Niemand aus ihrer Familie hielt sie zurück oder lief ihr hinterher. Am Anfang war alles aufregend. Doch schon bald holte sie die brutale Realität ein: Der nette Mann war überhaupt nicht daran interessiert, für sie den Vater zu spielen, den sie nie gehabt hatte! Wiederum wurde sie zu einem Objekt des Mißbrauchs, und schon bald war sie schwanger. Sie hatte jedoch keine Ahnung, was es hieß, Ehefrau oder Mutter zu sein. Sie bekam noch ein Baby und noch eins, und schließlich waren es fünf. Es gab nie eine Hochzeit, vielmehr lebte sie mehr als achtzehn Jahre lang in einer eheähnlichen Gemeinschaft mit ihm.

In diesen Jahren fing ihr „Ehemann" an, immer mehr zu trinken. Durch ihn widerfuhren ihr mehr Mißhandlungen und Gewalttätigkeiten als damals durch ihren Vater. Sie fürchtete um das Wohl ihrer beiden Töchter, die sie zu Hause lassen mußte. Sie suchte Hilfe bei einer Gemeinde, baute eine Beziehung zum Herrn auf, und nach einer Zeit hatte sie genügend innere Kraft und Selbstwertgefühl bekommen, um einen festen Stand einzunehmen und zu ihrem Pseudo-Ehemann nein zu sagen.

Sie verließ ihn, bekam einen sehr schlecht bezahlten Job, machte das Abitur nach und bemühte sich sehr, ihren Mädchen ein Zuhause zu bieten. Nach einer Weile war sie gezwungen, Sozialhilfe zu beantragen. Es war nie genügend Geld vorhanden, um allen Nöten Abhilfe zu schaffen, doch dieses Leben in Armut schien viel sicherer zu sein als das, was sie in der Beziehung mit dem Mann kennengelernt hatte, vor dem sie letztendlich geflohen war.

Später bauten Jeannie (und ihre Mädchen) eine Liebesbeziehung zu einem Mann auf, der ihr schließlich einen Heiratsantrag machte. Nach einer Zeit des Prüfens und der Seelsorge sagte sie schließlich ja. Doch dieser Mann war geschieden. Die „Gesetzeshüter", die in ihrer Gemeinde wie Haie lauerten, bliesen zum Angriff; sie scherten sich überhaupt nicht darum, daß Jeannie früher mißhandelt worden war; über ihren Hintergrund und ihre früheren Lebensumstände wollten sie nichts wissen.

Ich glaube, daß Jesus zu Pharisäern heute noch dasselbe sagt wie vor zweitausend Jahren: „Geht aber hin und lernt das Wort verstehen: '**An Barmherzigkeit habe ich Wohlgefallen, nicht an Schlachtopfern**'; denn ich bin nicht gekommen, um Gerechte zu berufen, sondern Sünder" (Mt. 9,13; Menge).

In vielen anderen denkbaren Situationen sind wir aufgerufen, Barmherzigkeit zu üben:

„Ich dachte, ich würde meinen Mann kennen, als wir heirateten. Wir haben zwei süße Kinder. Doch inzwischen habe ich herausgefunden, daß er die ganze Zeit über geheime homosexuelle Beziehungen hatte. Ich fühle mich verraten und beschmutzt. Ich habe Angst um meine Söhne. Ich liebe ihn, aber er will sich nicht helfen lassen. Ich kann unmöglich bei ihm bleiben; andererseits scheue ich mich davor, allein zu leben. Meine Kinder brauchen einen Vater. Kann ich noch einmal heiraten?"

„Ich war ein aufsässiger Teenager, als ich heiratete; mein Mann und ich steckten damals tief in der Drogenszene. Ich schaffte den Absprung, er jedoch nicht. Er sagt, er werde auch nichts ändern. Er will, daß ich zu ihm zurückkehre, aber ich kann unmöglich zu diesem Lebensstil und zu den Leuten zurück, mit denen er zusammen ist. Ich bin jetzt Christin. Mein Mann denkt, ich sei verrückt geworden. Einige Leute erzählen mir, ich müsse zu ihm zurückkehren. Aber ich hasse alles, was er repräsentiert. Zu ihm zurückzukehren wäre wie ein Todesurteil für mich. Ich bin noch jung. Ich habe über meine Sünden aufrichtig Buße getan. Mein Leben als wiedergeborene Christin muß ein Ziel haben. Ich habe zwar keinen bestimmen Mann im Auge, aber ich hätte zumindest gerne die Chance, ein gutes, aufrechtes

Leben mit jemandem zu führen und ein Zuhause und Kinder zu haben. Ich werde ja auch nicht jünger."

Wenn wir uns Christen nennen, dann müssen wir auch darauf achten, daß wir in jedem Menschen eine Person sehen, für die Christus gestorben ist. In diesem Zusammenhang ist es angemessen, sich vor Augen zu führen, daß wir vielleicht genauso wie Menschen in Not leiden würden, wenn Gott nicht Gnade mit uns hätte. Wir dürfen es uns nicht erlauben, aufgrund ihrer äußeren Lebensumstände ein hartes Urteil über sie zu fällen. Wenn wir im Namen Jesu leben und beten, können wir unmöglich einen anderen Menschen verdammen und richten. Wir dürfen nicht wie die Pharisäer den Fehler machen, alle Menschen, die den entsetzlichen Schmerz einer Scheidung hinter sich haben, mit einem Pauschalurteil in eine Schublade zu stecken.

Andererseits werde ich niemanden von vornherein entschuldigen, weil es dadurch überflüssig werden würde, daß er in sich geht und sein Herz erforscht. „Doch wie der Herr einem jeden zugeteilt hat, wie Gott einen jeden berufen hat, so wandle er; und so verordne ich es in allen Gemeinden" (1.Kor. 7,17).

Ich warne jeden davor, die Gesetze Gottes auf die leichte Schulter zu nehmen; wir sind vor ihm rechenschaftspflichtig. Ich bitte jeden inständig, im Gebet unbedingt um Weisheit, Unterscheidungsvermögen und Vertrauen zu bitten, um Gottes Willen erkennen und akzeptieren zu können.

Wenn Ihnen Ihr Mann wegen einer anderen Frau oder einfach wegen unüberwindlicher Differenzen den Laufpaß gegeben hat, dann lassen Sie sich nicht von dem zwanghaften Versuch knechten, ihn mit allen Mitteln wieder zurückzugewinnen. Vielleicht hat Ihnen der Heilige Geist aufgetragen, konsequent und treu für Versöhnung zu beten. Gehorchen Sie ihm. Stellen Sie das Handeln Ihres Mannes in Frage, besonders wenn Sie Kinder haben. Vielleicht weiß er noch nicht einmal ansatzweise, was wirklich in seinem Herzen ist. Aber ich warne Sie davor, all Ihre Hoffnung darauf zu setzen, daß Ihr Mann zu Ihnen zurückkehren wird, so als ob Ihr Leben davon abhinge. Einige Frauen gehen beharrlich diesen Weg, bis die Grenze zu Götzendienst und zu unerträglicher Manipulation überschritten ist. Es gibt sogar Frauen, die unnachgiebig im Gebet um ihren geschiedenen

Mann kämpfen, auch wenn dieser schon lange wieder verheiratet ist und ein oder zwei Kinder mit seiner neuen Frau hat.

Man muß bei alledem natürlich an die Unschuldigen, d. h. an die Kinder denken. Dann wird alles sehr kompliziert; es gibt keinen sauberen und moralisch unanfechtbaren Ausweg, auch wenn der Buchstabe des Gesetzes Sie gerecht spricht.

Seien Sie versichert, daß der Herr Sie als Person niemals verlassen wird, ungeachtet dessen, ob Ihre Ehe irgendwann in der Zukunft wiederhergestellt werden wird oder nicht. Er hat einen vollkommenen Plan, einen Lebenssinn und ein Ziel für Sie, das er niemals vergißt.

Vielleicht haben Sie dieses Ziel noch nicht erkannt, doch in allem gilt: „Trachtet aber zuerst nach dem Reich Gottes und nach seiner Gerechtigkeit, und dies alles wird euch hinzugefügt werden“ (Mt. 6,33). „Dies alles“ bezieht sich hier ganz speziell auf Nahrung und Kleidung, also auf materielle Dinge; Gott fordert uns ausdrücklich auf, uns darüber keine Sorgen zu machen. Ich glaube, daß wir auch emotional und geistlich versorgt werden, wenn wir zuerst nach seinem Reich und nach seiner Gerechtigkeit trachten.

Ich bitte Sie inständig: Versuchen Sie nicht, sich selbst zu beseelsorgern. Sie sind nicht in der Lage, ihre eigenen Probleme klar und vorurteilsfrei zu sehen. Beten Sie für jemanden, der Ihre Gedanken ans Licht bringt, der Ihnen voll Erbarmen zuhört, der mit Ihnen redet und Sie berät, ohne Sie zu kontrollieren, und der mit Ihnen über Ihre Probleme betet.

Es ist wichtig herauszufinden, welche defekten Wurzeln in Ihnen vorhanden sind, die möglicherweise zum Scheitern Ihrer Ehe beigetragen haben und/oder deren Wiederherstellung behindern. Sie müssen erkennen, welche Faktoren in Ihrem Innersten wirksam sind, Sie verblendet und infolgedessen auch zu einer falschen Entscheidung veranlaßt haben.

Wenn Sie sich, ohne Veränderung erlebt zu haben, in Zukunft erneut mit dem Thema Ehe befassen, könnte es sein, daß Sie dieselben Fehler noch einmal machen. Der Herr möchte, daß Sie durch sein Kreuz von Ihren Altlasten befreit werden und in all das hineinwachsen, zu dem Sie geschaffen wurden; das umfaßt auch die Fähigkeit, sich vorbehaltlos in gesunde Beziehungen hineinzugeben, später einmal vielleicht sogar mit einem anderen Mann.

Suchen Sie sich eine Gemeinde, die Kleingruppen hat, in denen Ihr Zugehörigkeitsgefühl zu einer Familie gestärkt werden kann. Geben Sie sich selbst die Gelegenheit, neue Freunde zu finden, die Sie bedingungslos lieben, ermutigen und auferbauen, die Sie beraten und mit Ihren eigenen Fehlern konfrontieren, ohne Sie zu verdammen, und die sich um Sie kümmern, wenn Sie spezielle Nöte haben. Wenn Sie sich einer solchen Gruppe anschließen, sollten Sie den festen Entschluß gefaßt haben, selbst auch anderen dienen zu wollen.

Sie sollen wissen, daß Gott Sie bedingungslos und in alle Ewigkeit liebt. Sie müssen sich seine Liebe weder erarbeiten noch verdienen; Sie können sie auch nicht verlieren. Sogar seine Zucht ist zu Ihrem Besten.

> ... Er aber (übt Zucht an uns) zu unserm wahren Besten, damit wir seiner Heiligkeit teilhaftig würden. Jede Züchtigung scheint uns freilich für den Augenblick nicht erfreulich, sondern betrübend zu sein; hinterher aber läßt sie denen, die sich durch sie haben üben lassen, die friedvolle Frucht der Gerechtigkeit erwachsen. Darum 'richtet die erschlafften Hände und die ermatteten Knie wieder auf' und 'stellt für eure Füße gerade Bahnen her', damit das Lahme (*die lahmen Gemeindeglieder*) nicht ganz (ausgerenkt werde), sondern vielmehr geheilt werde. (Hebr. 12,10-13; Menge)

Es ist nicht die Absicht des Herrn, Sie für Ihre Fehler zu bestrafen; vielmehr möchte er Sie in Liebe züchtigen, damit Sie nicht völlig ahnungslos dieselben Fehler noch einmal machen. Sein Wunsch ist es, aus Ihren Fehlern Segen erwachsen zu lassen und aus Ihnen wieder eine intakte Persönlichkeit zu machen.

Und was ist mit den Fragen, die Sie quälen (und die wir am Anfang des Kapitels aufgelistet haben)?

1. Sie haben die falsche Wahl getroffen. Können Sie Ihrem Urteil in Zukunft noch trauen? Gott wird Ihnen nicht nur Ihre Fehler vergeben, sondern sogar noch Segen daraus entstehen lassen. Sie können darauf vertrauen, daß er in der Lage ist, Ihr

Urteilsvermögen zu reinigen und zu verändern. Doch dazu braucht er Ihr Ja, Ihre Mitarbeit.

2. Der Gedanke, den Rest des Leben allein zu bleiben, ist unerträglich für Sie? Verfallen Sie nicht in Torschlußpanik, um die Leere in Ihnen auszufüllen. Gott ist der einzige, dem Sie sich getrost und vorbehaltlos anvertrauen können. Wenn man in der Stadt von Ihrer Scheidung erfährt, werden schon die Geier über Ihnen kreisen und versuchen, Sie in die Enge zu treiben. Einige von ihnen wissen zwar, daß sie aus Ihrer Verletzbarkeit einen Vorteil schlagen wollen, aber das hält sie auch nicht davon ab, gewissenlos dieses Ziel zu verfolgen. Andere wiederum suchen bei Ihnen für sich selbst Trost und/oder Bestätigung, jedoch auf Ihre Kosten (vermutlich ohne dies zu wollen); womöglich drängen sie Sie in sexuelle Beziehungen hinein, wobei sie selbst wahrscheinlich der festen Überzeugung sind, daß sie Ihnen nur helfen wollen. Gefährden Sie nicht das Wertvolle, das Gott für Ihre Zukunft geplant hat, indem Sie sich das Nächstbeste und Billigste schnappen, das Ihnen in Ihrem augenblicklichen Schmerz Trost spenden kann. Diese Art Trost beendet zwar Ihren Schmerz, doch so wie Giftgas Schmerzen beendet.

3. Sie fürchten sich vor Ihrer eigenen Bedürftigkeit? Halleluja! Erzählen Sie Gott davon. Reden Sie darüber mit einem vertrauenswürdigen Freund.

4. Was sollen Sie mit Ihrer Lust auf Sex tun? Schämen Sie sich ihrer nicht. Sie ist ein Zeichen, daß Sie leben! Noch dazu sind Sie jetzt wieder ein Single. Lesen Sie Kapitel 6 über Sex und Singles. Sex unmittelbar nach einer Scheidung kann für Sie zum Inbegriff der Verwirrung, der Verunreinigung und letztlich auch der Demütigung werden.

5. Sie fühlen sich nicht attraktiv? Ihr Leib ist ein Tempel des Heiligen Geistes (vgl. 1.Kor. 6,19). Gottes Tempel ist ein Schmuckstück. Beten Sie darum, sich selbst mit Gottes Augen sehen zu können.

6. Alte Freundinnen verkrampfen sich in Ihrer Gegenwart? Entscheiden Sie sich dafür, ihnen zu vergeben. Beschäftigen Sie sich mit Dingen, die Sie gerne tun. Finden Sie neue Freundinnen. Wenn die alten Freundschaften echt waren, werden sie auf Dauer auch Bestand haben. Vergessen Sie nicht, daß auch Ihre Freun-

dinnen mitleiden und nicht wissen, wie sie sich verhalten oder was sie sagen sollen.

7. Wie können Sie Ihren Kindern helfen? Reden Sie mit ihnen. Sie müssen es aus Ihrem Mund hören, daß sie nicht der Grund für die Scheidung waren. Bitten Sie Ihre Kinder um Vergebung dafür, daß Sie versagt und sie verletzt haben. Sie müssen jedoch nicht die ganze Schuld auf sich nehmen, weil das vermutlich nicht den Tatsachen entspräche. Aber Ihre Kinder müssen wissen, daß es Ihnen, der primären, erwachsenen Bezugsperson in ihrem Leben, um ihretwillen sehr, sehr leid tut, daß Sie nicht in der Lage waren, die Geborgenheit einer Familie mit Vater und Mutter zu retten.

Versichern Sie Ihren Kindern, daß Sie sie nie verlassen werden. Pflegen Sie echte Gemeinschaft mit ihnen, fernab von jeder Oberflächlichkeit, und gehen Sie dabei auch gemeinsamen Freizeitaktivitäten nach. Machen Sie ihnen Komplimente und schenken Sie ihnen viel Zuwendung, die auf ihr jeweiliges Alter abgestimmt ist. Halten Sie jedes Versprechen, das Sie ihnen gegeben haben, und wenn es noch so unbedeutend ist.

Wenn es absehbar ist, daß Sie einmal sehr spät von der Arbeit nach Hause kommen werden, rufen Sie sie an und sagen Sie es ihnen. Sie brauchen Sicherheit; sie müssen wissen, wo Sie sind, und daß Sie sich um sie kümmern. Ermutigen Sie sie, mit Ihnen über ihre Gefühle zu sprechen. Versichern Sie ihnen, daß es in Ordnung ist, wenn sie zornig sind oder Angst haben.

Lehren Sie sie durch Ihr Vorbild, wie sie in der rechten Art und Weise mit Emotionen wie Zorn oder Angst umgehen können. Beten Sie mit ihnen; seien Sie dabei ehrlich, was Ihre Gefühle betrifft, bitten Sie Gott um Trost und Kraft und bekräftigen Sie vor Ihren Kindern, daß die liebende Gegenwart Gottes da ist (ob Sie das nun fühlen oder nicht). **Spielen** Sie mit ihnen. Das Leben ist jetzt schwer genug für Sie, doch das Dunkel wird für Sie und Ihre Kinder heller, wenn Sie regelmäßig und gemeinsam etwas Lustiges tun können.

8. Beten Sie für eine gute Arbeitsstelle, für Gesundheit und die Demut, um Hilfe bitten zu können, wenn Sie welche brauchen. Vielleicht müssen Sie Ihre gesamten Finanzen umstrukturieren; dabei müssen Sie vermutlich Prioritäten verschieben, was bis zu diesem Zeitpunkt noch nie erforderlich gewesen war.

Doch Ihre Kinder werden sich nicht sicher fühlen, weil die materielle Versorgung tadellos ist, sondern weil Sie ihnen liebevolle Aufmerksamkeit, Unterstützung und Auferbauung schenken. Opfern Sie das emotionale und geistliche Wohlergehen Ihrer Kinder nicht einem Job, der Ihnen über das normale Maß hinaus die Zeit wegnimmt, die Sie mit Ihren Kindern verbringen sollten.

9. Was die Leute über Sie denken, ist nicht so entscheidend. Es ist viel wichtiger, was Gott über Sie denkt. Er kennt Sie besser als Sie sich selbst und kann die Gedanken und Regungen Ihres Herzens mit Gnade und Einfühlungsvermögen beurteilen.

> Denn wir haben nicht einen Hohenpriester, der nicht Mitleid haben könnte mit unseren Schwachheiten, sondern der in allem in gleicher Weise wie wir versucht worden ist, doch ohne Sünde. Laßt uns nun mit Freimütigkeit hinzutreten zum Thron der Gnade, damit wir Barmherzigkeit empfangen und Gnade finden zur rechtzeitigen Hilfe. (Hebr. 4,15-16)

10

„Wehen“

> Die Frau hat Traurigkeit, wenn sie gebiert, weil ihre Stunde gekommen ist; wenn sie aber das Kind geboren hat, gedenkt sie nicht mehr der Bedrängnis, um der Freude willen, daß ein Mensch zur Welt geboren ist. (Joh. 16,21)

> Meine Kinder, um die ich abermals Geburtswehen erleide, bis Christus in euch Gestalt gewonnen hat ... (Gal. 4,19)

Mutter zu sein war immer schon ein gewaltiges Vorrecht und eine Verantwortung, die, meiner Meinung nach, so viel Freude und Lohn mit sich bringt, die mögliche Schwierigkeiten und Probleme bei weitem aufwiegen. Nirgendwo sonst hat eine Frau eine solche einmalige Gelegenheit, das Leben eines anderen Menschen so grundlegend zu beeinflussen wie bei ihrem eigenen Kind.

In keiner anderen Situation erlebt sie eine solche Befriedigung und ein derart gewaltiges innerliches Hochgefühl, als wenn sie miterleben darf, wie ihr Nachwuchs heranwächst und mit Einsichten und Talenten gesegnet wird, die ihre eigenen übersteigen. Kinder im Herrn zu erziehen, ihnen Leben und Liebe zu schenken, sie aufzuerbauen, zu unterstützen und zu züchtigen ist eine heilige Verantwortung und eine nie endende Aufgabe. Kein Mann und keine Frau kann je eine wichtigere Berufung oder Salbung bekommen als die der Kindererziehung.

Doch in unserer jetzigen Generation kann einem bei dem Gedanken an die emotionale und geistliche Verantwortung von Eltern Angst und Bange werden, weil unsere talwärts fahrende Kultur unsere Kinder immer brutaler bedrängt, immer geschickter verführt und immer mehr verunreinigt. Solange sie noch Babys sind, können wir ihr Umfeld noch halbwegs kontrollieren, und sie bekommen das meiste, was sie zum Leben brauchen, von uns.

Windelwechseln, Töpfchengehen, Schniefnasen, blaue Flecken und Schrammen, Essen, Schlafen, Aufräumen, Herausfinden, welche Art von Zucht der kleinen Person, die ihre Freiheit in sicheren und gesunden Grenzen kennenlernen muß, angemessen ist – das sind im großen und ganzen die ersten Probleme, mit denen sich Eltern herumschlagen müssen.

Doch die Frustration läßt nicht lange auf sich warten, sobald der Kleine anfängt, diese Grenzen zu verschieben und – manchmal recht lautstark – Widerstand zu leisten, wenn Mutter oder Vater etwas dagegen haben, daß er sich ganz allein in Küchenschränken, Schubladen und Kloschüsseln auf Entdeckungsreise begibt. Doch Mama und Papa ertappen sich nach wie vor dabei, wie sie über diesen süßen Fratz schmunzeln müssen.

Eine Zeitlang wird das elterliche Selbstvertrauen dadurch gewährleistet, daß sie ihr Kind einfach packen und wegtragen können, wenn Gefahr droht. Doch wenn der Nachwuchs dann anfängt, so wie es sein muß, das Leben gemeinsam mit seinen Altersgenossen zu erkunden, tauchen in den Herzen fürsorglicher Eltern mit einem Mal Ängste auf. Wird dieser „Vorrat" an Liebe und Erziehung, den gewissenhafte Eltern ihren Kindern angedeihen ließen, ausreichen, damit jene sich dem zunehmenden Druck äußerlicher, negativer Einflüsse entgegenstellen können?

Je mehr sich unsere Kultur verändert, desto stärker werden die Ängste der Eltern

Als mein Mann und ich unsere Kinder großzogen, machten wir uns große Sorgen über die unflätige Sprache, die unsere Kinder von den Nachbarskindern zu hören bekamen; dennoch waren jene, die schmutzige Ausdrücke gebrauchten, in der Minderzahl. Im Vergleich zu dem, was heute üblich ist, war das lästerliche und zweideutige Gerede damals noch recht zurückhaltend und harmlos.

Heutzutage spricht praktisch jedermann diese Sprache, so daß fast niemand mehr Anstoß daran nimmt. Wer offen dagegen Stellung bezieht, wird oft ausgelacht und als „religiöser Fanatiker" oder „Moralapostel" tituliert.

Es ist noch nicht allzulange her, daß in den USA Fernsehsendungen und Kinofilme einer sehr strengen Zensur unterworfen waren. In Bettszenen mußten Schauspieler und Schauspielerinnen Schlafanzüge tragen, und bevor man weiterging, kam der Schnitt, wodurch die Intimitäten der Phantasie des Zuschauers überlassen blieben. Den Filmhelden applaudierte man noch nicht für ihre sexuelle Freizügigkeit. Heute geht eine Familie ins Kino und freut sich auf einen vermeintlich „ungefährlichen" Film, doch schon bald wird ihr eine pornographische Szene serviert, die mit dem Handlungsstrang so gut wie gar nichts zu tun hat.

In früheren Generationen gehörte es einfach dazu, daß Kinder Streiche ausheckten, doch von bewußter Zerstörungswut und Vandalismus hörte man praktisch nie etwas. So geschah es zum Beispiel recht häufig, daß man am Wochenende morgens aufwachte und in seinem Garten kreative Toilettenpapier-Girlanden vorfand, die auf das Konto von nächtlichen Party-Spätheimkehrern gingen; aber daß Schuleigentum von Elf- und Zwölfjährigen mutwillig zerstört worden wäre, das gab es einfach nicht.

Lehrer hatten noch die Autorität, ihre Schüler zu züchtigen, und in vielen Schulen wurden Kinder unter Aufsicht sogar übers Knie gelegt. Einige Eltern beschwerten sich wohl darüber, doch in vielen Familien war die elterliche Züchtigung eine Unterstützung und Bekräftigung der schulischen Züchtigung.

Die meisten Kinder sind früher oder später fasziniert vom Zündeln, wobei hie und da versehentlich etwas passiert. So zündete unser Sohn Johnny einmal einen Zipfel seiner Tagesdecke an, und Tim machte im Keller des Pfarrhauses, in dem wir damals wohnten, ein ganz nettes Feuer. Doch beide Jungs waren immer so geistesgegenwärtig, daß sie das Feuer löschten, bevor Schlimmeres geschehen konnte. Sie akzeptierten auch die disziplinarischen Konsequenzen ihrer gedankenlosen Abenteuer und wurden aus diesen Erfahrungen klug.

Ich weiß noch, wie meine Brüder und ich uns mit Zündhölzern einen Weg durch das Unkraut eines leerstehenden Geländes in der Nähe unseres Hauses bahnten und bei unseren Experimenten ein wenig zu weit gingen. Es war herrlich, das Feuer gleich wieder auszutreten, nachdem man es angezündet hatte, doch Mutter fand den unwiderlegbaren Beweis für unsere Tat an den Sohlen unserer Turnschuhe, zog uns zur Rechenschaft und ließ uns die Konsequenzen auf dem Hosenboden spüren. Damals hörte man nie etwas davon, daß Kinder aus Zerstörungswut bewußt Feuer gelegt hätten.

Im Garten, auf der Straße und auf dem freien Feld spielten die Jungs immer „Räuber und Gendarm“. Es war nur ein Spiel, und jeder durfte mal „der Gute“ sein, der in der Regel das Spiel dann auch gewann. Heute lesen wir Zeitungsberichte über junge Leute, die waffenscheinpflichtige Pistolen mit in die Schule nehmen, und über Kinder, die ihre Spielkameraden, Lehrer oder Eltern erschießen. Sie können den Druck, den diese Welt auf sie ausübt, nicht mehr bewältigen, und ihre Hemmschwelle wird immer niedriger.

In früheren Generationen hat praktisch jeder in seiner Kindheit oder Jugendzeit zumindest eine Zigarette (oder etwas anderes „Selbstgedrehtes“) probiert oder mal Bier getrunken. Als unsere Kinder Teenager waren, kam man schon recht leicht an einige Drogen, wie z. B. Marihuana, heran, aber noch nicht in der Grundschule. Heute experimentieren die jungen Leute einmal mit Drogen wie Kokain herum, und schon sind sie abhängig. Wir müssen auf der Hut sein, ob nicht an der Straßenecke irgendwo ein Dealer herumsteht. Und die meisten Kinder müssen nicht mal mehr außer Haus gehen, um sich mit alkoholischen Getränken einzudecken.

Früher betrachtete man Unzucht landläufig als Sünde. Doch erst vor kurzem veröffentlichte James Dobson die folgenden Statistiken:

> „Heute berichtet das amerikanische Bundesamt für Gesundheitsstatistik, daß bereits 29 Prozent der Fünfzehnjährigen und 81 Prozent der Neunzehnjährigen sexuell aktiv sind!
>
> 72 Prozent der siebzehnjährigen und 88 Prozent der neunzehnjährigen Jungen sind sexuell aktiv.
>
> Jährlich werden 1,5 Millionen Abtreibungen durchgeführt.

Nach wie vor grassieren 38 verschiedene, durch Geschlechtsverkehr übertragene Krankheiten. Man hat vor kurzem eine Form der Gonorrhöe (Tripper) entdeckt, die gegen alle bekannten Antibiotika resistent ist.

1986 verzeichnete man 27.000 Fälle von Syphilis; 1989 waren es bereits 44.000.

Man schätzt, daß derzeit 20 bis 30 Prozent aller Frauen im Studentenalter Herpes haben, eine Krankheit, unter der sie den Rest ihres Lebens leiden werden."

Dr. James C. Dobson, „The Second Great Civil War" aus *Focus on the Family*, November 1990, S.5

Nach der niederschmetternden Enthüllung, daß sich auch Idole wie der berühmte Basketballer Magic Johnson mit dem HIV-Virus anstecken, startete man eine großangelegte Kampagne zum Schutz unserer jungen Menschen und forderte sie auf, Kondome zu benutzen, um „safer sex" zu machen. Ich begrüße die Absicht, die Jugendlichen zu schützen, doch was für eine Lüge wird ihnen da vorgesetzt!

Abgesehen von den sehr realen, doch häufig ignorierten, geleugneten oder herabgespielten moralischen und soziologischen Auswirkungen eines häufigen Wechsels des Sexualpartners, gibt es eine **Tatsache**, die man unseren jungen Leuten kühn und ungeschönt vor Augen malen sollte: Kondome waren *nie* Garanten für „safer sex" und werden es auch nie sein. In vielerlei Hinsicht sind sie unzuverlässig, was sich daran zeigt, daß viele Frauen trotz Kondom schwanger werden.

Haben wir aufgrund der Entwicklung und des Gebrauchs neuerer und besserer Verhütungsmethoden alles vollkommen vergessen, so daß wir nun die Stirn haben, unsere jungen Leute in falscher Sicherheit zu wiegen, und dabei so gut wie kein oder gar kein schlechtes Gewissen zu haben?

Während ich dies schreibe, erinnere ich mich daran, daß es in diesem Buch eigentlich um die *Heilung* weiblicher Emotionen gehen soll. Allmählich werde ich selbst emotionell, wenn ich mich mit dem Kummer und der Angst zahlloser Mütter in aller

Welt identifiziere, die mitansehen müssen wie ihre Kinder – besonders Teenager – in den Strudel unserer unreinen und verführerischen Kultur hineingezogen und von diesem Anblick oft übermannt werden.

Wir fühlen uns hilflos, wenn es darum geht, unsere „Babys" vor der Flut, die ihr Leben zu vernichten droht, zu schützen oder sie von ihr fernzuhalten. Verzweifeln Sie nicht. Ich *werde* mich bald mit auferbauenderen und heilsamen Aspekten befassen, doch zunächst einmal ist es hilfreich zu begreifen, wie wir in dieses kulturelle Dilemma hineingeraten sind, und auf weit verbreitete „Lösungsansätze" aufmerksam zu werden, die höchstwahrscheinlich keine Abhilfe schaffen werden.

Wie entstand dieses Dilemma?

Zu viele Kinder haben keinen Vater; das liegt vor allem daran, daß die Väter in Kriegszeiten von zu Hause wegmußten, und viele dabei starben. Am Ende eines Krieges kamen viele mit emotionalen Verletzungen und/oder dem vorrangigen Ziel nach Hause, in ihrer Ausbildung und ihrem Beruf alles Versäumte nachzuholen (was dazu führte, daß sie weder echte Gemeinschaft mit ihren Kindern hatten noch ihnen Aufmerksamkeit schenkten). Weil vielen Männern aus diesem Grund eine angemessene Vaterbeziehung und somit auch ein gutes Vorbild fehlte, wissen sie heute nicht, wie sie selbst als Väter ihre Kinder leiten, unterstützen und züchtigen sollen. Einige haben dieses Amt, Vater zu sein, aus Unwissenheit (und somit unbewußt) niedergelegt, andere wiederum aus Frustration und Angst (und somit ganz bewußt).

Die Ehrfurcht vor den absoluten und ewigen Gesetzen Gottes wurde ausgehöhlt. Das Gottesbild, das sich in Kindern festsetzt, wird tief im Herzen von den Erfahrungen mit dem leiblichen Vater beeinflußt und gefärbt: Wenn sich ihr leiblicher Vater nicht über sie gefreut und sie nicht beschützt hat, warum sollte Gottvater dies tun? Wenn ihr leiblicher Vater sie abgelehnt, im Stich gelassen oder ihrer Not überlassen hat, gehen sie davon aus, daß sich Gottvater genauso verhalten wird. Wenn ihr leiblicher Vater sie mißhandelt hat, wird in ihren Augen auch Gott eher schroff und unfair sein. Wenn ihr leiblicher Vater nie zu Hause war, werden die Kinder sich nur schwerlich vorstellen können, daß

Gott real ist. Wenn ihr leiblicher Vater zwar körperlich da war, ihnen jedoch nie Zuwendung schenkte oder Zucht angedeihen ließ, werden die Kinder auch nicht in der Lage sein, sich einen Gott vorzustellen, der sie zur Rechenschaft zieht und dennoch voller Liebe ist.

Wer von seinem leiblichen Vater zutiefst verletzt worden ist, wird besonders empfänglich sein für humanistische Stimmen, die eine Art Moral und geistliche Anarchie vertreten, die sich über die ewigen Gesetze Gottes hinwegsetzt und verkündet, jeder Mensch sei sein eigener Gott. In diesem neuen System werden „meine Gefühle" zur objektiven Wahrheit hochstilisiert, und „mein Mangel" wird über die Ehrlichkeit und über das Wohlergehen der ganzen Familie oder anderer Gemeinschaften gestellt.

Die Scheidungsraten sind sprunghaft gestiegen. Tausende von Müttern (und auch immer mehr Väter) versuchen, ihre Kinder als Alleinerziehende und in der Regel unter großem Streß großzuziehen. Auch wenn sie sich dabei tapfer schlagen, war es nie Gottes Absicht, ihnen diese Doppelbelastung aufzuerlegen; er hat sie auch nicht dafür ausgerüstet, ohne weiteres in diese Doppelrolle schlüpfen zu können. Fast überall, wo mein Mann und ich hinkommen, hören wir die Hilferufe der Alleinerziehenden. Auch wenn uns die Bibel immer wieder auffordert, uns um die Waisen zu kümmern, sind doch nur wenige Gemeinden oder Organisationen von ihrer Struktur her in der Lage, den Mangel dieses rapide anwachsenden Teils unserer Gesellschaft auszufüllen.

Menschen reagieren aus Angst heraus

Weil viele junge Ehepaare aufgrund ihrer eigenen Erfahrungen verletzt und verängstigt sind, wollen sie selbst keine Kinder haben, weil sie die „schreckliche" Verantwortung nicht übernehmen wollen, diese Kinder in einer Welt wie dieser großzuziehen.

Teenager lassen Abtreibungen an sich vornehmen und sind sich überhaupt nicht bewußt, daß sie dadurch einen Mord begehen, der früher oder später auf sie zurückfallen wird. Sogenannte „fortschrittliche Kapazitäten" überzeugen sie mit Lügenargumenten davon, daß dies überhaupt keine Frage der Moral sei.

Andererseits setzen immer mehr Teenager und junge Frauen Kinder in die Welt, haben jedoch nicht die blasseste Ahnung davon, was es heißt, Mutter zu sein. Sie befinden sich in einer ichbezogenen Phase ihrer Entwicklung (was ja auch ganz natürlich ist) und sind noch nicht reif genug, ihre eigene Bequemlichkeit oder ihre Wünsche immer wieder um des Babys willen zurückzustecken.

Teenager werden oft im Überschwang der Gefühle schwanger, denken dabei jedoch überhaupt nicht daran, daß sie die Konsequenzen tragen müssen. Manche riskieren ganz bewußt eine Schwangerschaft, in der Hoffnung, ihr Freund würde dann bei ihnen bleiben. Manche wollen unbedingt ein Kind, weil sie selbst abgelehnt wurden und nun jemanden haben möchten, der ihnen ganz allein gehört und dem sie ihre Liebe schenken können.

Sie sind sich nicht klar darüber, daß es ihnen dabei nicht darum geht, das Beste für das Kind zu wollen; vielmehr möchten sie selbst getröstet werden. Wenn niemand, z. B. andere Familienmitglieder, diesen kindlichen Müttern unter die Arme greift, bis sie erwachsen sind, geschieht es häufig, daß diese ihre Babys vernachlässigen, mißhandeln und/oder im Stich lassen.

Viele Leute, die sich dafür entschieden haben, eine Familie zu gründen, machen sich mit Recht große Sorgen um ihre Kinder, weil ihnen selbst das Wissen, die Erfahrung und die Weisheit fehlen, die erforderlich sind, um die Art von Liebe und Zucht zu schenken, die in den Kindern ein festes Fundament legt und der Familie eine intakte Struktur verleiht. Was man selbst nie bekommen hat, kann man nicht modellhaft weitergeben bzw. im Rahmen der Erziehung vermitteln. Wenn dann die Probleme auftauchen, suchen viele aus Ängstlichkeit und Dringlichkeit heraus Hilfe, um sich selbst das richtige Handwerkszeug anzueignen – doch oft zu spät.

Wieder andere stehen so sehr unter dem Druck, einen bestimmten Lebensstandard halten zu müssen, investieren sich so sehr in ihre Karriere oder gehen so sehr ihren außerfamiliären, persönlichen Interessen nach, daß sie es schlicht und ergreifend versäumen, qualitativ hochwertige und gehaltvolle Zeit mit ihren Kindern zu verbringen und sich mit ihnen auszutauschen.

Ohne es zu wissen, vermitteln sie ihren Söhnen und Töchtern von Kindesbeinen an, daß man gute Beziehungen, Bestätigung und Antworten auf die Probleme des Lebens in erster Linie oder ausschließlich außerhalb der Familie suchen muß. Doch irgendwann greift die Panik um sich, und die Eltern schreien in ihrer Not: „Wie konnten sich meine Kinder nur von mir abwenden?! Ich habe ihnen doch alles gegeben!“ Alles Materielle, ja, doch *keine echte Beziehung zu einer primären Bezugsperson.*

Teenager verstehen lernen und sie der Hand Gottes anvertrauen

Zu wenige Christen sind so überzeugt vom Sieg und der Macht Jesu Christi, daß sie Gott den „Vorrat“ an Ausbildung und moralischen Werten anvertrauen, den sie wie einen Samen in ihre Kinder gepflanzt haben. Gerade dann, wenn es Zeit ist, sie emotionell loszulassen, neigen sie dazu, ihre Teenager zu stark zu kontrollieren und zu beschützen. Doch in dieser Phase ist es für einen Teenager absolut notwendig, eine *eigenständige, fundierte und unabhängige Persönlichkeit* zu werden (*Individuation*).

Wenn ein Teenager erwachsen wird, muß er über sich selbst sagen können: „Ich bin ich. Ich bin keine Kopie von dir. Ich bin eine eigene Person und habe eine eigene Meinung.“ Es ist für ihn unmöglich, auf einen Schlag und mit Erfolg den Stand eines Kindes, dem die Eltern alle Entscheidungen abnehmen, zu verlassen und den Stand eines Erwachsenen einzunehmen, von dem man mit einem Mal erwartet, daß er sein Leben selbst in die Hand nimmt.

Die Kinder, die man so oft als „vorbildlich“ bezeichnet, die jedoch zwei Wochen, nachdem sie ihr Zuhause verlassen und sich an der Uni eingeschrieben haben, ausflippen, bezeugen diese Realität immer wieder. Die Teenager-Jahre müssen eine Zeit des Übergangs sein, ein Lernprozeß, in dessen Verlauf man junge Menschen für voll nimmt und als Erwachsene betrachtet, die vor Gott für ihre eigenen Fehler verantwortlich sind (ein sehr biblischer Grundsatz).

In dieser Zeit übernehmen weise Eltern die Rolle des „Trainers“: Wenn sie die Regeln für rücksichtsvolles Zusammenleben innerhalb der Familie festlegen, beziehen sie den Teenager in die Entscheidungsfindung mit ein; gemeinsam arbeiten sie faire Strafen für „Regelwidrigkeiten“ aus. Eltern ziehen Teenager zur Rechenschaft, wenn sie sich nicht an die Spielregeln halten, auf die man sich vorher geeinigt hatte, und achten auf ihr eigenes Verhalten, damit sie keine abweichenden Wertvorstellungen vermitteln.

Teenager brauchen unbedingt Eltern, die ihnen zuhören, die an sie glauben, wenn sie noch nicht selbstsicher sind und noch nicht an sich selbst glauben können. Sie brauchen es, daß ihre Eltern ihnen vertrauen, auch wenn sie noch nicht vertrauenswürdig sind. Wenn ein Teenager ausbüxt, müssen die Eltern im Gebet wachen und die Türen offen lassen, damit er – wie in Lukas 15,17 –, wenn er zu sich selbst gefunden hat und wieder bei Sinnen ist, einen Ort hat, an den er zurückkehren kann, liebe Menschen, die ihn voll Erbarmen in ihre Arme schließen.

Überdies durchlaufen Teenager einen wesentlichen, natürlichen Prozeß, den wir *Internalisierung* nennen: Sie werden und müssen alles, was man sie gelehrt hat, untersuchen, viele Dinge ausprobieren und sich dann entscheiden, was sie akzeptieren und für sich behalten wollen. Das ist mit eine Erklärung dafür, warum sie in dieser Phase ihres Lebens so ichbezogen sind. Sie müssen notwendigerweise an sich selbst arbeiten.

Viele Eltern verstehen nicht, was in den Teenagern abläuft; und selbst jene, die es verstehen, finden es sehr schwierig, geduldig mit ihnen zusammenzuleben. Doch wenn überängstliche Eltern in Panik verfallen, Druck machen, den Teenager wie ein Kind und nicht wie einen heranwachsenden Erwachsenen behandeln oder auf seine Fragen und seine Infragestellung immer wieder mit Kritik reagieren, schließt er unweigerlich daraus, daß Eltern das Recht für sich gepachtet haben.

Um seine eigene Persönlichkeit zu entwickeln, fühlt sich der Teenager gezwungen, eine Gegenposition zu beziehen, auch wenn das nicht seinem eigentlichen Wunsch entspricht. Im Laufe des daraus entstehenden Kampfes treiben christliche Eltern ihre Teenager oft über das normale Maß der Individuation hinaus und in *Rebellion* hinein. Wenn sich die Rebellion erst einmal in einem jungen Menschen festgesetzt hat, wird er für jedes aktuelle Gedankenbollwerk unserer Kultur empfänglich.

Ich will damit nicht sagen, die Eltern seien für alle Sünden der Rebellion ihrer Kinder verantwortlich

Warum? Erstens: Jeder Mensch muß irgendwann einmal in seinem Leben die Verantwortung für seine eigenen Reaktionen übernehmen. Zweitens: In unserer heutigen Welt werden wir in zunehmendem Maße mit verwirrtem, verwirrendem und bösartigem Gedankengut bombardiert. Viel davon erreicht uns in netter Verpackung durch das Fernsehen. Auch wenn Ihre Kinder zu Hause nicht fernsehen, werden sie in anderen Familien in gewissem Maße diesem Einfluß ausgesetzt werden.

Einiges wird uns in moderner Verkleidung durch „aufgeklärte", gescheite Leute und praxisbezogene, wissenschaftliche Kapazitäten vermittelt, durch gottlose Menschen, die unser Erziehungssystem infiltrieren. Diese Humanisten haben an vielen Orten und in vielerlei Hinsicht großen Einfluß.

Ja, Sie können auf „home schooling"* ausweichen, doch früher oder später wird Ihr Kind in die Welt hinausgehen und Beziehungen zu anderen Menschen aufbauen müssen. Wird es aufgrund der Erfahrungen, die es mit Ihrer Erziehung gemacht hat, in der Lage sein, erfolgreich mit den Menschen in der Welt in eine Wechselbeziehung zu treten? Werden Sie Ihr Kind auf eine christliche Schule schicken? Eine gute christliche Schule kann hilfreich sein, doch viele Schüler christlicher Schulen sind noch keine Christen.

Tatsächlich verhält es sich so, daß einige von ihnen dort sind, weil sie Probleme haben, die öffentlich-rechtliche Schulen nicht in den Griff bekommen. Ein großes Stück der Verwirrung, die in der Welt herrscht, wird unseren Kindern von den anderen Kindern, mit denen sie zusammen sind, vermittelt. Es ist ganz natürlich, daß Kinder von ihren Altersgenossen akzeptiert werden wollen; deshalb werden sie auch für die Einstellungen und Wertvorstellungen ihrer Freunde empfänglich sein. Heutzutage wird es für ein Kind immer schwieriger, einen Freund zu finden, der nicht aus einem kaputten Elternhaus kommt.

Einige Familien sind so am Ende, daß sie ihre Probleme nicht einmal mehr erkennen. So sehr sich Eltern auch bemühen, sie

---

* In den USA ist es möglich, daß Eltern ihre Kinder zu Hause unterrichten (Anm. d. Übers.).

können es doch nicht ganz verhindern, daß ihre Kinder einem negativen oder schädlichen Einfluß ausgesetzt sind. Sie können ihren Kindern jedoch das Handwerkszeug mitgeben, damit diese inmitten einer verkehrten und verdrehten Generation Stärke zeigen und feststehen können, damit sie in der Welt, jedoch nicht von der Welt sind. Viele dieser „Werkzeuge“ kann man seinem Kind auf recht einfache Weise vermitteln.

Was kann eine Mutter tun, um ihrem Kind einen festen Stand zu geben?

1. Beten Sie jeden Tag um Schutz und Segen für Ihr Kind, noch während es im Mutterleib ist; heißen Sie es täglich willkommen. Hören Sie melodische Musik. Ab dem Zeitpunkt der Empfängnis hat Ihr Kind einen sensiblen Geist; andernfalls wäre überhaupt kein Leben in seinem kleinen Körper (vgl. Jak. 2,26). Das Kind im Mutterleib hat bereits die Fähigkeit, Erfahrungen zu machen, etwas zu empfangen und zu reagieren. Wenn Sie treu an diesen Gebeten festhalten, ist es Gottes Sache, etwas zu bewirken. Bitten Sie Ihren Mann, den Segen des Vaters über dem Kind auszusprechen. Soweit möglich, meiden Sie spannungsgeladene Situationen. Rauchen Sie nicht, trinken Sie nicht, meiden Sie Koffein und nehmen Sie keine Medikamente. Ernähren Sie sich gesund, bewegen Sie sich regelmäßig und gönnen Sie sich ausreichend Ruhe.

2. Wenn möglich, stillen Sie Ihr Baby. Wenn Sie Schwierigkeiten haben, wenden Sie sich an die La Leche League, Ihre Hebamme oder an eine Stillgruppe. Wenn Sie aus Gründen, die nicht in Ihrer Hand liegen, das Fläschchen nehmen müssen, streicheln und liebkosen Sie Ihr Kind jedesmal beim Füttern. Sie füttern es ja nicht nur mit Milch, sondern mit Liebe.

3. Halten Sie Ihr Kind im Arm und wiegen Sie es sanft. Reden Sie mit ihm und singen Sie ihm etwas vor. Babys verstehen viel mehr mit ihrem sensiblen Geist als mit ihrem Verstand. Mit herzlicher, liebevoller körperlicher Nähe ohne abwegige Hintergedanken können Sie Ihr Kind nicht verziehen. Wenn Sie ihm Zuwendung im Überfluß schenken, *werden* Sie in ihr Baby das Urvertrauen hineinlegen, das ihm vermittelt, wie besonders und kostbar es ist; daraus entwickelt das Kind ein sicheres Gefühl der Zugehörigkeit.

4. Seien Sie nicht mißmutig, wenn Sie Ihrem Baby die Windeln wechseln (und wenn sie noch so voll sind). Freuen Sie sich über dieses Vorrecht! Denn dadurch lehren Sie Ihr Kind, seine natürlichen Körperfunktionen zu akzeptieren, zu schätzen und zu respektieren. Ihre Einstellung hat Auswirkungen auf die Sexualität Ihres Kindes. Fördern Sie in ihm die stille Erwartungshaltung, daß es getröstet und nicht bloßgestellt werden wird.

5. Ermutigen Sie Ihren Mann, bei allem, was bisher gesagt wurde, mitzumachen (natürlich mit Ausnahme des Stillens). Er ist die erste primäre Bezugsperson, die das Baby nimmt und vom vertrauten Umfeld der Mutter wegholt. Wenn er es in seinen starken und sanften Armen hält, entwickelt das Kind allmählich eine positive Vorfreude auf die Welt außerhalb der Mutter und auf eine Sicherheit, die nicht mehr von ihr abhängt. Es ist die vorrangige Aufgabe des Vaters, das Kind ins Leben einzuführen. Durch die richtige emotionale und geistliche Nahrung von den Eltern bekommt der Kleine Mut, um er selbst zu sein, um in unbekannte Welten vorzustoßen und Risiken einzugehen, um sich für andere Menschen verletzbar zu machen und ihnen von Geist zu Geist zu begegnen. Wenn sich Ihr Mann weigert mitzumachen, zügeln Sie Ihre Wut und geben Sie sie an den Herrn ab. Gott kann mit Ihren negativen Emotionen umgehen, doch Ihr Kind würde durch sie verletzt und verwirrt werden.

6. Nehmen Sie sich Zeit, um mit Ihrem Kind zu spielen. Lachen Sie mit ihm. So einfache Spiele wie „Kuckuck“ vermitteln Ihrem Baby, daß Sie vielleicht mal weg sind, aber gleich darauf ganz sicher wiederkommen. Kleine Kinder lieben es, wenn sich Erfahrungen wiederholen, die ihrem Herzen Trost und Bestätigung geben.

7. Vertrauen Sie Ihr Kind hie und da einem zuverlässigen Babysitter an. Ihr Mann braucht romantische Stunden ganz mit Ihnen allein; nebenbei lernt Ihr Kind dabei, daß Sie es nicht gleich im Stich lassen, wenn Sie mal eine Zeitlang nicht bei ihm sind. Beanspruchen Sie jedoch den Babysitter nicht so oft, daß Ihr Kind sich verlassen fühlt und anfängt, sich in erster Linie nach dessen Fürsorge auszustrecken. Verwirken Sie Ihr Vorrecht, Eltern zu sein, nicht. Niemand kann Sie angemessen ersetzen. Wenn es absolut erforderlich ist, daß Sie zur Arbeit

gehen und Ihr Kind in eine Tagesstätte geben müssen, dann achten Sie darauf, daß Sie am Ende jedes Tages konsequent innige und tiefe Gemeinschaft mit ihm pflegen. Sagen Sie Ihrem Kind: „Ich hab' dich so vermißt! Ich freu' mich so, dich wiederzusehen!" Vermitteln Sie ihm dies durch Worte und körperliche Nähe; tun Sie gemeinsam etwas, das Ihnen beiden Spaß macht.

8. Wenn Ihr Kind älter wird, lesen Sie ihm Geschichten vor, arbeiten und spielen Sie mit ihm. Ermutigen Sie es, machen Sie ihm Komplimente, hören Sie ihm zu, lehren Sie es mit Geduld, umarmen und küssen Sie es in angemessener Weise. Zucht soll immer mit Liebe gekoppelt sein, nie mit Verdammnis.

9. Lehren Sie Ihr Kind durch Ihr Vorbild, wie man betet. Gott hat ein leidenschaftliches Interesse an aufgeschürften Knien, blauen Flecken, Enttäuschungen, Schmerz und anderen persönlichen Dingen. Er versteht unsere Ängste und macht sich nicht über unsere Tränen lustig. Lehren Sie Ihr Kind, ganz einfach und direkt mit dem Herrn über Probleme zu sprechen, sobald sie auftauchen. Unsere Kinder taten das bei ihren Kindern, weil wir es bei ihnen getan hatten.

Eines Nachmittags suchte unsere Schwiegertochter Victoria überall nach einer Kontaktlinse, die sie verloren hatte. Sie hatte sich eben erst ein Paar gekauft und ärgerte sich immer mehr über die Vorstellung, gleich noch einmal welche kaufen zu müssen, zumal sie knapp bei Kasse waren. Sie war den Tränen nahe. Rachel, kaum drei Jahre alt, bemerkte die Not ihrer Mutter.

„Warum weinst du, Mama?"

„Weil ich meine Kontaktlinse nirgendwo finden kann, obwohl ich schon überall gesucht habe."

Augenblicklich hob Rachel ihren kleinen Arm in die Höhe und betete voll Zuversicht: „Jesus, du mußt Mamas Linse finden."

In dem Moment sah Victoria ihre Kontaktlinse. Sie lag auf dem Boden des Badezimmers, direkt neben ihrem Fuß.

„Rachel, schau! Jesus hat dein Gebet gehört!"

„Mmh", bestätigte Rachel ganz sachlich.

Rachel verhielt sich in ihren Augen ganz natürlich, weil man ihr Glaube und Gebet vorgelebt hatte. Obwohl sie noch so klein war und ihre Mutter immer verzweifelter wurde, konnte sie ausdrücken, wie sehr sie darauf vertraute, daß Jesus helfen will und kann.

Teilen Sie Freude und Dankbarkeit miteinander; danken Sie Gott für seine liebevolle Gegenwart, für seinen Schutz und seine Fürsorge. *Sie sind ein Brief Christi. Sie repräsentieren Gott vor Ihrem Kind.*

10. Beten Sie um Schutz für Ihre Kinder, sobald sie anfangen, sich in die Nachbarschaft vorzuwagen. Bewaffnen Sie sie, indem Sie ihnen gesunden Menschenverstand vermitteln, aber behüten Sie sie nicht im Übermaß. Wie sollen sie herausfinden, was Trost und Heilung eigentlich bedeuten, wenn sie nie stolpern oder hinfallen dürfen? Können Sie ein wohltuendes warmes Bad je schätzen lernen, wenn Sie ihnen nie erlauben, sich schmutzig zu machen? Ziehen Sie sie für ihre Fehler zur Rechenschaft, bestimmt und fair, zu ihrem Besten, und nicht, um aus ihnen artige Kinder zu machen, damit Sie vor anderen gut dastehen. Vermitteln Sie ihnen: „Ich liebe dich zu sehr, als daß ich dir das durchgehen lassen würde." Strafen Sie Ihre Kinder nie mit Liebesentzug. Seien Sie herzlich und immer für sie da.

11. Wenn aus Ihren Kindern Teenager werden, dann denken Sie an das, was ich in diesem Kapitel bereits erwähnt habe, und lassen Sie sie im Gebet ohne Vorbehalt los. Nach dem Fleisch würden wir unsere Kinder am liebsten emotionell an uns binden, damit sie keine eigenständigen Personen werden und somit auch keine eigenen Entscheidungen treffen könnten. Beißen Sie sich auf die Zunge, wenn Sie einen Rat geben wollen, ohne dazu aufgefordert worden zu sein. Wenn Sie um Rat gebeten werden, dann sagen Sie weniger als Sie gerne sagen würden. Geben Sie den Teenagern Gelegenheit, von Ihnen Informationen zu bekommen. Hören Sie sich ihre Meinungen an und versuchen Sie, sich nicht zu viel Schockiertheit oder Besorgnis anmerken zu lassen – vielleicht stellen sie Sie ja nur auf die Probe. Lassen Sie sie ausreden.

12. Beten Sie in jeder Phase ihrer Entwicklung um Schutz für Ihre Kinder. Besonders im Teenageralter gilt es, für sie geistlich einzustehen und zu kämpfen, und zwar gegen die Mächte der Finsternis in der Welt, die versuchen möchten, sie irgendwie zu bedrängen, zu bedrohen, zu verführen, anzugrei-

fen, zu unterdrücken oder zu zwingen. Gebieten Sie diesen Mächten, im Namen Jesu zurückzuweichen.

Beten Sie daraufhin für Ihre Kinder, daß ihr innerer Mensch, ihr Geist gestärkt werde, damit sie selbst richtige Entscheidungen treffen können:

> Deshalb beuge ich meine Knie vor dem Vater, von dem jede Vaterschaft in den Himmeln und auf Erden benannt wird: er gebe euch nach dem Reichtum seiner Herrlichkeit, **mit Kraft gestärkt zu werden durch seinen Geist an dem inneren Menschen**; daß der Christus durch den Glauben in euren Herzen wohne und ihr in Liebe gewurzelt und gegründet seid, damit ihr imstande seid, mit allen Heiligen völlig zu erfassen, was die Breite und Länge und Höhe und Tiefe ist, und zu erkennen die die Erkenntnis übersteigende Liebe des Christus, damit ihr erfüllt werdet zur ganzen Fülle Gottes. (Eph. 3,14-19; Hervorhebung von der Autorin).

Erleiden Sie im Gebet Geburtswehen um Ihre Kinder, so wie Paulus es in Galater 4,19 beschreibt. In gewisser Hinsicht sind sie, so wie Paulus, wieder schwanger mit ihnen, bis Christus in ihnen Gestalt gewinnt. Doch tragen Sie sie nur im Herzen (vgl. Phil. 1,7). Sie dürfen nicht versuchen, Kontrolle auszuüben, sonst schrecken Sie sie ab und treiben sie weg von sich, von den guten Wertmaßstäben, die Sie ihnen in ihrer Prägephase mitgeben wollten, und von Gott.

13. Wenn Sie Ihre Kinder loslassen, damit sie ihr Leben selbst in die Hand nehmen können, vertrauen Sie Gott und dem Vorrat an Liebe und geistlicher Nahrung, den Sie in ihnen angesammelt haben. Wenn Sie hingegen wissen, daß im Fundament Ihrer Kinder diesbezüglich große Lücken bestehen, dann entscheiden Sie sich dafür, der erlösenden Kraft Gottes zu vertrauen.

Worte an Alleinerziehende

Nehmen Sie diese Worte, die Israel zugesprochen wurden, für sich persönlich an:

„Denn dein Gemahl ist dein Schöpfer, Herr der Heerscharen ist sein Name, und dein Erlöser ist der Heilige Israels: Gott der ganzen Erde wird er genannt. Denn wie eine entlassene und tiefgekränkte Frau hat dich der Herr gerufen und wie die Frau der Jugend, wenn sie verstoßen ist, – spricht dein Gott." (Jes. 54,5-6)

Denken Sie daran: Ihre Kinder sind in erster Linie ein Geschenk Gottes (Ps. 127,3).

Gott verspricht, den Waisen ein Vater zu sein (Ps. 68,6).

Gott übernimmt die Verantwortung für Kinder, die von Vater und Mutter verlassen worden sind (Ps. 27,10).

Gott verspricht, den Vaterlosen Recht zu schaffen, Nahrung und Kleidung zu geben (5.Mos. 10,18; 14,29).

Gott ist da, eine Hilfe in Zeiten der Not (Ps. 46,2).

Gott gibt denen, die aufrichtig und lauter vor ihm leben, Weisheit, Verständnis, Erkenntnis und Schutz (Spr. 2,6-7).

Gott umgürtet Sie mit Kraft (Ps. 18,33).

Gott erhört Ihr Gebet (Mt. 21,22).

Gott schafft jedem Mangel Abhilfe (Phil. 4,19).

Sie werden nicht für immer weinen (Ps. 30,6).

„Seid um nichts besorgt, sondern laßt in allem durch Gebet und Flehen mit Danksagung eure Anliegen vor Gott kundwerden; und der Friede Gottes, der allen Verstand übersteigt, wird eure Herzen und eure Gedanken bewahren in Christus Jesus." (Phil. 4,6-7)

Tragen Sie eine Last und fühlen Sie sich schuldig, weil Sie die Probleme Ihrer Kinder sehen und daraus schließen, daß Sie als Mutter versagt haben?

Glauben Sie etwa nicht, daß Gott schon im voraus wußte, daß Sie Fehler machen würden? Er wußte ganz genau, wo, wie und wie sehr Sie versagen würden und hat Ihnen trotzdem Ihre Kinder anvertraut. Selbst wenn Sie eine vollkommene Mutter hätten sein können, hätten Ihre Kinder dann nicht trotzdem einen Heiland gebraucht? Glauben Sie etwa, die Reaktion Ihrer Kinder auf Sie wäre perfekt gewesen, wenn Sie eine perfekte Mutter gewesen wären? Vermutlich nicht.

Jeder Mensch wurde mit einem freien Willen geschaffen; Gott wollte es nicht anders, weil er keine Roboter will. Er möchte Söhne und Töchter, mit denen er Gemeinschaft haben kann. Gott ist ein vollkommener Vater, und trotzdem brauchen alle seine

Kinder bis auf eins einen Heiland. Es gibt keins, das nicht irgendwann einmal vom Weg abgewichen wäre. Deshalb hat sich Gott ja auch nicht als Vater disqualifiziert. Jesus hat nie gesündigt, doch seine Jünger haben ihn alle im Stich gelassen; einer hat ihn sogar schlichtweg verraten. Doch dadurch wird er nicht als Herr des Universums disqualifiziert. Genauso werden auch Sie nicht durch das Versagen Ihrer Kinder als Mutter disqualifiziert.

Weder Sie noch ich sind die vollkommene Mutter, doch die meisten von uns tun, was sie können. Auch wir durften im Laufe dieses Prozesses an Reife zunehmen, und obwohl viele von uns heute Großmütter sind, sind wir immer noch nicht ganz „erwachsen". Gott liebt uns bedingungslos und wird uns nicht im Stich lassen.

Es ist nicht unsere Aufgabe, die Fehler, die wir an unseren Kindern gemacht haben, in Segen umzuwandeln, sondern die des Herrn. Wir müssen Buße tun, den Herrn und unsere Kinder für jede reale und eingebildete Schuld um Vergebung bitten und diese Vergebung *annehmen*. Vielleicht sind unsere Kinder nicht bereit, uns zu vergeben – der Herr schon. Und es liegt an ihm, ihre Herzen weich zu machen.

Wir müssen aufhören, uns permanent mit Gedanken und Taten selbst zu bestrafen; vielmehr sollen wir normal weiterleben und -lieben, so gut wir nur können, und dem Herrn gestatten, in und durch uns zu leben und zu lieben.

Unsere Kinder erleben ein gutes Stück Heilung an sich selbst, indem sie den Heilungsprozeß in uns miterleben, und sei es nur aus der Ferne. Je heiler wir werden, desto reiner und effektiver werden auch unsere Gebete. Gebete um Schutz und Segen sind auch noch für unsere erwachsenen Kinder angebracht.

Sie haben nicht das Gefühl, Vergebung „verdient" zu haben? Das stimmt auch. Niemand von uns hat Vergebung verdient. Doch der Herr ist bereits für unsere Sünden am Kreuz gestorben! Was glauben wir eigentlich, wer wir sind, wenn wir uns immer wieder richten und sagen, wir hätten es nicht „verdient", das zu empfangen, was er uns durch seinen Tod zur Verfügung gestellt hat? Oder verhält es sich so: Sie wissen zwar, daß der Herr Ihnen vergibt, aber Sie können sich selbst nicht vergeben? Wenn das der Fall ist, haben Sie sich mit dieser Haltung über Gott erhoben.

Gott läßt uns so lange in Selbstverdammnis sitzen, wie wir wollen; doch sie ist das exakte Gegenteil dessen, was Gott im Sinn hat, und bringt definitiv keine gute Frucht hervor.

Wie können Sie den Glauben dafür aufbringen, daß Gott Ihre Fehler in Segen verwandeln kann?
In Jesaja 51,3 wird verheißen, daß Gott alle unsere Trümmerstätten tröstet, unsere Wüste wie Eden und unsere Steppe wie den Garten des Herrn macht. Doch noch gewaltiger als Verheißungen sind Geschichten, die das Leben schreibt. Natürlich findet man in der Bibel eine Fülle von Beispielen, und ich habe auch schon einige Zeugnisse aus unserer heutigen Zeit weitergegeben. Lassen Sie mich noch ein paar andere Geschichten erzählen:

Dan
Dan wurde von seiner leiblichen Mutter verlassen, als er noch nicht einmal fünf Jahre alt war. Bis auf den heutigen Tag kann er sich an seine leiblichen Eltern praktisch nicht erinnern. Wenn er als Kind gefragt wurde, wo denn sein Vater sei, sagte er manchmal, dieser sei gestorben oder säße im Gefängnis.

Dan kam in eine Pflegefamilie; es folgte eine weitere und noch eine und noch eine ... In jeder Familie stellte er seine Pflegeeltern durch sein Verhalten auf die Probe, und wenn diese genug von ihm hatten, bestanden sie darauf, daß er auszog. Als er zehn war, hatte er schon sieben Pflegefamilien hinter sich und kam in die achte, eine christliche.

Schon bald spulte er auch hier sein bewährtes Erprobungsprogramm ab, doch seine Pflegemutter sagte zu ihm: „Dan, wir wissen, was du vorhast, und möchten, daß du weißt, daß wir dich auf keinen Fall hinauswerfen werden, gleichgültig, was du auch tust. Du kannst dich also genausogut beruhigen und dich dafür entscheiden, mit uns gut auszukommen." Er folgte diesem Rat, und als er elf war, wurde er von seiner neuen Familie adoptiert. Seine Adoptivmutter war liebevoll und schenkte Dan viel körperliche Nähe, woraufhin er förmlich aufblühte.

Doch ein großes und gravierendes Problem blieb: In den meisten Familien hatte man Dan Spielsachen zur Verfügung gestellt, die er jedoch nicht behalten durfte. Jedesmal, wenn er in eine neue Familie kam, konnte er nicht einmal seine Geburtstagsgeschenke mitnehmen! Im Laufe der Jahre hatte er sich die Einstellung angeeignet: „Nimm' dir alles, was nicht niet- und nagelfest ist. Wer weiß, wie lange du diesmal hier sein wirst!"

In seiner neuen Familie verschwanden regelmäßig Spielsachen, Werkzeug und Geld; doch wenn man ihn mit dem unleugbaren Beweis konfrontierte, daß er es genommen hatte, wurde offensichtlich, daß er sich wegen des Diebstahls kein schlechtes Gewissen machte. Die Vorstellung, daß man das Eigentum einer Person achten müsse, war ihm fremd. Immer wieder redeten ihm die Familienmitglieder zu: „Dan, wie nennen wir das, wenn jemand einem anderen etwas wegnimmt, ohne ihn um Erlaubnis zu fragen, und es ihm dann nicht mehr zurückgibt?"

Dans Antwort lautete immer „stehlen"; er hörte sich die warnende Ermahung an, das nicht nochmal zu tun, demonstrierte jedoch schon bald darauf, daß ihm dieses Prinzip noch nicht in Fleisch und Blut übergegangen war.

Wir kannten diese Familie und sahen, daß sein Zwang zu stehlen unter anderem mit seinem Gefühl zu tun hatte, man hätte ihm sein Leben gestohlen. Aus diesem Grund lebte er nach der Umkehrung von „Was du nicht willst, daß man dir tu ..." und tat anderen das an, was man ihm angetan hatte.

Gemeinsam mit seiner neuen Familie ging Dan regelmäßig in den Gottesdienst. Eines Tages saß eine Besucherin neben ihm in der Bank. Nach einer Weile lief Dan hinaus, um seinen kleinen Bruder zu suchen. Die Frau folgte ihm in den Vorraum. Sie rief seinen Namen. Er wandte sich um und war verblüfft, daß diese Frau ihn zu kennen schien. Doch irgendwie kam ihm ihr Anblick vertraut vor.

Sie gab ihm einen Zettel: „Dan, ich bin deine leibliche Mutter. Ich habe dich vor langer Zeit verlassen, weil ich mich nicht um dich kümmern konnte. In der Zwischenzeit wurde ich Christin, und Gott sagte mir, ich solle heute morgen in diesen Gottesdienst gehen. Er möchte, daß ich dich um Vergebung dafür bitte, daß ich dir so weh getan habe. Kannst du mir vergeben?" Dan war wie vom Donner gerührt, aber er sprach ihr seine Vergebung zu. Die Frau lief weinend hinaus.

Dieser Vorfall bewegte Dan zutiefst; er erzählte seinen Adoptiveltern und dem Pastor davon. Der Pastor hatte mitbekommen, daß die Frau Probleme hatte, und war traurig darüber, daß er nach dem Gottesdienst nicht mit ihr sprechen konnte. Später sah er sie noch einmal im Gottesdienst, ging auf sie zu und sprach sie auf die Sache mit Dan an. Doch sie leugnete, je einen Sohn gehabt zu haben.

Doch Dans kurze Begegnung mit ihr an jenem Sonntag bewirkte viel in ihm. Gott hatte ihm ein wertvolles Geschenk gemacht, nämlich die Gelegenheit, das zu objektivieren, was bis dahin nur in seiner Phantasie existiert hatte, und die Chance, Vergebung auszusprechen. Seine verborgene Sehnsucht, die Frau zu suchen, die von sich behauptete, seine Mutter zu sein, war gestillt. Er kam innerlich zur Ruhe, weil er wußte, daß Gott die Initiative ergriffen hatte, um etwas ganz Besonderes für ihn zu tun. Dan wußte, daß sein Adoptivvater auch verletzt worden war, als *dessen* leibliche Mutter *ihn* weggegeben hatte, und meinte dazu: „Ich wünschte mir, Papa könnte dasselbe erleben wie ich."

Dan kämpfte sich durch die High-School. Er tat sich schwer, beim Lernen am Ball zu bleiben. Ein Projekt zu Ende zu führen war nie leicht für ihn. Er verbrachte mehr Zeit damit, sein Motorrad zu zerlegen, als damit zu fahren. Trotz der bedingungslosen Liebe und Anerkennung durch seine Adoptivfamilie und die ganzen Verwandten stand sein Selbstwertgefühl auf wackeligen Beinen. Das zeigte sich an seiner Kleidung: Ausnahmslos ließ er gute T-Shirts und Jeans im Schrank hängen und entschied sich für etwas Zerlumptes und Schmutziges.

Jedes Gefühl der Sicherheit, das Dan zu Hause aufgebaut hatte, ging in die Brüche, als sein Adoptivvater in schwere Sünde fiel und die Familie durch Scheidung zerrissen wurde. Er erhielt Beziehungen zum Rest der Familie aufrecht, flog jedoch von der Schule, irrte eine Zeitlang arbeitslos umher, schmarotzte bei seinen Kumpels und landete schließlich bei einem Haufen Tunichtgute. Er fand einen Job, arbeitete schwer und feierte zum Ausgleich mit seinen Mitbewohnern eine Party nach der anderen.

Nach einer Weile hatte er es satt, die Miete für alle zu zahlen, während es sich seine sogenannten Freunde auf seine Kosten gutgehen ließen. „Das ist eine Sackgasse", beschloß er und kehrte seinen trinkwütigen Freunden, dem Schnaps und den

Drogen den Rücken zu; er machte Aufnahmeprüfungen, um den High-School Abschluß nachmachen zu können, kümmerte sich erfolgreich um finanzielle Unterstützung durch den Staat, damit er eine Berufsausbildung machen konnte. Er schrieb sich am College an seiner Stadt ein und ging auch wieder in die Gottesdienste.

Zwei Jahre danach machte er als einer der Klassenbesten seinen Abschluß, arbeitet seither als fähiger Schiffsmechaniker und dient noch dazu als Reservist in der Armee. Sein neugewonnenes Selbstwertgefühl zeigt sich sowohl an seiner Kleidung als an seinem männlichen Auftreten. Außerdem hat er sich mit seinem Adoptivvater versöhnt, der in der Zwischenzeit auch eine große Portion der heilenden Kraft Gottes mitbekommen hatte.

Wir wissen, daß eine Mutter für Dan im Gebet Geburtswehen erlitt, vermuten jedoch, daß es zwei waren.

Aus der Gosse nach oben

Als wir Jodie zum ersten Mal trafen, war sie eine dieser jungen Frauen, über die man unweigerlich denkt: „Sie wäre so hübsch, wenn sie fünfzig Pfund weniger hätte." Wir empfanden tiefen Schmerz, als sie uns ihr Herz ausschüttete und von ihren Minderwertigkcitsgefühlen erzählte, von ihrer Einsamkeit, von der Hoffnungslosigkeit, mit der sie in die Zukunft schaute, und von ihrer Verzweiflung, weil sie es für unmöglich hielt, daß sie sich je wesentlich ändern könnte.

Jodies Eltern hatten sich scheiden lassen; sie wohnte bei ihrer völlig verbitterten und besitzergreifenden Mutter, die sich ohne Rücksicht auf Jodie pausenlos in Selbstmitleid suhlte und voll Groll über ihren Exmann herzog. Jodie hatte keinen Freund, keine Bekannten, keine Clique und nur wenig Gelegenheit, Freundschaften aufzubauen. Obwohl ein gewaltiges musikalisches Talent in ihr schlummerte, arbeitete sie treu als Hausmeisterin in einem großen, öffentlichen Gebäude und spezialisierte sich darauf, Toiletten zu reinigen.

Nach einigen Wochen Seelsorge sprachen wir mit Jodie über ihre Zukunft. Wir schlugen ihr vor, wieder auf die Schule zu gehen und ihr musikalisches Talent zu entfalten oder einfach das zu tun, wonach sich ihr Herz sehnte. Wir unterhielten uns über die Begabtenförderung und andere Möglichkeiten finanzieller

Unterstützung. Doch in all dem liefen wir gegen eine Mauer, weil sie der Auffassung war, das sei doch alles umsonst.

Es kam ans Licht, daß sie die oft gehörte Lüge geglaubt hatte, sie könne es nicht wagen, ihre tiefgekränkte Mutter zu verlassen, und deren Wohlergehen hänge irgendwie davon ab, daß sie zu Hause bliebe. Sie verspürte den Zwang, ihr Leben für ihre Mutter zu opfern und deren Stütze und emotionelle Zuflucht zu sein. Wir und ihr Vater mußten ihr im Gebet und im persönlichen Gespräch beharrlich Schützenhilfe leisten, bis sie endlich erkennen konnte, daß ihre Emotionen lange Zeit manipuliert worden waren und sie schließlich die Sklavin eines hartnäckigen Irrglaubens geworden war.

Trotz der lautstarken Proteste ihrer Mutter konnte sie sich schließlich von ihr loseisen. Sie schrieb sich in einer Universität fernab ihrer Heimatstadt ein, konzentrierte sich auf ihre musikalische Ausbildung, machte ihren Abschluß mit Auszeichnung, nahm mehr als fünfzig Pfund ab und heiratete einen guten, christlichen Mann.

Jodies Mutter kam nicht um, als sie ging; doch leider starb auch ihre egozentrische Einstellung nicht und natürlich auch nicht ihr Zorn auf uns, die wir doch ihre Tochter überredet hatten, sich von ihrer Mutter zu trennen. Doch Gott hat ihren Fall noch nicht abgeschlossen.

Der springende Punkt an dieser Geschichte ist der, daß, auch wenn sich eine fehlgeleitete Mutter aus sündhaften Motiven heraus und mit einem falschen Ziel im Auge für ihr Kind plagt, Gott nichtsdestotrotz in der Lage ist, seine Kinder zu retten, ihnen einen guten Kurs vorzugeben und sie zu der Herrlichkeit zu führen, die er für sie vorbereitet hat.

Hoffnung für heute und morgen

Heute hat es zweifellos den Anschein, als würde eine funktionsunfähige Familie die Norm werden, als würden nur noch wenige Kinder ohne gravierende Lücken und Mängel in ihrem charakterlichen Fundament ins Leben gehen. Gleichzeitig gießt der Herr seinen Heiligen Geist über *alle* Menschen aus, nicht nur über Christen (vgl. Joel 2,28). Das heißt, daß überall Menschen angespornt werden, mit großem Hunger nicht nur nach intellektuellen Antworten auf ihre Probleme zu suchen, sondern viel-

Bibliographie

Die Bibel, Revidierte Elberfelder Bibel, wenn nicht anders vermerkt.

Levine, Rachel, „The Biblical Woman“, *YAVO Digest*, Vol.3, Nr.6

Smalley, Gary and Trent, John, „Why can't my spouse understand what I say?“, *Focus on the family*, November 1988.

Dobson, Dr. James, „The Second Great Civil War“, *Focus on the family*, November 1990.

Wight, Fred H., *Manners and Customs of Bible Lands*, Moody Press, 1989.

Die Gemeinde ist dazu aufgerufen, mit diesen Voraussetzungen und nach diesen grundlegenden Vorbereitungen in die Welt hinauszugehen und das Evangelium zu verkünden.

In unserer Zeit erleben wir nicht nur, wie Lahme wieder gehen und Blinde wieder sehend werden. Wir erleben auch, wie Homosexuelle von Verwirrung befreit, und die ursprüngliche, gesunde Absicht Gottes für ihr Leben wiederhergestellt wird.

Früher dienten die Seelsorger in erster Linie jenen, denen es im Grunde recht gut ging, die aber Vergebung und einige Korrekturen brauchten, um emotional und geistlich weiterwachsen zu können. Doch heute haben sie es oft mit Leuten zu tun, die im Rahmen irgendwelcher Rituale mißbraucht wurden, aus Sekten kommen oder als Kinder so viel Schaden erlitten, daß sie multiple Persönlichkeiten und andere komplexe Störungen aufweisen.

Durch die Gnade, die Offenbarung und die Macht Gottes werden viele dieser Menschen geheilt. Doch oftmals sind sie so tief verletzt und verängstigt, daß sie, selbst nachdem sie den Herrn angenommen haben, viel Gebet brauchen, damit ihre Herzen in die Lage versetzt werden, die Heilung anzunehmen und sie im täglichen Leben umzusetzen.

An die Mütter: Ertragen Sie diese Geburtswehen um Ihrer Kinder willen!

> Aus den Tiefen rufe ich zu dir, o Herr. Herr, höre auf meine Stimme! Laß deine Ohren aufmerksam sein auf die Stimme meines Flehens! Wenn du, Jahwe, die Sünden anrechnest, Herr, wer wird bestehen? Doch bei dir ist die Vergebung, damit man dich fürchte. Ich hoffe auf den Herrn, meine Seele hofft, und auf sein Wort harre ich ... Harre, Israel, auf den Herrn! Denn bei dem Herrn ist die Gnade, und viel Erlösung bei ihm. (Ps. 130,1-7)

> Wir wissen aber, daß denen, die Gott lieben, alle Dinge zum Guten mitwirken, denen, die nach *seinem* Vorsatz berufen sind. (Röm. 8,28; Hervorhebung von der Autorin)

An die Christen: Ertragen Sie diese Geburtswehen um dieser Generation willen! Seien Sie die Gemeinde!
Ich bin mir dessen bewußt, daß viele der Meinung sind, die Worte „Zion“ und „Jerusalem“ in der Bibel bezögen sich auf das Volk der Juden. Andere wiederum bestehen darauf, daß in manchen Passagen damit der Leib Christi gemeint sei. Wieder andere, und so auch ich, glauben, daß vor dem Hintergrund von Römer 10,11-12 beide Sichtweisen korrekt sind:

> Denn die Schrift sagt: **Jeder, der an ihn glaubt, wird nicht zuschanden werden**. Denn es ist kein Unterschied zwischen Jude und Grieche, denn er ist *Herr* über alle, und er ist reich für alle, die ihn anrufen; denn **jeder, der den Namen des Herrn anrufen wird, wird errettet werden**.

Ich möchte Sie bitten, die folgende Schriftstelle als „Rhema“-Wort an Sie als Teil des Leibes Christi zu prüfen:

> Denn Zion bekam Wehen und gebar auch schon seine Söhne. Sollte ich zum Durchbruch bringen und dann nicht gebären lassen? spricht der Herr. Oder sollte ich gebären lassen und dabei den Schoß verschließen? spricht dein Gott.

> Freut euch mit Jerusalem und jubelt über sie, alle, die ihr sie liebt! Frohlockt mit ihr in Freude, alle, die ihr über sie getrauert habt! Damit ihr saugt und euch sättigt an der Brust ihrer Tröstungen, damit ihr schlürft und euch labt an der Fülle ihrer Herrlichkeit. Denn so spricht der Herr: Siehe, ich wende ihr Frieden zu wie einen Strom und die Herrlichkeit der Nationen wie einen überflutenden Bach. Und ihr werdet saugen. Auf den Armen werdet ihr getragen und auf den Knien geliebkost werden. Wie einen, den seine Mutter tröstet, so will ich euch trösten. An Jerusalem sollt ihr getröstet werden. Ihr werdet es sehen, und euer Herz wird sich freuen, und eure Gebeine werden sprossen wie das junge Gras. Und die Hand des Herrn wird sich an

seinen Knechten zeigen, aber seine Feinde wird er bedrohen. (Jes. 66,8b-14)

Der Leib Christi, die Gemeinde, ist dazu berufen, zerbrochenen Familien Speise und den Nationen Heilung zu bringen. Die Christen müssen es lernen, andere auf dem Herzen zu haben, sie zu tragen und, so wie Paulus, im Gebet für die Kinder Geburtswehen zu erleiden: „Meine Kinder, um die ich abermals Geburtswehen erleide, bis Christus in euch Gestalt gewonnen hat" (Gal. 4,19). Dann werden diese Kinder die Chance bekommen, „... in allem hin(zu)wachsen zu ihm, der das Haupt ist, Christus" (Eph. 4,15b), und noch vielen anderen Heilung zu bringen.

Frauen haben von Natur aus den Glauben und das Durchhaltevermögen, die für die Wehen und die Geburt erforderlich sind. „Die Frau hat Traurigkeit, wenn sie gebiert, weil ihre Stunde gekommen ist; wenn sie aber das Kind geboren hat, gedenkt sie nicht mehr der Bedrängnis, um der Freude willen, daß ein Mensch zur Welt geboren ist" (Joh. 16,21). Im geistlichen Dienst braucht sie das, was sie vom Natürlichen her kennt, lediglich auf die Aufgaben zu übertragen, zu denen Männer und Frauen berufen sind.

Gott stattete die Frau mit einer besonderen Gabe der Milde anderen gegenüber aus. In 1.Thessalonicher 2,6-7 spricht Paulus davon, daß sein gemeinsamer Dienst mit Silvanus und Timotheus vor allem deshalb so erfolgreich war, weil sie sich dafür entschieden hatten, dieser Gabe nachzueifern und nicht auf ihre Autorität zu bestehen: „..., sondern wir sind in eurer Mitte zart gewesen, wie eine stillende Mutter ihre Kinder pflegt."

Einerseits gibt es in Christus „weder Mann noch Frau" (vgl. Gal. 3,27-28), d. h. wir sind alle eins in ihm; doch wir dürfen nicht vergessen, daß es andererseits viele spezifisch weibliche Eigenschaften gibt, über die wir froh sein sollten. Jede von uns wird in die Freiheit hineinwachsen, so zu sein, wie sie ist, so daß sie dies auszudrücken vermag mit den Worten: „Danke Gott, daß du mich so gemacht hast, wie ich bin" und in eine Beziehung mit ihm eintreten kann, der unsere wichtigste Quelle der Liebe, der Hoffnung, der Stärke, der Bestätigung und des Friedens ist.

Bibliographie

Die Bibel, Revidierte Elberfelder Bibel, wenn nicht anders vermerkt.

Levine, Rachel, „The Biblical Woman“, *YAVO Digest*, Vol.3, Nr.6

Smalley, Gary and Trent, John, „Why can't my spouse understand what I say?“, *Focus on the family*, November 1988.

Dobson, Dr. James, „The Second Great Civil War“, *Focus on the family*, November 1990.

Wight, Fred H., *Manners and Customs of Bible Lands*, Moody Press, 1989.